首都经济贸易大学优质本科教材

（第三版）

社会组织法律法规与政策

王世强 编著

首都经济贸易大学出版社
Capital University of Economics and Business Press
·北京·

图书在版编目（CIP）数据

社会组织法律法规与政策/王世强编著. --3版. --北京：首都经济贸易大学出版社，2021.9

ISBN 978-7-5638-3276-7

Ⅰ. ①社… Ⅱ. ①王… Ⅲ. ①社会组织管理—法律—基本知识—中国②社会组织管理—社会政策—中国 Ⅳ. ①D922.114.4 ②C912.21

中国版本图书馆CIP数据核字（2021）第183782号

社会组织法律法规与政策（第三版）
王世强 编著
SHEHUI ZUZHI FALÜ FAGUI YU ZHENGCE

责任编辑	王 猛
封面设计	**风得信·阿东** **FondesyDesign**
出版发行	首都经济贸易大学出版社
地　　址	北京市朝阳区红庙（邮编100026）
电　　话	（010）65976483 65065761 65071505（传真）
网　　址	http://www.sjmcb.com
E-mail	publish@cueb.edu.cn
经　　销	全国新华书店
照　　排	北京砚祥志远激光照排技术有限公司
印　　刷	人民日报印刷厂
成品尺寸	170毫米×240毫米 1/16
字　　数	247千字
印　　张	17.25
版　　次	2017年8月第1版 2018年11月第2版 **2021年9月第3版** 2022年7月总第7次印刷
书　　号	ISBN 978-7-5638-3276-7
定　　价	42.00元

前言

当前，我国正处于从传统社会向现代社会的转型时期。随着我国改革开放的逐步深入和经济的不断发展，社会建设和管理工作不断面临新的挑战，各种社会问题日益凸显：老龄化问题、贫困问题、环境问题、失业问题、贫富差距问题等日益突出。要解决这些问题，不能仅仅依靠政府、企业和市场，社会组织也是一支重要力量。社会组织的服务可以弥补政府的不足，在提供公共服务、缓和社会矛盾和促进社会和谐等方面发挥重要作用。

社会组织是指依据我国法律规定，经各级人民政府民政部门登记注册的，纳入登记管理范围的社会团体、民办非企业单位和基金会。1949年新中国成立以来，经过60多年的发展，我国的社会组织已经初具规模。根据民政部的统计，截至2016年底，我国依法登记的社会组织达70.2万个，其中社会团体33.6万个，民办非企业单位36.1万个，基金会5 559个。目前，我国社会组织数量在以每年10%～15%的速度增长。我国社会组织吸纳社会各类人员就业763.7万人，接收各类社会捐赠786.7亿元。我国社会组织的布局和结构进一步优化，种类不断丰富，在行业中介、教育、科技、文化、卫生、劳动、民政、体育、环保、社区、农村专业经济等领域，都有社会组织在发挥重要作用。目前，我国已经初步形成了门类齐全、覆盖广泛、结构优化、布局合理的社会组织体系。

社会组织要想获得更好的发展，一要加强自身的内部管理和运作，二要加强项目设计和完善服务方法，三要适应外部法规政策环境。这三个方面是社会组织发展的三个面向，也是国内社会组织研究的三个维度。笔者从2008年进入社会组织研究领域以来，一直致力于对这三个方面的研究工作，在实践中也一直在努力探寻其中的规律。

现代社会是法治社会，社会组织要实现平稳和健康发展，需要有完善的法律和政策环境作为外部保障。健全的法律和政策环境可以规范社会组织的行为，明确政府和社会组织之间的边界，有效促进社会组织的快速发展。法律法规与政策的制定与出台，对社会组织的生存与发展有非常重要的影响。在法治环境下建立和发展起来的社会组织，应该积极地了解社会组织的法律法规和政策，并主动适应这种法规政策环境。

改革开放以来，我国的社会组织立法工作取得了显著成绩。1998年以来，国务院先后修订颁布了《社会团体登记管理条例》《民办非企业单位登记管理暂行条例》《基金会管理条例》。自此，我国社会组织的法律框架基本形成，社会组织管理工作被纳入法制化和规范化轨道。2014年党的十八届四中全会通过的《中共中央关于全面推进依法治国若干重大问题的决定》，首次明确提出“加强社会组织立法”。2016年以来，我国进一步加快了社会组织立法进程，相继出台了《慈善法》《境外非政府组织境内活动管理法》《志愿服务条例》，并在2018年8月向社会公布了《社会组织登记管理条例》的草案征求意见稿，我国社会组织的法律法规体系得以进一步完善。

目前，国内仍然缺乏关于社会组织法律法规与政策方面的专门书籍，无论是实务界，还是高等教育界，都迫切需要这方面的专业书籍，本教材力求满足实务界和教育界的这一迫切需求。法律法规政策具有较强的时效性，几乎每年都会有新的发展变化。随着中国社会组织立法及政策的演进发展，本书也将相应地进行再版更新。

在社会组织相关法律法规政策上，有些法规政策是社会组织和其他组织都要共同遵守的，比如劳动法、合同法、知识产权法等，其中并没有专门针对社会组织的规定。对于这些方面的法律政策，本教材不会设专章论述。本教材的重点是专门针对社会组织的法律政策以及与社会组织运营密切相关的法律政策，包括社会组织登记注册、志愿者及志愿服务、社会组织内部治理、募捐及捐赠、政府购买服务、社会组织监管、社会组织税收优惠。

在体例上，本教材内容共分为九章：

第一章是社会组织的法律法规概述，介绍社会组织立法的历程、社会组织的法律框架、对社会组织的具体法律规定、与社会组织运行相关的一般法律；

第二章是社会组织的政策概述，介绍社会组织政策的演进、社会组织培育扶持的政策、社会组织监督管理的政策；

第三章是社会组织登记的法律法规与政策，介绍社会组织登记的制度和立法、社会组织成立登记的法律法规与政策、社会组织变更登记和注销登记的法律法规与政策；

第四章是志愿者及志愿服务的法律法规与政策，介绍志愿者及志愿服务的政策与立法、志愿者的法律法规与政策、志愿服务的法律法规与政策、志愿服务组织的法律法规与政策；

第五章是社会组织内部治理的法律法规与政策，介绍社会组织内部治理的概念和立法、社会团体内部治理的法律法规与政策、民办非企业单位内部治理的法律法规与政策、基金会内部治理的法律法规与政策；

第六章是募捐及捐赠的法律法规与政策，介绍募捐与捐赠的立法、募捐和捐赠的概念及法律关系、募捐的法律法规与政策、捐赠的法律法规与政策；

第七章是政府购买服务的法律法规与政策，介绍政府购买服务的概念、政府购买服务立法与政策的发展、政府购买服务的政策框架；

第八章是社会组织监管的法律法规与政策，介绍社会组织监管的法律和政策、社会组织年检的法律法规与政策、社会组织评估的法律法规与政策、社会组织行政执法的法律法规与政策；

第九章是社会组织税收优惠的法律法规与政策，介绍非营利组织税收优惠的制度与立法、非营利组织自身的税收优惠政策、公益性捐赠的税收优惠政策。

最后一部分是社会组织法律法规与政策文件一览，包括了1949年以来至今我国社会组织的相关法律、法规与政策文件。

本书适合作为高等学校“社会组织法律法规与政策”课程的教材，也可以作为民政等政府相关部门工作人员、社会组织从业人员的培训辅导用书。衷心感谢首都经济贸易大学城市经济与公共管理学院、首都经济贸易大学出版社为本书出版给予的大力支持。

目　录
CONTENTS

第一章
社会组织的法律法规概述

本章提要

本章是社会组织的法律法规概述，共分为四节内容：第一节是社会组织立法的历程，主要介绍社会组织立法的探索阶段、社会组织立法的稳步发展阶段、社会组织立法的完善阶段；第二节是社会组织的法律框架，主要介绍宪法中关于社会组织的规定、社会组织的相关法律、社会组织的相关行政法规、社会组织的相关地方性法规、社会组织的相关行政规章；第三节是对社会组织的具体法律规定，主要介绍社会团体的法律规范、民办非企业单位的法律规范、基金会的法律规范；第四节是与社会组织运行相关的一般法律，主要介绍合同法、劳动合同法。

我国社会组织在经济、社会、文化、教育、科技等领域发挥着重要的作用，已经成为沟通政府与人民群众之间关系的桥梁和纽带，成为我国经济社会发展中一支不容忽视的力量。伴随着我国社会组织的发展与壮大，我国社会组织法律法规建设也日益走向完善。

现代社会是法治社会，社会组织要获得平稳和健康的发展，需要完善的法律体系给予其保障和规范。健全的法制可以规范社会组织的行为，明确政府和社会组织之间的边界，促进社会组织的快速发展。

第一节　社会组织立法的历程

新中国成立以来，随着社会组织不断大量涌现，相应的法律法规也得到了不断加强。我国对社会组织的立法经历了一个从早期探索到逐步系统化的过程，其立法的历程可以分为探索阶段、稳步发展阶段和完善阶段。

一、社会组织立法的探索阶段

这一阶段是从1949年新中国成立到1978年改革开放前。

在新中国成立前夕的1949年9月29日，中国人民政治协商会议举行第一届全体会议，通过了《中国人民政治协商会议共同纲领》（以下简称《共同纲领》）。《共同纲领》是中华人民共和国建国初期的施政纲领，是团结全国人民建设新中国的宪章，在1954年《宪法》颁布以前，起到了临时宪法的作用。《共同纲领》明确了人民的结社自由权，其第五条规定："中华人民共和国人民有思想、言论、集会、结社、通讯、人身、居住、迁徙、宗教信仰及示威游行的自由权。"①《共同纲领》同时强调镇压一切反革命活动，其第7条规定："中华人民共和国必须镇压一切反革命活动，严厉惩罚一切勾结帝国主义、背叛祖国、反对人民民主事业的国民党革命战争罪犯和其他怙恶不悛的反革命首要分子。对于一般的反动分子、封建地主、官僚资本家，在解除其武装、消灭其特殊势力后，仍须依法在必要时期内剥夺他们的政治权利，但同时给以生活出路，并强迫他们在劳动中改造自己，成为新人，假如他们继续进行反革命活动，必须予以严厉的制裁。"②

1954年第一次全国人民代表大会通过了《宪法》，体现了民主集中制

---

① 《中国人民政治协商会议共同纲领》第一章第五条，1949年9月29日通过。

② 《中国人民政治协商会议共同纲领》第一章第七条，1949年9月29日通过。

的原则和人民民主专政的国家性质，把国家和人民的意志上升为宪法的高度予以保证。1954 年《宪法》以及此后历次修订的《宪法》，均设专章规定了公民的基本权利和义务。1954 年《宪法》将“结社自由”作为公民的基本权利确定下来，保障了公民的结社自由权。

针对新中国成立初期社会组织管理混乱的局面，中央进行了全国范围的清理整顿。1950 年 9 月，政务院颁布了《社会团体登记暂行办法》，这标志着新中国成立初期“分级登记”体制的形成，规定了社会团体的类别、登记程序等事宜，将社会团体分为社会公益团体、文艺工作团体、学术研究团体、宗教团体和其他团体。1951 年 3 月，内务部（相当于现在的民政部）颁布了《社会团体登记暂行办法实施细则》，规定全国性的社会团体向内务部申请登记，地方性的社会团体向当地人民政府申请登记，进一步明确了“分级登记原则”和“分级登记体制”。政府颁布这两部法规是出于促进社会稳定的考虑，目的是取缔和打击国民党政府的残留敌对势力，以至于这两个文件没有具体的管理条款。在清理整顿完成之后，这两个文件就基本上被弃用了。当时我国没有基金会和民办非企业单位，只有社会团体一种，主要是强调对会员制组织的管理。

1975 年“文革”时期制定了我国第二部《宪法》，强调社会主义社会长期存在阶级斗争，应通过“无产阶级专政下继续革命的理论和实践”来解决，这部宪法的任务和指导思想是“无产阶级专政下继续革命的理论和实践”。1975 年《宪法》赋予了群众运动“大鸣、大放、大辩论、大字报”四大自由，结社自由成为了阶级斗争的工具。

二、社会组织立法的稳步发展阶段

这一阶段是从 1978 年改革开放到 1998 年。改革开放以前，社会组织的地位并没有得到重视，其发展缓慢，类型单一。改革开放以后，社会组织的数量不断增加，规模不断扩大。1978 年改革开放后一直到 20 世纪 80 年代末，我国一直没有出台新的社会组织管理法律法规。20 世纪 50 年代颁布的两个法规已不能满足我国社会组织管理的需要，在当时，各级政府部门甚至有的社团都在审批和管理社团，出现了“多头管理”的问题。一些单位和个人不经中央审批随意成立全国性组织，各类组织鱼龙混杂，助长了不正之风。1984 年中共中央、国务院下发《关于严格控制成立全国性组织的通知》（中发〔1984〕25 号），规范全国性组织的成立审批。

在此期间，我国在 1986 年颁布了《民法通则》。《民法通则》是对民事活动中的共性问题所作的法律规定，是民法体系中的一般法。《民法通则》将法人分为企业法人、机关法人、事业单位法人和社会团体法人，明确社会团体法人是四种法人类型之一，这就在基本法层面确立了社会团体的法律地位。

20 世纪 80 年代末期，我国出台了一系列规范社会组织发展的法律法规。1987 年党的十三大提出“必须抓紧制定新闻出版、结社、集会、游行等法律，建立人民申诉制度，使宪法规定的公民权利和自由得到保障”，明确提出要制定结社法，并委托民政部负责起草。[①] 1987 年，民政部受国务院委托，在大量调查研究和反复论证的基础上，起草了《社会团体登记管理条例》。1989 年 10 月，国务院颁布了《社会团体登记管理条例》，明确县级以上地方政府民政部门负责登记，有关政府职能部门作为业务主管单位，初步确立了“双重负责、分级管理”的双重管理体制。该条例对“社会团体”没有准确的界定，而是列举了协会、学会、联合会、研究会、基金会、联谊会、促进会、商会等，从而将基金会也涵盖在了社会团体中。条例颁布之后，一部分社会团体由于在组织、运行、登记条件及政治上不符合法规的要求而被注销了登记资格。1988 年 9 月，国务院颁布了《基金会管理办法》，该办法是我国第一部关于基金会的立法，主要规定了基金会的定义、设立条件、审批体制、资金筹集规则、资金使用保值规

① 《结社法》由民政部从 1987 年开始起草，历经五年，十易其稿，于 1993 年报送国务院，但最终未能按时出台。

则、资助协议和行政费用的规范以及监管规范等，确立了民政部门、业务主管单位和中国人民银行三重负责的管理体制，实际上是把基金会当作了准金融机构。1989 年 6 月，国务院颁布了《外国商会管理暂行规定》，规定了外国商会的登记条件、登记程序、年度报告、变更登记、监督及解散等事项。这三部关于社会组织的重要法规，初步构成了我国社会组织管理的基本法律框架。

为了发扬人道主义精神，促进和平进步事业，我国在 1993 年 10 月颁布了《红十字会法》，该法是目前我国唯一的为一个社会组织制定的全国性法律。1994 年 1 月 1 日，《企业所得税暂行条例》开始实施，这是我国第一部明确规定企业捐赠享受税收优惠的法律。该法规定，纳税人用于公益、救济性的捐赠，在年度应纳税所得额 3% 以内的部分，准予扣除。

三、社会组织立法的完善阶段

这一阶段是从 1998 年以来至今。1998 年以来，随着我国经济社会的快速发展，各类社会组织也蓬勃发展。在这样的背景下，我国社会组织的法律制度也在进一步完善。

20 世纪 90 年代末期，我国的社会组织立法迎来了一个高潮。在当时，随着社会的发展，此前制定的社团法规有些已经不能适应现实要求。1998 年 9 月国务院颁布了新修订的《社会团体登记管理条例》，并于同年出台了《民办非企业单位登记管理暂行条例》，开始将民办非营利的实体性机构纳入社会组织的登记范围。以此为标志，我国明确了社会组织规范发展、从严管理的总体思路，完善了登记管理机关和业务主管单位双重负责的管理体制。为了贯彻实施这两个条例，民政部还出台了一系列规章，例如《民办非企业单位登记暂行办法》（民政部令第 18 号）《民办非企业单位名称管理暂行规定》（民发〔1999〕129 号）《社会团体设立专项基金管理机构暂行规定》（民发〔1999〕50 号）（已废止）。

1999 年，为了发展和规范公益事业，我国颁布了《公益事业捐赠法》，首次界定了公益事业的范围和领域，从制度层面推动了我国公益捐赠事业的发展，规范了捐赠和受赠行为，保障了捐赠人、受赠人和受益人的合法权益。

2001 年我国颁布了《信托法》，专章规定了公益信托的相关问题，为我国公益信托的发展奠定了基础。信托是委托人基于对受托人的信任，将其财产委托给受托人，由受托人按照委托人的意愿以自己的名义，为受益人的利益或者特定目的进行管理或者处分的行为。

2004 年 3 月，为了促进基金会的发展，国务院颁布了《基金会管理条例》，为停滞多年的基金会注入了发展动力。与此前的《基金会管理办法》相比，这个条例的内容更加详实，体系更加完整。该条例首次将基金会分为公募基金会和非公募基金会两种，为广大热心公益事业的企业（家）举办非公募基金会开辟了渠道。针对基金会的管理问题，2005 年民政部制定了《基金会年度检查办法》（民政部令第 30 号）和《基金会信息公布办法》（民政部令第 31 号），这两个办法为基金会的透明化和规范化发展奠定了基础。

2007 年全国人大通过了新的《企业所得税法》，规定了企业发生的公益性捐赠支出在计算应纳税所得额时的扣除比例，明确了符合条件的非营利组织收入为免税收入。将企业的公益性捐赠免税额度从此前的 3% 提高到了 12%，有力地促进了企业的捐赠行为。

2008 年 4 月 28 日，民政部出台《救灾捐赠管理办法》（民政部令第 35 号），加强了对救灾捐赠款物的管理，保护了救灾捐赠的捐赠人、受赠人和受益人的合法权益。

2014 年 12 月，为了加快推进我国政府购买服务的发展进程，财政部、民政部和国家工商总局发布《政府购买服务管理办法（暂行）》，全面规范政府购买服务基本原则、购买主体和承接主体、购买内容及指导目录等内容。

2015 年 1 月 1 日，修订后的《环境保护法》开始施行，赋予了社会组织提起环境公益诉讼的权利。针对原告的资格问题，最高人民法院在2015年初公布了环境民事公益诉讼的司法解释，将社会组织作为原告的资格细化规定为“依照法律、法规的规定，在设区的市级以上人民政府民政部门登记的社会团体、民办非企业单位以及基金会等”[①]。此外，规定对社会组织提起环境民事公益诉讼的地域范围不作限制。

2016年3月16日，在经过十年起草和论证后，第十二届全国人大第四次会议通过了《慈善法》，并于2016年9月1日起施行。该法对慈善活动进行明确界定，规定了慈善组织设立、慈善财产来源和使用、开展慈善服务、促进慈善事业发展等方面重要内容。《慈善法》出台后，社会组织管理的相关条例也需要相应地加以修订完善。

2016年3月，国务院总理李克强签署公布《国务院关于修改部分行政法规的决定》（国务院令第666号），其中对《社会团体登记管理条例》进行了重要修改。民政部在同年5月发布通知，就《社会服务机构登记管理条例》和《基金会管理条例（修订草案征求意见稿）》向社会公开征求意见。同年8月，民政部就《社会团体登记管理条例（修订草案征求意见稿）》向社会公开征求意见。

2016年，民政部还制定了《慈善组织认定办法》（民政部令第58号）、《慈善组织公开募捐管理办法》（民政部令第59号）、《公开募捐平台服务管理办法》（民发〔2016〕157号）及《社会组织登记管理机关受理投诉举报办法（试行）》（民发〔2016〕139号）。

2016年5月，为规范境外非政府组织在中国境内的活动，十二届全国人大常委会第二十次会议表决通过《境外非政府组织境内活动管理法》，保障和规范境外非政府组织在中国境内依法开展活动。

2017年3月15日，第十二届全国人民代表大会第五次会议表决通过

① 最高人民法院：《最高人民法院关于审理环境民事公益诉讼案件适用法律若干问题的解释》第二条，2015年1月6日发布，2015年1月7日起施行。

了《中华人民共和国民法总则》，主要规定包括：法人分为营利法人、非营利法人、特别法人三类；非营利法人包括事业单位、社会团体、基金会、社会服务机构等；事业单位取得事业单位法人资格，社会团体取得社会团体法人资格，基金会、社会服务机构等取得捐助法人资格。

2017 年 8 月 22 日，国务院召开第 175 次常务会议，通过并发布了《志愿服务条例》，对志愿服务组织的法律地位、规范管理和扶持保障措施等方面进行了系统的规定。

2018 年 8 月 3 日，民政部公布了《社会组织登记管理条例（征求意见稿）》，向社会各界征求意见，将此前的《社会团体登记管理条例》《民办非企业登记管理暂行条例》《基金会管理条例》合并成了一个综合性的条例。

第二节 社会组织的法律框架

从立法实践来看，我国法律中还未出现对社会组织整体性上的定义和规范，而是分散出现在各类法律文件中。与社会组织相关的法律主要是宪法、法律、行政法规、地方性法规和行政规章等五个层级。各个法律位阶相互衔接，共同构成我国社会组织的法律体系。

一、宪法中关于社会组织的规定

宪法是我国的根本大法，具有最高的法律效力。结社自由权是社会团体合法性的基础，社会组织的发展离不开宪法对公民结社自由权利的保障，世界上多数国家的宪法都有关于结社自由的规定。我国宪法曾经多次修订，但是一直将结社自由作为公民的基本权利。

我国现行的宪法是第五届全国人大第五次全体会议于 1982 年 12 月 4 日通过的。这部宪法以四项基本原则为指导思想，全面总结了我国社会主义建设的经验教训，反映了改革开放以来我国各方面取得的巨大成就。

1982 年《宪法》将“公民的基本权利和义务”一章放到了“国家机构”之前。《宪法》第 35 条明确规定：“公民有言论、出版、集会、结社、游行、示威的自由。”① 这就明确了结社权是我国公民的基本自由之一。根据这一规定，在不损害国家、集体和他人合法权益的情况下，公民可以自由创建民间社团。《宪法》第 47 条规定：“公民从事科学研究、文学艺术创作和其他活动的自由以及国家对于从事教育、科学、文学、艺术和其他文化事业的公民的有益于人民的创造性工作给予鼓励和帮助。”②

1982 年《宪法》实施以后，我国宪法分别于 1988 年、1993 年、1999 年、2004 年、2018 年进行过五次修订，增加了关于经济制度完善、财产权保护、建设法治国家、保障基本人权、国家监察体制的规定，这些规定对于保障公民权利和自由具有重要意义。

二、社会组织的相关法律

普通法律是宪法的具体化，必须由全国人民代表大会和全国人大常委会进行审议并通过。宪法保障的公民结社自由权需要在法律中得到体现。

目前，我国还尚未颁布关于社会组织的专项基本法律。我国社会组织的相关法律主要有两类：①社会组织的运行需要遵守的一般法律，主要是《劳动法》(1995 年)、《合同法》(1999 年)、《劳动合同法》(2007 年)等；②针对社会组织和公益慈善事业制定的法律，这些法律与社会组织的运作管理密切相关，主要是《工会法》(1992 年)、《红十字会法》(1993 年)、《公益事业捐赠法》(1999 年)、《民办教育事业促进法》(2002 年)、《慈善法》(2016 年)、《境外非政府组织境内活动管理法》(2016 年)。这些法律除了《公益事业捐赠法》以外，都是针对特定类型的社会组织，而不具备一般性的效力。

---

① 《中华人民共和国宪法》第二章第 35 条，1982 年 12 月 4 日发布，2004 年 3 月 14 日第四次修正。

② 《中华人民共和国宪法》第二章第 47 条，1982 年 12 月 4 日发布，2004 年 3 月 14 日第四次修正。

（一）《红十字会法》

《红十字会法》是专门针对红十字会制定的法律。红十字会是从事人道主义的社会救助团体，中国红十字会是我国统一的红十字组织。《红十字会法》是为了保护人的生命和健康，发扬人道主义精神，促进和平进步事业，保障红十字会依法履行职责而制定的法律。

（二）《公益事业捐赠法》

《公益事业捐赠法》界定了公益事业的范畴，它对捐赠和受赠、捐赠财产的使用和管理、优惠措施、法律责任等问题做出了明确规定，是我国公益慈善立法的标志性成果。

（三）《慈善法》

《慈善法》是专门针对慈善组织及慈善活动的法律。《慈善法》作为慈善领域的综合性法律，创新了慈善事业的体制机制，解决了多年制约慈善事业及慈善组织发展的问题。其主要规定包括：①公募资格开放申请。《慈善法》第22条规定："慈善组织开展公开募捐，应当取得公开募捐资格。依法登记满二年的慈善组织，可以向其登记的民政部门申请公开募捐资格。"① 此前，我国只有公募基金会才具有公开募捐资格，其他所有组织都没有公开募捐资格。《慈善法》实施后，所有慈善组织都有资格申请公开募捐资格，公募基金会将不再垄断公募资格。②公益信托落地。《慈善法》中专门设立了"慈善信托"一章，解决了《信托法》中有关"公益信托"的规定不容易落地的问题，明确了慈善信托的申请程序和主管部门。③明确信息公开义务。《慈善法》规定了政府相关部门和慈善组织两个主体信息公开的义务，要求"县级以上人民政府民政部门应当在统一的信息平台，及时向社会公开慈善信息，并免费提供慈善信息发布服务"②，要求慈善组织和慈善信托的受托人在民政部门统一的信息平台上发布慈善

---

① 《中华人民共和国慈善法》第三章第22条，2016年3月16日发布，2016年9月1日起施行。
② 《中华人民共和国慈善法》第八章第69条，2016年3月16日发布，2016年9月1日起施行。

信息，并对慈善信息的真实性负责。

（四）《境外非政府组织境内活动管理法》

《境外非政府组织境内活动管理法》是我国专门规范境外非政府组织在境内开展活动的法律。境外非政府组织，是指在境外合法成立的基金会、社会团体、智库机构等非营利、非政府的社会组织。2004 年颁布的《基金会管理条例》只是规定了境外基金会可以设立代表机构，而境外社会团体则不符合登记注册要求。《境外非政府组织境内活动管理法》有如下主要规定：①公安机关负责境外非政府组织代表机构的登记、年度检查，境外非政府组织临时活动的备案，对境外非政府组织及其代表机构的违法行为进行查处。②境外非政府组织可以在经济、教育、科技、文化、卫生、体育、环保等领域和济困、救灾等方面开展有利于公益事业发展的活动。③境外非政府组织在中国境内不得危害中国的国家统一、安全和民族团结，不得损害中国国家利益、社会公共利益和公民、法人以及其他组织的合法权益；不得从事或者资助营利性活动和政治活动；不得非法从事或者资助宗教活动；不得在中国境内设立分支机构；不得在中国境内进行募捐；不得在中国境内发展会员。④境外非政府组织在境内活动资金包括境外合法来源的资金、中国境内的银行存款利息、中国境内合法取得的其他资金。⑤境外非政府组织可根据业务范围、活动地域及开展活动的需要，设立代表机构。[①]

三、社会组织的相关行政法规

行政法规是由国务院制定颁布的规范性文件，由国务院常务会议审议通过，是国家行政机关体系中最高级别的规范性文件，其法律地位和效力低于法律。在我国，涉及社会组织的性质、登记注册、内部治理、监督管

① 《中华人民共和国境外非政府组织境内活动管理法》，2016 年 4 月 28 日发布，2017 年 1 月 1 日起施行。

理等的重要内容都是由行政法规做出规范的。

我国社会组织的相关行政法规主要包括“三大条例”以及《志愿服务条例》。针对社会团体、民办非企业单位和基金会三种类型的社会组织，国务院分别颁布了三个条例进行管理。1998 年国务院修订出台了《社会团体登记管理条例》，颁布了《民办非企业单位登记管理暂行条例》，确立了社会组织的双重管理体制。国务院在 2004 年 3 月颁布了《基金会管理条例》，在基金会中新设立了非公募基金会，允许境外基金会在国内设立代表机构。目前，国务院正在对《社会团体登记管理条例》、《民办非企业单位登记管理暂行条例》和《基金会管理条例》进行修订。

国务院在 2016 年 3 月 1 日正式发布了《关于修改部分行政法规的决定》（国务院令第 666 号），明确对《社会团体登记管理条例》作出修订，修订的主要内容包括：①社会团体不用筹备申请直接申请登记。按照未修订前的《社会团体登记管理条例》，需要先由发起人向登记管理机关申请筹备，批准后六个月内召开会员大会或者会员代表大会，通过章程，产生执行机构、负责人和法定代表人，再向登记管理机关申请成立登记。《国务院关于修改部分行政法规的决定》将《社会团体登记管理条例》第九条中的“由发起人向登记管理机关申请筹备”修改为“由发起人向登记管理机关申请登记”。②社会团体分支机构的设立和注销不再需要审批。在修订后的《社会团体登记管理条例》中，删除了“社会团体成立后拟设立分支机构、代表机构的，应当经业务主管单位审查同意，向登记管理机关提交有关分支机构、代表机构的名称、业务范围、场所和主要负责人等情况的文件，申请登记”的规定。也就是说，社会团体分支机构的设立和注销不再需要政府审批。

四、社会组织的相关地方性法规

按层级来看，地方性法规的制定机关可分为两类：一是由省、自治区、直辖市的人大和人大常委会制定；二是由省会所在地的市以及国务院批准的较大的市的人大及其常委会制定。

各省市根据当地的实际情况制定了关于社会组织的地方性法规。深圳市在探索社会组织立法方面走在全国前列。以深圳市的行业协会立法为例，1999 年，深圳市出台了全国首部行业协会条例——《深圳经济特区行业协会条例》。2003 年，深圳市启动新的《深圳经济特区行业协会条例》立法工作。2013 年 12 月，新的《深圳经济特区行业协会条例》正式出台，于 2014 年 4 月 1 日起正式实施。该条例对促进深圳行业协会发展、推动建立良好的社会治理体系具有引导性，对全国行业协会健康有序发展有重要借鉴意义。

为了规范募捐行为，多地出台了地方性法规。湖南省在 2010 年 11 月出台了《湖南省募捐条例》；广州市在 2012 年 2 月出台了《广州市募捐条例》；上海市在 2012 年 6 月出台了《上海市募捐条例》；汕头市在 2014 年 4 月出台了《汕头经济特区募捐条例》。这些募捐条例的出台，有利于鼓励捐赠和规范募捐活动，保护捐赠人、受益人和募捐组织的合法权益，从而促进公益事业的发展。

五、社会组织的相关行政规章

行政规章是指国务院各部委以及各省、自治区、直辖市的人民政府和省、自治区的人民政府所在地的市以及国务院批准的较大的市的人民政府，根据宪法、法律和行政法规等制定和发布的规范性文件。行政规章包括部门规章和地方行政规章，国务院各部委制定的是部门规章，地方制定的是地方行政规章。

（一）社会组织的相关部门规章

部门规章是由国务院组成部门及直属机构在自己职权范围内制定的规范性文件。

关于社会组织的部门规章较为繁多，很多重要事项往往是由部门规章规定的。按照制定主体的不同可以分为三类：①民政部制定的规章。民政部是我国社会组织的主管部门，负责制定社会组织的政策和规章。民政部制定的规章主要是根据三大条例予以细化。民政部制定的关于社会组织的规章包括《民政部主管的社会团体管理暂行办法》（民社发〔1998〕6号)、《取缔非法民间组织暂行办法》（民政部令第21号)、《基金会年度检查办法》（民政部令第30号)、《基金会信息公布办法》（民政部令第31号)、《救灾捐赠管理办法》（民政部令第35号)、《社会组织评估管理办法》（民政部令第39号），等等。②民政部和其他部委联合制定的规章。社会组织管理工作还涉及财政、税收、安全等问题，在工作中需要与其他部门联合下发文件，例如民政部与公安部联合制定的《民办非企业单位印章管理规定》（民政部令、公安部令第20号)。③国务院其他部委制定的规章。例如财政部在2004年发布的《民间非营利组织会计制度》（财会〔2004〕7号)。

（二）社会组织的相关地方行政规章

地方行政规章是指由省、自治区和直辖市人民政府，以及省人民政府所在地的市的人民政府和国务院批准的较大的市的人民政府，从当地发展的实际情况出发制定的仅在当地范围内适用的规范性文件。

近年来，地方政府出台的关于社会组织的地方行政规章较多，对社会组织的设立、运行、注销等事项起到规范作用。例如，《浙江省民办非企业单位管理暂行办法》（2004年)、《深圳市行业协会暂行办法》（2005年)、《南京市基层民间组织备案管理暂行办法》(2006年)、《深圳市异地商会登记暂行办法》(2009年)、《深圳市社区社会组织登记与备案管理暂行办法》(2010年)、《广州市社会组织管理办法》（2014年)、《北京市承接政府购买服务社会组织资质管理办法（试行)》（2015年)、《上海市社会组织信息公开办法（试行)》(2016年)。

第三节　对社会组织的具体法律规定

我国对社会组织管理的法律依据是国务院颁布的《社会团体登记管理

条例》、《民办非企业单位登记管理暂行条例》和《基金会管理条例》，这三个条例构成了我国社会组织管理的核心规范，现行的双重管理体制也是由这三个条例确定的。

一、社会团体的法律规范

《社会团体登记管理条例》规定："社会团体，是指中国公民自愿组成，为实现会员共同意愿，按照其章程开展活动的非营利性社会组织。"①社会团体主要是指各类协会、学会、研究会、联谊会、商会、促进会等社会组织。社会团体主要是人的集合，是公民之间的自由结社。与其他类型组织不同的是，社会团体实行的是会员制。

对社会团体的管理，主要是依据国务院颁布的《社会团体登记管理条例》。《社会团体登记管理条例》只针对中国公民成立和参加社会团体，对于外国公民在华成立社会团体的事宜未作交代。根据规定，社会团体可以设立分支机构。《社会团体登记管理条例》将社会团体分为"全国性社团"和"地方性社团"。全国性社团由国务院的登记管理机关负责登记管理；地方性社团由所在地人民政府的登记管理机关负责登记管理。

二、民办非企业单位的法律规范

《民办非企业单位登记管理暂行条例》规定："民办非企业单位是指企业事业单位、社会团体和其他社会力量以及公民个人利用非国有资产举办的，从事非营利性社会服务活动的社会组织。"②

民办非企业单位的称谓几经更改，在20世纪90年代曾经被称为"民办事业单位"。在1998年10月国务院颁布的《民办非企业单位登记管理暂行条例》中改称为"民办非企业单位"，又在2016年3月通过的《慈善

① 《社会团体登记管理条例》第一章第二条，1998年9月25日发布，2016年2月6日修订并施行。
② 《民办非企业单位登记管理暂行条例》第一章第二条，1998年9月25日发布并施行。

法》和民政部2018年5月公布的《社会组织登记管理条例（征求意见稿）》中改称为“社会服务机构”，这一称谓准确反映了此类组织的性质和功能。

我国政府将民办非企业单位分为十类，分别是教育类、卫生类、文化类、科技类、体育类、劳动类、民政类、社会中介服务类、法律服务类以及其他。民办非企业单位的组织形式主要有学校、学院、园、医院、中心、院、所、馆、站、社、公寓、俱乐部等。根据承担民事责任的不同，民办非企业单位有法人、合伙、个体三种形式，在实践中，很多地方民政部门只允许民办非企业单位登记为法人形式。

三、基金会的法律规范

《基金会管理条例》规定：“基金会是指利用自然人、法人或者其他组织捐赠的财产，以从事公益事业为目的，按照《基金会管理条例》的规定成立的非营利性法人。”①

（一）对基金会分类的规定

现在的基金会类别是在2004年《基金会管理条例》颁布后确立的。根据是否能面向公众募捐，《基金会管理条例》将基金会分为可面向公众募捐的基金会（简称公募基金会）和不得面向公众募捐的基金会（简称非公募基金会），对基金会实行分类管理。我国政府允许设立非公募基金会，可以实现两个目的：一方面，严格管理面向公众开展的募捐活动，维护募捐秩序；另一方面，允许个人、企业等设立非公募基金会，鼓励他们更自主地为公益事业做贡献。需要指出的是，非公募基金会不得面向社会募集资金，但并不妨碍非公募基金会接受来自社会不特定群体的捐赠。

公募基金会按照募捐的地域范围，分为全国性公募基金会和地方性公

① 《基金会管理条例》第一章第二条，2004年2月11日发布，2004年6月1日起施行。

募基金会。

（二）对基金会财产支出的规定

基金会的财产支出包括两个方面：一是为了实现基金会宗旨而投入公益事业的支出；二是维持基金会运营所必须的成本性开支，包括办公场地成本、人员薪酬福利等。

1. 对公益事业支出比例的规定

公益属性决定了基金会在接受捐赠之后，要持续地支出和进行资助。我国法律规定了基金会每年公益支出的比例，这是为了促使基金会实现发展公益事业的宗旨和确保对公益事业进行投入，杜绝基金会出现偏离公益轨道或停滞不活动的情况。

《基金会管理条例》规定："公募基金会每年用于从事章程规定的公益事业支出，不得低于上一年总收入的70%；非公募基金会每年用于从事章程规定的公益事业支出，不得低于上一年基金余额的8%。"① 公益事业支出的界定以"上年总收入"和"上年基金余额"作为基数，是因为当年的收入无法预测，上年收入或基金余额是明确的。而对于公益支出比例的规定，一部分非公募基金会认为并不合理：一是这项规定未与国际接轨。美国《1969年税制改革法》规定，基金会每年应至少用掉5%的资产，5%包括了公益事业支出和行政费用；二是8%的支出对某些非公募基金会有困难，基金将不断萎缩。

公益事业支出包括直接用于受助人的款物和为开展公益项目发生的直接运行费用。项目直接运行费用包括："①支付给项目人员的报酬，包括工资福利、劳务费、专家费等；②为立项、执行、监督和评估公益项目发生的费用，包括差旅费、交通费、通讯费、会议费、购买服务费等；③为宣传、推广公益项目发生的费用，包括广告费、购买服务费等；④因项目需要租赁房屋、购买和维护固定资产的费用，包括所发生的租赁费、折旧

① 《基金会管理条例》第四章第29条，2004年2月11日发布，2004年6月1日起施行。

费、修理费、办公费、水电费、邮电费、物业管理费等；⑤为开展项目需要支付的其他费用。”①

2. 对管理费支出比例的规定

为了确保基金会募集的资金主要用于公益事业，《基金会管理条例》规定：“基金会工作人员工资福利和行政办公支出不得超过当年总支出的10%。”② 2016年出台的《慈善法》也规定：“慈善组织中具有公开募捐资格的基金会……年度管理费用不得超过当年总支出的百分之十。”③

对于管理费支出比例的规定，有些捐赠人认为提取过高，他们认为管理费用应实报实销。在公益项目实施之前，基金会预留10%作为管理费并不合理，管理费不应由捐赠总数的一个固定比例计算得出。另一方面，有些基金会认为不应限制管理费，他们认为这种规定不符合国际惯例，国外对基金会管理费的比例没有严格规定，通常是根据项目性质和捐赠人意愿来定。如此规定，会导致小体量的基金会无法生存，在遵循10%比例的情况下，小型基金会很难招聘到专职员工。在这种情况下，有些基金会往往采取变通措施应对《基金会管理条例》对管理费的限制，比如，有的基金会由作为发起方的企业支付人员工资，有的基金会再去注册一家民办非企业单位，其原因在于，在现行法律规定下，民办非企业单位不受10%的约束。

管理费支出比例规定影响的不只是基金会。基金会在与公益组织合作时，公益组织的管理费用被计入基金会的管理支出，基金会也是在如此要求公益组织。但这一规定并不意味着基金会的管理费支出比例都达到10%，实践中我国基金会的管理费所占比例平均不高于3%。

《民间非营利组织会计制度》规定，非营利组织的“费用”包括业务活动成本、管理费用、筹资费用和其他费用。管理费用指民间非营利组织为组织和管理其业务活动所发生的各项费用，主要包括行政人员的工资福

---

① 民政部：《关于规范基金会行为的若干规定（试行）》，2012年7月10日发布。

② 《基金会管理条例》第四章第29条，2004年2月11日发布，2004年6月1日起施行。

③ 《中华人民共和国慈善法》第六章第60条，2016年3月16日发布，2016年9月1日起施行。

利、办公室水电费、租金等行政费用。[①]

对于具有免税资格的非营利组织，其工作人员平均工资薪金水平不得超过所在地同行业同类组织平均工资的两倍，这也适用于基金会。其法律依据是，财政部、国家税务总局在2018年下发的《关于非营利组织免税资格认定管理有关问题的通知》（财税〔2018〕13号）规定："工作人员工资福利开支控制在规定的比例内，不变相分配该组织的财产，其中：工作人员平均工资薪金水平不得超过上年度税务登记所在地的地市级（含地市级）以上地区的同行业同类组织平均工资水平的两倍，工作人员福利按照国家有关规定执行。"[②]

基金会除了从捐款、银行存款利息中提取管理费以外，还有以下筹集渠道：一是由基金的投资收益支付管理成本，某些基金会把非定向捐款集中起来做投资，投资收益用来支付基金会的行政费用；二是由创办人和理事支付管理成本。

（三）对境外基金会代表机构的规定

《基金会管理条例》对基金会的设立主体没有境内外的限制，境外人士可以在华捐资设立基金会。境外基金会可在中国设立代表机构，但只能由民政部批准设立；境外基金会代表处的登记采取双重管理的方式。境外基金会代表机构不得在中国境内组织募捐、接受捐赠。

第四节　与社会组织运行相关的一般法律

我国与社会组织运行相关的法律主要包括《合同法》（1999年）、《信托法》（2001年）、《企业所得税法》（2007年）、《劳动合同法》（2007

① 财政部：《财政部关于印发〈民间非营利组织会计制度〉的通知》（财会〔2004〕7号），2004年8月18日发布，2005年1月1日起施行。

② 财政部、国家税务总局：《关于非营利组织免税资格认定管理有关问题的通知》（财税〔2018〕13号），2018年2月7日发布，2018年1月1日起施行。

年)、《劳动法》(2008 年) 和《个人所得税法》(2011 年) 等。这些法律不是专门针对社会组织制定的，但社会组织在运行中需要遵守这些法律。

一、合同法

1999 年 10 月 1 日施行的《合同法》，是一部系统地规范合同订立、效力、履行、变更、权利义务转让和违约责任的法律。《合同法》规定："合同是平等主体的自然人、法人、其他组织之间设立、变更、终止民事权利义务关系的协议。"①

《合同法》第 11 章"赠与合同"，与社会组织涉及的"捐赠合同"密切相关。该法规定："赠与人在赠与财产的权利转移之前可以撤销赠与。具有救灾、扶贫等社会公益、道德义务性质的赠与合同或者经过公证的赠与合同，不适用前款规定。"② "具有救灾、扶贫等社会公益、道德义务性质的赠与合同或者经过公证的赠与合同，赠与人不交付赠与的财产的，受赠人可以要求交付。"③ "赠与可以附义务。赠与附义务的，受赠人应当按照约定履行义务。"④

二、劳动合同法

与一般用人单位相比，社会组织在适用《劳动法》、《劳动合同法》和《劳动争议调解仲裁法》上没有特殊性，也必须遵守这些法律的相关规定。

《劳动合同法》于 2008 年 1 月 1 日开始实施，修改方案自 2013 年 7 月 1 日起施行。该法是系统规范劳动用工合同制度的法律，社会组织中的劳动关系完全适用。该法系统地规范了劳动合同的订立、履行和变更、解除和终止，以及集体合同、劳务派遣、非全日制用工等问题。

---

① 《中华人民共和国合同法》第一章第二条，1999 年 3 月 15 日发布，1999 年 10 月 1 日起施行。
② 《中华人民共和国合同法》第 11 章第 186 条，1999 年 3 月 15 日发布，1999 年 10 月 1 日起施行。
③ 《中华人民共和国合同法》第 11 章第 188 条，1999 年 3 月 15 日发布，1999 年 10 月 1 日起施行。
④ 《中华人民共和国合同法》第 11 章第 190 条，1999 年 3 月 15 日发布，1999 年 10 月 1 日起施行。

根据《劳动合同法》的规定，用人单位要与员工订立书面劳动合同，明确劳动合同双方当事人的权利和义务。“用人单位自用工之日起超过一个月不满一年未与劳动者订立书面劳动合同的，应当向劳动者每月支付二倍的工资。”① “用人单位自用工之日起满一年不与劳动者订立书面劳动合同的，视为用人单位与劳动者已订立无固定期限劳动合同。”② 员工如果想解除劳动合同，应当提前30日以书面形式通知用人单位。如果有特定的合法理由，不需要提前30日通知即可解除劳动合同。在试用期内的员工，可随时通知用人单位解除劳动合同。“劳动者不能胜任工作，经过培训或者调整工作岗位，仍不能胜任工作的，用人单位提前30日以书面形式通知劳动者本人或者额外支付劳动者一个月工资后，可以解除劳动合同。”③

关键术语

结社自由　慈善法　境外非政府组织境内活动管理法　宪法　法律　行政法规　地方性法规　行政规章　社会团体登记管理条例　民办非企业单位登记管理暂行条例　基金会管理条例　公益事业支出管理费　合同法　劳动合同法

复习思考题

1. 新中国成立以来，我国社会组织的立法经历了哪几个阶段？
2. 我国社会组织的法律框架包括哪几个部分？
3. 我国社会组织的相关法律分为哪两类？

---

① 《中华人民共和国劳动合同法》第二章第14条，2007年6月29日发布，2012年12月28日修正，2013年7月1日起施行。

② 《中华人民共和国劳动合同法》第七章第82条，2007年6月29日发布，2012年12月28日修正，2013年7月1日起施行。

③ 《中华人民共和国劳动合同法》第三章第40条，2007年6月29日发布，2012年12月28日修正。

4. 《慈善法》的主要规定包括哪些?

5. 《境外非政府组织境内活动管理法》的主要规定包括哪些?

6. 社会组织的相关行政规章分为哪两类?

7. 我国社会组织管理的核心规范是由哪三个条例构成的?

8. 《基金会管理条例》对基金会的财产支出是如何规定的?

第二章 社会组织的政策概述

本章提要

本章是社会组织的政策概述，共分为三节内容：第一节是社会组织政策的演进，主要介绍分级登记与无序管理时期、归口管理与清理整顿时期、培育发展与监督管理并重时期；第二节是社会组织培育扶持的政策，主要介绍组织完善管理、登记管理体制改革、实施政府购买服务、设立社会组织孵化器、社会组织税收优惠政策；第三节是社会组织监督管理的政策，主要介绍社会组织年度检查、社会组织评估、重大事项报告制度、行政处罚、取缔。

规范和发展社会组织，既是我国政府整合社会力量，满足公共服务需求的关键，也是加快推进以改善民生为重点的社会建设的有效途径。我们必须从战略高度来规范和发展社会组织，引导各类社会组织依法参与社会服务。

第一节 社会组织政策的演进

从 1949 年新中国成立至今 60 多年的发展历程来看，从建国初期的清理整顿、分级登记开始，经历了 20 世纪六七十年代社会组织的无序管理，

80年代初期多头管理状况下的社团数量爆炸性增长之后，进入到了90年代的归口管理与清理整顿时期。21世纪特别是2003年以来，随着中央对社会组织培育发展与监督管理并重原则的确立，我国各级政府纷纷出台推动社会组织发展的政策措施，使社会组织迎来了一个新的发展时期。这个发展历程表明，我国社会组织的发展兴衰与其外部政策环境密切相关。

一、分级登记与无序管理时期

这一阶段是从1949年至“文化大革命”结束。新中国成立初期，中国大陆有“会道门”组织300多种，道首和骨干分子约82万人。各类“会道门”组织敌视新政权，甚至策划武装暴乱。1949年到50年代前期，人民政府对各类民间社团进行了全面的清理整顿，取缔了一大批封建组织、会道门组织、反动组织和宗教性组织。清理整顿之后，“会道门”组织数量锐减直至基本销声匿迹。在此过程中，一些具有政治倾向的社团被确定为“民主党派”，如中国民主同盟、九三学社等。

在宪法的保障下，广大人民群众享有了参与国家事务和社会事务管理的民主权利，各类社团得到了一定程度的发展。我国在1950年出台的《社会团体登记暂行办法》中确立了社会团体“分级登记”的原则，即全国性社会团体向内务部申请登记，地方性社会团体向当地人民政府申请登记。经过内务部和地方政府三年多的工作，对符合社会需要的社会团体进行了依法登记，确立了它们的法律地位，保障了其合法权益。但是，这些社团的数量较少，影响有限。20世纪50年代初，全国性社团只有44个。[①]

在计划经济时期，我国建立了政社一体的社会管理体制。当时的社团都是在政府的直接推动和主导下建立的，有些社团的成立是有计划、按指标进行的。很多社团被纳入了行政事业编制，社团的负责人由政府领导兼任，并没有真正的独立性。据统计，1965年我国的全国性社会团体有近百

① 吴宗泽．我国民间组织的发展现状及其管理［J］．红旗文稿，2000（9）．

个，地方性社会团体有 6 000 多个。[1] 1966—1976 年的“文化大革命”破坏了中国的民主和法治，使社会组织的发展受到严重影响，社会组织的活动基本停滞，对社会组织的政策也无从谈起。“文革”期间，内务部在 1969 年 1 月被撤销，其主要职能由财政部、公安部、卫生部和国家计委等承接，社团管理的权限被分散了。

二、归口管理与清理整顿时期

这一阶段是从 1978 年改革开放到 2002 年。随着改革开放的推行，中国各行各业的活力被激发出来，在经济发展和社会进步的同时，政府理念和社会观念也得到改变，人民群众的结社意识不断增强。在这一时期，社会组织呈现出快速发展的势头，这就要求政府加强对社会组织的规范管理。

（一）明确社会组织的主管部门

1978 年 2 月，国家设立民政部，但社团审批管理的混乱局面并没有得到改变。社团管理工作由多个部门负责，各部门各自为政，都可以审批管理社团，甚至还出现了社团审批社团以及未经批准自行成立的情况，导致了社团管理工作的混乱无序。到 1989 年，我国的全国性社会团体数量达到 1 800 个左右，地方社会团体数量达到近 20 万个。[2]

社团管理存在的问题引起了党中央、国务院的高度重视。1988 年 7 月，国务院批准民政部设立社团管理司，明确将社会组织的登记管理权限统一归于民政部，对社会组织进行归口管理。地方各级民政部门也设立了社团管理处（办公室）等机构，初步建立了社团管理队伍。对社会组织实行归口管理，各级政府职能部门依照级别权限，将社会组织纳入到监管范畴。1996 年，中共中央办公厅、国务院办公厅下发《关于加强社会团体和

---

① 吴宗泽．我国民间组织的发展现状及其管理［J］．红旗文稿，2000（9）．
② 谢海定．中国民间组织的合法性困境［J］．法学研究，2004（2）．

民办非企业单位管理工作的通知》（中办发〔1996〕22号），将原来归不同政府部门主管的“民办事业单位”统一为“民办非企业单位”，并归口民政部门登记管理。[①] 为此，民政部社团管理司在1997年更名为社会团体和民办非企业单位管理司。1998年，国家将基金会与社会团体、民办非企业单位并列纳入民间组织范畴，主管部门又更名为民间组织管理局。1998年，我国进一步明确了对社会组织的双重管理体制，即由登记管理机关负责社会组织的登记管理，业务主管单位负责社会组织的业务监管。

（二）对社会组织的清理整顿

20世纪90年代，伴随着国家的政策变化和重大政治事件的发生，尤其是受法轮功事件、境外敌对势力煽动等因素的影响，政府加强了对社会组织消极作用的控制。在这一时期，全国规模的社会组织清理整顿有三次，分别是1990年、1996年、1999年，这些清理整顿都带有较强的运动式特征。

（三）政府职能转变为社会组织发展提供空间

从20世纪90年代开始，我国社会主义市场经济体制进一步得到发展，明确了政府职能转变的目标，这为社会组织的发展提供了空间。在这一时期，政府对社会组织的政策具有两个指向：一方面，政府对有可能影响执政基础和社会稳定的社会组织进行严格控制，主要的做法是清理整顿；另一方面，国家开始重视社会组织的正面作用，出台政策对社会组织进行培育扶持，促进社会组织的发展。

1993年党的十四届三中全会确定了转变政府管理职能、建立“小政府、大社会”的改革目标，为社会组织的发展提供了契机，全会通过的《中共中央关于建立社会主义市场经济体制若干问题的决定》明确提出要“发挥行业协会、商会等组织的作用”。1997年10月党的十五大报告提出

① 该文件的另一个重要意义是，在1996年以前，我国的社会组织中只有社会团体一种类型，1996年以后，社会组织不再只是社会团体一种类型。

要“培育和发展社会中介组织”，作为促进经济和政治体制改革的一项重要措施。

三、培育发展与监督管理并重时期

这一阶段是从 2002 年至今。在这一时期，中央对社会组织明确了“培育发展与监督管理并重”的工作方针。政府不再采取运动式的全国性清理整顿，而是注重发挥社会组织的积极作用和培育社会组织发展，依法依规对社会组织进行监督管理。在这一时期，我国政府的社会组织政策主要包括以下几个方面。

（一）出台社会组织培育发展政策

2002 年党的十六大报告提出“要按市场化原则规范和发展各类行业协会、商会等自律性组织”。2006 年党的十六届六中全会明确提出“坚持培育发展和管理监督并重，完善培育扶持和依法管理社会组织的政策”。2007 年党的十七大将社会组织的发展提到了战略高度，明确使用了“社会组织”称谓，提出在基层民主政治建设中要“发挥社会组织在扩大群众参与、反映群众诉求方面的积极作用，增强社会自治功能”。2011 年 3 月，《中华人民共和国国民经济和社会发展第十二个五年规划纲要》首次设专章阐述了未来五年加强社会组织建设的工作思路，指出要坚持培育发展和管理监督并重，推动社会组织健康有序发展。2012 年党的十八大报告提出“加快形成政社分开、权责明确、依法自治的现代社会组织体制。”2013 年 3 月国务院提出对行业协会商会类、科技类、公益慈善类和城乡社区服务类四类社会组织实行直接登记。2013 年 11 月，党的十八届三中全会在通过的《关于全面深化改革若干重大问题的决定》提出“治理”概念，指出要“创新社会治理、改进社会治理方式，激发社会组织活力。”2016 年《中华人民共和国国民经济和社会发展第十三个五年规划纲要》提出，“支持行业协会商会类、科技类、公益慈善类、社区服务类社会组织发展。加快行业协会商会与行政机关脱钩，健全法人治理结构。推进有条件的事业单位转为社会组织，推动社会组织承接政府转移职能”。2016 年 8 月中央下发了《关于改革社会组织管理制度促进社会组织健康有序发展的意见》，提出了培育支持社会组织发展、加强社会组织管理的一系列意见，为社会组织发展明确了前进方向，提供了行动指南。2017 年党的十九大报告提出，“要推动协商民主广泛、多层、制度化发展，统筹推进政党协商、人大协商、政府协商、政协协商、人民团体协商、基层协商以及社会组织协商。”“加强社区治理体系建设，推动社会治理重心向基层下移，发挥社会组织作用，实现政府治理和社会调节、居民自治良性互动”。

为了扶持社会组织发展，政府开展了社会组织免税资格认定工作和公益性捐赠税前扣除资格认定工作。在社会组织行政管理体制方面，2006 年，为了加强社会组织管理工作，民政部民间组织管理局加挂了“国家民间组织管理局”牌子。2008 年 9 月 1 日，民政部设立社会福利和慈善事业促进司，成为我国公益慈善事业的管理机构。

（二）加快事业单位分类改革

2013 年党的十八届三中全会《决定》提出，“加快事业单位分类改革……推进有条件的事业单位转为企业或社会组织”。分类改革是把事业单位分为行政类、经营类、公益类事业单位三类。其中，公益类事业单位分为公益一类和二类，不能或不宜由市场配置资源的为公益一类，可部分由市场配置资源的为公益二类。事业单位分类改革实施以后，其效果主要体现在：一方面，对于政府而言，政府可以减少事业单位编制，减少国家财政开支；另一方面，对于社会组织而言，事业单位改制将让社会组织规模扩充，能力提升，影响力增强。

（三）社会组织去行政化改革

社会组织“去行政化”包括去行政级别、公务人员不担任要职、财务自主、活动自定等内容，按照社会组织的特征进行管理。去行政化改革始于上海、深圳、浙江，主要是在行业协会商会中展开。2013 年年初，国务院发布《国务院机构改革和职能转变方案》（国办发〔2013〕22号），强调加快形成政社分开、权责明确、依法自治的现代社会组织体制。

从国家层面来看，我国社会组织去行政化改革的举措包括以下两个方面。

1. 规范退（离）休领导干部在社会团体兼职

2014年6月25日，中央组织部下发《关于规范退（离）休领导干部在社会团体兼职问题的通知》（中组发〔2014〕11号）。其主要规定包括："①退（离）休领导干部在社会团体兼任职务（包括领导职务和名誉职务、常务理事、理事等），须按干部管理权限审批或备案后方可兼职。最多只能兼任1个社会团体职务，兼职不得超过两届，兼职的任职年龄界限为70周岁。除工作特殊需要外，不得兼任社会团体法人，不得牵头成立新的社会团体。②兼职不得领取社会团体的薪酬、奖金、津贴等报酬和获取其他额外利益，不得领取各种名目的补贴。"①

2. 行业协会商会与行政机关脱钩

2015年7月8日，中共中央办公厅、国务院办公厅印发《行业协会商会与行政机关脱钩总体方案》（中办发〔2015〕39号）。该方案取消了行政机关与行业协会商会的主办、主管、联系和挂靠关系，行业协会商会直接登记和独立运行，一律剥离行业协会商会的行政职能。行业协会商会应执行民间非营利组织会计制度，单独建账，独立核算。民政部牵头负责全国性行业协会商会脱钩试点工作，2015年下半年进行第一批100个左右行业协会商会试点。2016年总结经验、扩大试点，2017年更大范围试点，之后再全面推开。

（四）加强社会组织党建

中央一直重视社会组织党建工作。1998年中央组织部、民政部下发

① 中共中央组织部：《关于规范退（离）休领导干部在社会团体兼职问题的通知》（中组发〔2014〕11号），2014年6月25日发布并施行。

《关于在社会团体中建立党组织有关问题的通知》（组通字〔1998〕6号），要求“经社会团体登记管理机关核准登记（原有社会团体经清理整顿换发新的证书）的社会团体，其常设办事机构专职人员中凡是有正式党员三人以上的，应建立党的基层组织。社会团体建立党组织，由其业务主管部门或挂靠单位的党组织审批。”① 2000年，中共中央组织部下发《关于加强社会团体党的建设工作的意见》（中组发〔2000〕10号），明确了在社会团体中建立党组织的重要性。

近年来，中央更加重视社会组织的党建工作，为社会组织的党建工作指明了方向。

1.《中国共产党党组工作条例（试行）》明确规定在社会组织中设立党组

《中国共产党党组工作条例（试行）》自2015年6月11日起施行，这是中共首次以党内成文条例（法规）的方式，对党组制度进行系统性阐述和规范。该条例的重点有两个：①对“党组”进行了定义和定性，明确了其地位。②扩大了建立党组的机构的范围。“全国性的重要文化组织、社会组织，经党的中央委员会批准，可以设立党组”。②

2.《关于加强社会组织党的建设工作的意见（试行）》明确提出加强社会组织党的建设

2015年9月，中共中央办公厅印发《关于加强社会组织党的建设工作的意见（试行）》，主要内容包括：“①健全工作机构。县级以上地方党委要依托党委组织部门和民政部门建立社会组织党建工作机构。已经建立非公有制企业党建工作机构的，可依托党委组织部门将其与社会组织党建工作机构整合为一个机构。党委组织部门对同级社会组织党建工作机构进行指导。上级社会组织党建工作机构对下级社会组织党建工作机构进行指

① 中共中央组织部、民政部：《关于在社会团体中建立党组织有关问题的通知》（组通字〔1998〕6号），1998年2月16日发布。

② 《中国共产党党组工作条例（试行）》第五条，2015年6月16日发布。

导。②推进社会组织中党的组织和党的工作的有效覆盖。可以按单位建立党组织、按行业建立党组织、按区域建立党组织。凡有三名以上正式党员的社会组织，都要按照党章规定，经上级党组织批准，分别设立党委、总支、支部，并按期进行换届。”①

第二节　社会组织培育扶持的政策

由于社会组织在促进居民就业、提供公共服务、参与社会管理、反映群众诉求等方面可以发挥重要作用，各级政府按照“培育发展与监督管理并重”的方针，将培育、发展和扶持社会组织作为一项重要工作任务。近年来，地方各级政府着重加强培育扶持体系建设，重点是组织完善管理、降低登记注册门槛、实施政府购买服务、设立社会组织孵化器、实行社会组织税收优惠政策等。

一、组织完善管理

一些地方政府设立专门机构负责社会组织培育工作，例如北京市成立党政联动、合署办公的社会工作委员会（社会建设工作办公室），对社会建设进行统一指导和综合协调，使用社会建设专项资金购买社会组织服务。

北京、上海、广东等地探索发挥“枢纽型社会组织”的作用，通过枢纽型组织的构建，来推动社会建设和加强社会管理，将工、青、妇等群团组织作为政府与社会组织之间的桥梁和纽带。在新的管理体制下，总工会统一归口管理职工服务维权类社会组织；团委统一归口管理青少年类社会组织；妇联统一归口管理妇女儿童类社会组织；侨联统一归口管理涉侨类社会组织；残联统一归口管理残疾人服务类社会组织；文联统一归口管理文学艺术类社会组织；社科联统一归口管理社会科学类社会组织；科协统

① 中共中央办公厅：《关于加强社会组织党的建设工作的意见（试行）》，2015 年 9 月发布。

一归口管理自然科学和科学技术类社会组织，等等。枢纽型社会组织替代行政部门承担业务主管单位职能，发挥他们在引领本领域社会组织发展方面的积极作用。

二、登记管理体制改革①

长期以来，我国对社会组织实行的双重登记管理体制限制了社会组织的发展。在经历了多年实践之后，我国的社会组织登记管理体制开始实施变革。

在地方政府实施直接登记的探索之后，国家层面开始进行社会组织登记管理体制的改革。党的十八届三中全会在2013 年11 月12 日通过的《中共中央关于全面深化改革若干重大问题的决定》也同样提出："重点培育和优先发展行业协会商会类、科技类、公益慈善类、城乡社区服务类社会组织，成立时直接依法申请登记。"②

社会组织登记体制改革的内容主要包括：①社会组织直接登记；②取消社会团体的筹备成立审批；③社会团体可以自行决定分支机构、代表机构的设立、变更和终止；④取消对在华外国商会的前置审批；⑤降低登记开办资金要求；⑥取消"一业一会"限制；⑦下放非公募基金会和异地商会的登记管理权限。

三、实施政府购买服务③

政府购买服务的做法源于西方国家社会福利制度的改革。20 世纪 70 年代，政府购买服务从英国开始发端，至今已有 40 多年的实践发展，对世界各国的社会服务产生了深远影响。政府购买服务带来了公共服务提供模式的改变，使得政府与社会组织之间的关系发生了改变，形成了提供公

---

① 本部分内容详见第三章第一节"社会组织登记制度的改革"部分。

② 中共中央：《关于全面深化改革若干重大问题的决定》，2013 年 11 月 12 日发布。

③ 本部分内容详见第七章第二节"政府购买服务政策的发展"部分。

共服务的合作关系。

在上海、深圳、北京等地政府购买服务探索的基础上，财政部从 2012 年开始每年拿出两亿元用于支持社会组织参与社会服务项目。2013 年 9 月 16 日，国务院办公厅发布《关于政府向社会力量购买服务的指导意见》（国办发〔2013〕96 号）规定：“地方各级人民政府要结合当地经济社会发展状况和人民群众的实际需求，因地制宜、积极稳妥地推进政府向社会力量购买服务工作，不断创新和完善公共服务供给模式，加快建设服务型政府”。[①] 此后，我国各地的政府购买服务陆续开展起来。

目前，西方发达国家政府的采购总规模一般占 GDP 的 15% ~20%。2012 年，我国政府采购的规模为 13 977.7 亿元，占当年 GDP 比重不到 3%，且公共服务采购在采购总额中仅为 10% 左右。因此，在服务类政府采购中，公共服务购买的比重比较低，仅占 GDP 的 0.3% 左右。[②]

我国的政府购买服务，从地域分布来看，北京、上海、广东等经济发达地区购买服务的力度较大，很多社会组织的收入全部来自于各级政府部门的购买服务。其他省份很多也都在探索，但是资金支持力度有限，广大社会组织往往只能寄希望于申请中央财政购买服务项目。从购买服务的内容来看，目前政府购买服务主要是在养老、助残、社区服务和社会工作等领域，医疗卫生、科技、教育、社会保障等领域很少向社会组织开展公开的购买服务。成功获得政府购买服务项目的社会组织中，有少量的社会团体和基金会，绝大多数的身份是民办非企业单位，尤其是各地近年来成立较多的社会工作事务所。

四、设立社会组织孵化器

设立社会组织孵化器是政府培育社会组织发展的创新举措，为初创期

---

① 国务院办公厅：《关于政府向社会力量购买服务的指导意见》（国办发〔2013〕96 号），2013 年 9 月 16 日发布。

② 陶善才．政府购买服务：从政府配餐到百姓点菜［J］．决策，2014（10）．

社会组织提供办公场所、办公设备、能力建设、政策辅导、启动资金、注册协助等方面服务，促进优秀社会组织和公益项目成长壮大。2009 年，时任民政部部长李学举在民政部召开的“推动学习实践活动深入开展，建立社会组织科学发展长效机制工作交流”会议上提出，要探索建立社会组织孵化基地，为社会组织提供综合性培育场所。

近年来，从上海、北京、广东等地开始，很多省市在政府主导下开展了社会组织孵化的探索，纷纷成立了市级、区级乃至街道级的社会组织孵化器，对培育社会组织发展起到了积极促进作用。我国第一家专门从事社会组织能力建设的机构——NPO 信息咨询中心在 1998 年成立，是隶属于中国自然科学基金会下的一个非正式、松散的非营利组织联合会，功能是在社会组织内部互通信息，并建立了 NPO 公共服务网。我国第一家民政注册的能力建设机构——上海映绿公益事业发展中心在 2004 年成立，为公益组织提供培训、咨询、评估、交流等服务，服务对象主要是关注弱势群体、生态环境与社区发展的公益机构。恩派（NPI）在社会组织孵化方面的早期探索为各地树立了榜样。恩派创建于 2006 年，是由民间发起成立的支持型社会组织，从 2007 年开始在上海浦东开展社会组织孵化。此后，恩派以接受政府购买服务的形式运营社会组织孵化器。2009 年 7 月北京西城区社会组织孵化中心成立；2010 年 1 月深圳市社会组织孵化实验基地成立；7 月上海市社会创新孵化园成立；12 月北京市社会组织孵化中心成立。迄今为止，恩派已经为超过 1 000 家公益机构提供了孵化服务，培训公益人才近万人。

北京市已经初步建立了市、区、街三级组织孵化与培育联动机制，即以市孵化中心为核心，联合区级社会组织孵化培育基地、街道级资源枢纽平台。北京市社会组织孵化中心由北京市社会建设工作办公室建立，委托专业机构进行日常服务和管理，主要服务内容是：对初创期的民间公益组织提供前期孵化、能力建设、发展指导等关键性支持。此外，北京市民政局在 2016 年挂牌成立了北京市社会组织发展服务中心，委托专业机构运营，主要发挥创业支持、资源交易、事务代理、会议会展等方面的服务功能，是促进全市社会组织发展服务、学习交流、互动参与的重要载体。

五、社会组织税收优惠政策[①]

我国没有专门立法来规范社会组织的税收政策，但是在相应的税收法律中，有涉及社会组织税收优惠的条款。国家明确了社会组织税收优惠、票据使用的政策，解决了社会组织发展中存在的一些问题。

社会组织税收优惠包括两个方面：社会组织本身的税收优惠、公益性捐赠的税收优惠。社会组织本身的税收优惠包括所得税、流转税、财产税的优惠；公益性捐赠的税收优惠包括所得税、货物劳务税、财产行为税的优惠。

根据税法规定，我国社会组织的企业所得税优惠包括三个方面：针对小微企业的 20% 低税率、不征税收入、符合条件的非营利组织的收入。2008 年实施的《企业所得税法》规定了社会组织的税收优惠政策：一是符合条件的非营利组织的收入被列为免税收入；二是企业的公益性捐赠支出，在年度利润总额 12% 以内的部分，准予在计算应纳税所得额时扣除。财政部、国家税务总局、民政部在 2008 年联合下发《公益性捐赠税前扣除有关问题的通知》(财税〔2008〕160 号)，明确了公益性捐赠税前扣除资格的申请条件和程序。财政部、国家税务总局在 2009 年下发的《关于非营利组织企业所得税免税收入问题的通知》（财税〔2009〕122 号）规定："符合条件的非营利组织企业所得税免税收入范围明确如下：捐赠收入、不征税收入以外的政府补助收入、会费收入、不征税收入和免税收入孳生的银行存款利息收入等。"[②]

近年来，我国政府在社会组织税收优惠方面的措施主要包括以下几个

① 本部分内容详见第九章第一节"非营利组织税收优惠立法"部分。

② 财政部、国家税务总局：《关于非营利组织企业所得税免税收入问题的通知》（财税〔2009〕122 号），2009 年 11 月 11 日发布，2008 年 1 月 1 日起施行。

方面。

（一）明确了公益事业捐赠票据的申领主体和程序

经财税部门认定取得所得税免税资格的公益性社会组织获得的捐赠收入是不需要缴税的，其前提是接受捐赠时开具的是捐赠票据，否则税务部门无法在计算所得税额时将这部分收入扣减。但由于没有相关文件对其范围进行明确界定，导致社会组织中从事公益事业的民办非企业单位和大部分社会团体难以正常申领公益事业捐赠票据。

2016年2月14日，财政部、民政部发布《关于进一步明确公益性社会组织申领公益事业捐赠票据有关问题的通知》（财综〔2016〕7号），明确了公益事业捐赠票据的申领主体和程序。通知把公益性社会组织明确为：在民政部门依法登记并从事公益事业的社会团体、基金会和民办非企业单位。通知中规定公益事业捐赠票据首次领取程序：①申请办理《财政票据领用（购）证》；②提交申请函、民政部门颁发的登记证书、组织机构代码证书、单位章程，以及财政部门规定的其他材料；③财政部对公益性社会组织提供的申请材料进行严格审核；④对符合条件的办理《财政票据领用（购）证》，并发放公益事业捐赠票据。[①]

（二）企业捐赠股权增值部分的所得税获减免

2016年5月10日，财政部、国家税务总局下发了《关于公益股权捐赠企业所得税政策问题的通知》（财税〔2016〕45号），主要规定了以下两个方面：①减除了企业对所捐赠股票的增值部分须缴纳的所得税。在新规实行后，公益股权捐赠的收入额以历史成本确定，这就减除了对企业所捐赠股票的增值部分须缴纳的所得税。此前，企业在捐赠股权时，须按转让股权的公允价确定转让收入额。这使得捐赠方需要就股权的增值部分缴纳所得税，一般为捐赠股票增值部分的25%左右。②股权捐赠将享受所得

① 财政部、民政部：《关于进一步明确公益性社会组织申领公益事业捐赠票据有关问题的通知》（财综〔2016〕7号），2016年2月14日发布。

税税前扣除优惠。企业实施股权捐赠后，以其股权历史成本为依据确定捐赠额，并依此按照企业所得税法有关规定在所得税前予以扣除。公益性社会团体接受股权捐赠后，应按照捐赠企业提供的股权历史成本开具捐赠票据。[①]

第三节　社会组织监督管理的政策

我国政府对社会组织进行监管的政策措施主要包括社会组织年度检查、社会组织评估、重大事项报告制度、行政处罚、取缔等五种。

一、社会组织年度检查[②]

民政部门依法按年度对社会组织进行年度检查。年度检查是对社会组织在上一年开展活动情况、人员变动情况和财务管理情况进行检查。年检采取社会组织自行报告、管理机关书面审查的方式。

针对三种类型社会组织，民政部先后制定了《社会团体年度检查暂行办法》（民社发〔1996〕10号）、《民办非企业单位年度检查办法》（民政部令第27号）、《基金会年度检查办法》（民政部令第30号）对此进行详细规定。社会组织年检的结果包括“年检合格”“年检基本合格”“年检不合格”三种，后两种将被限令择期整改。连续两年不参加年检，或连续两年“年检不合格”的，将被撤销登记并公告。

二、社会组织评估[③]

社会组织评估是政府对社会组织进行监管的一种方式，目的是促进社

---

① 财政部、国家税务总局：《关于公益股权捐赠企业所得税政策问题的通知》（财税〔2016〕45号），2016年4月20日发布，2016年1月1日起施行。

② 本部分内容详见第八章第二节“社会组织年检的法律法规与政策”。

③ 本部分内容详见第八章第三节“社会组织评估的法律法规与政策”。

会组织的健康发展。社会组织评估与年检不同，其程序是由社会组织向民政部门提出申请，“依据规范的方法和程序，由评估机构根据评估标准，对社会组织进行客观、全面的评估，并做出评估等级结论。”①

我国的社会组织评估工作始于2007年，先从基金会评估开始，此后开展了行业协会商会评估和民办非企业单位评估。关于社会组织评估的规范性文件主要有《全国性民间组织评估实施办法》（2007年）、《社会组织评估管理办法》（2010年）、《民政部关于探索建立社会组织第三方评估机制的指导意见》（2015年）。民政部制定的《社会组织评估管理办法》规定：社会组织评估的结论分为5个等级，从高至低依次为5A级、4A级、3A级、2A级、1A级。评估不是强制参加的，评估等级与优惠措施相挂钩，3A级以上的社会组织，通常可优先接受政府职能转移、申请政府购买服务和申请公益性捐赠税前扣除。社会组织评估的程序是评估单位自我评估、评估机构评估、评估委员会审核、评估委员会公示评估结论、民政部门确认评估结果、颁发证书和牌匾等。

根据民政部的规定，对不同类型社会组织的评估侧重点不同，指标也有所区别。对社会团体实行综合评估，评估内容包括基础条件、内部治理、工作绩效和社会评价。对民办非企业单位实行规范化建设评估，评估内容包括基础条件、内部治理、业务活动和诚信建设、社会评价。对基金会实行综合评估，评估内容包括基础条件、内部治理、工作绩效和社会评价。

三、重大事项报告制度

重大事项报告制度是行政机关对社会组织的一种事前监督机制，通过开展事前监督从而防患于未然，也称为“重大活动报告制度”。民

---

① 民政部：《社会组织评估管理办法》第一章第三条，2010年12月20日发布，2011年3月1日起施行。

政部和一些地方建立了这一制度，要求社会组织在举办重大活动之前，向业务主管单位、登记管理机关报告。实行重大事项报告制度是加强社会组织管理的一项举措，使政府能更及时地了解社会组织的活动动态，掌握其活动的方向，也使政府对社会组织的活动开展给予具体指导。

民政部在1998年制定的《民政部主管的社会团体管理暂行办法》（民社发〔1998〕6号）中规定："社团开展重大业务活动，如召开大型研讨会、举办展览会等，应由主管司、局（厅）审查核准。"[①]

以北京市为例，北京市民政局在2011年制定的《北京市社会组织重大事项报告的若干规定》中规定：社会组织对下列重大事件，应当向登记管理机关和业务主管单位报告："①在业务活动中了解和掌握的重要社情动态；②在业务活动中发生的重大人员伤亡和财产损失事故；③在业务活动中发生的，导致本组织工作不能正常开展的纠纷、冲突；④本组织违反法律、法规，受到有关行政机关依法处罚的；⑤其他需要报告的重大事件。"[②] 社会组织开展下列重要活动，应当向登记管理机关和业务主管单位报告："①召开会员（代表）大会、理（董）事会，决定变更登记、注销登记、换届改选、修改章程等事项的；②举办大型活动、庆典、研讨会、论坛的；③吸收境外人士担任本组织职务；④接受境外组织、个人捐赠及资助；⑤与境外组织开展项目合作或者联合举办活动；⑥组团出国出境、开展交流考察；⑦参加国际会议、加入国际组织的；⑧开展评比达标活动，进行认证排名的；⑨设立经济实体，参加重大投资项目的；⑩公募基金会、公益性慈善协会面向公众开展募捐活动的；⑪其他需要报告的重要活动。"[③]

---

① 民政部：《民政部主管的社会团体管理暂行办法》（民社发〔1998〕6号）第12条，1998年6月12日发布。

② 北京市民政局：《北京市社会组织重大事项报告的若干规定》第四条，2011年8月1日发布。

③ 北京市民政局：《北京市社会组织重大事项报告的若干规定》第五条，2011年8月1日发布。

四、行政处罚[①]

对社会组织的行政处罚主要是针对骗取登记、违规使用证书印章、超范围活动、财务管理违规、营利性经营等问题进行处罚。根据《社会组织登记管理机关行政处罚程序规定》（民政部令第44号）的规定，各级登记管理机关负责管辖在本机关登记的社会组织的行政处罚案件。对于同时符合“有违反社会组织登记管理规定的违法事实、属于登记管理机关行政处罚的范围、属于本机关管辖”这几个要件的，民政部门应当立案。

立案应当填写立案审批表，报登记管理机关负责人审批，登记管理机关应当指定两名以上的办案人员负责调查处理。办案人员调查和收集证据时，不得少于两人，应当主动出示执法证件。对案件情节复杂或重大违法行为，可以给予限期停止活动、撤销登记、较大数额罚款等较重处罚。

五、取缔[②]

取缔非法社会组织是规范社会组织发展、维护国家安全和社会稳定的重要方式。针对非法社会组织，民政部在2000年出台了《取缔非法民间组织暂行办法》（民政部令第21号），属于非法社会组织的情况主要包括：①未经登记，擅自以社会团体或者民办非企业单位名义进行活动的；②被撤销登记后继续以社会团体或者民办非企业单位名义进行活动的。

民政部门负责对非法社会组织进行调查，收集有关证据，依法作出取缔决定，没收其非法财产。依法调查非法社会组织时，对与案件有关的情况和资料，可以采取记录、复制、录音、录像、照相等手段取得证据。

对经调查认定的非法社会组织，民政部门应当依法作出取缔决定，宣

① 本部分内容详见第八章第四节“对社会组织违法行为的行政处罚”部分。
② 本部分内容详见第八章第四节“对非法社会组织的取缔”部分。

布该组织为非法，并予以公告。对被取缔的非法社会组织，民政部门应当收缴其印章、标识、资料、财务凭证等，并登记造册。

关键术语

分级登记　归口管理　清理整顿　培育发展与监督管理并重　事业单位分类改革　去行政化改革　社会组织党建　政府购买服务　社会组织孵化器　税收优惠　年度检查　社会组织评估　重大事项报告制度　行政处罚　取缔

复习思考题

1. 新中国成立以来，我国社会组织政策的演进分为哪几个阶段？

2. 20 世纪 90 年代，我国政府对社会组织进行清理整顿的主要原因是什么？

3. 我国社会组织去行政化改革的举措主要包括哪些方面？

4. 近年来，中央更加重视社会组织的党建工作，主要出台了哪些文件？

5. 社会组织培育扶持的政策主要包括哪些方面？

6. 社会组织监督管理的政策主要包括哪些方面？

第三章
社会组织登记的法律法规与政策

本章提要

本章是会组织登记的法律法规与政策，共分为三节内容：第一节是社会组织的登记制度和立法，主要介绍社会组织登记制度的发展演变、社会组织登记的相关法律文件；第二节是社会组织成立登记的法律法规与政策，主要介绍社会团体成立登记的规定、民办非企业单位成立登记的规定、基金会成立登记的规定；第三节是社会组织变更登记和注销登记的法律法规与政策，主要介绍社会组织变更登记的规定、社会组织注销登记的规定。

社会组织登记包括成立登记、变更登记和注销登记。其中，社会组织成立登记是最受关注的。社会组织成立登记是指社会组织为了获得独立法人地位和具备民事主体的资格，向登记管理机关提出申请，由登记管理机关依法对社会组织的设立、变更和终止进行审查、核准，并颁发登记证书的行为。登记注册是我国社会组织成立的必经程序，也是社会组织获得合法地位的必要条件。①

---

① 我国对部分社团实行不予登记和免予登记，参加中国人民政治协商会议的人民团体不进行登记。参加中国人民政治协商会议的人民团体有8个：中华全国总工会、中国共产主义青年团、中华全国妇女联合会、中国科学技术协会、中华全国归国华侨联合会、中华全国台湾同胞联谊会、中华全国青年联合会、中华全国工商业联合会。经国务院批准可以免予登记的社会团体有14个，包括：中国文学艺术界联合会、中国作家协会、中华全国新闻工作者协会、中国人民对外友好协会、中国人民外交学会、中国国际贸易促进会、中国残疾人联合会、宋庆龄基金会、中国法学会、中国红十字总会、中国职工思想政治工作研究会、欧美同学会、黄埔军校同学会、中华职业教育社。中国文联所属的11个文艺家协会可以免予社团登记，即：中国戏曲家协会、中国电影家协会、中国音乐家协会、中国美术家协会、中国曲艺家协会、中国舞蹈家协会、中国民间文艺家协会、中国摄影家协会、中国书法家协会、中国杂技家协会、中国电视家协会。省、自治区、直辖市文联、作协可以免予社团登记。

第一节 社会组织登记的制度和立法

我国对不同类型法人组织实行不同的登记制度。企业是在工商行政管理机关登记注册，事业单位是在编办事业单位登记管理部门登记注册，社会组织是在民政部门登记注册。社会组织登记和企业登记的管理体制存在诸多不同，是一个十分值得关注和研究的领域。

一、社会组织登记制度的发展演变

（一）建立社会组织登记制度

1. 登记管理制度建立的过程

我国有关社会组织登记的法律，最早见于1950年9月政务院发布的《社会团体登记暂行办法》，该办法规定了社会团体的类别、登记程序等事宜，将社会团体分为社会公益团体、文艺工作团体、学术研究团体、宗教团体和其他团体。1951年，内务部颁布了《社会团体登记暂行办法实施细则》，规定全国性的社会团体向内务部登记，地方性的社会团体向当地人民政府申请登记。但是，登记成立的社会团体并没有独立性，“社会团体都是在政府的直接推动和指导下建立的，有些社会团体的成立是有计划、按指标进行的。很多社会团体被列入了行政和事业编制，或挂靠到某一行政部门。有些社会团体的负责人由政府机关领导兼任，还有些社会团体是由政府指派负责人”。①

20世纪80年代，我国社会组织出现了发展过滥、总体失控的问题。1988年，民政部成立社会团体管理司，专门负责管理各种社会团体，并相继出台《基金会管理办法》《外国商会管理暂行规定》。1989年10月，国

① 《中国民间组织年志》编辑委员会．中国民间组织年志：上［M］．北京：中国社会出版社，2005.

务院颁布了《社会团体登记管理条例》，规范了社会团体登记管理的相关事项，变此前的分散管理为统一管理，建立了双重管理体制。1998 年，国务院颁布了修订后的《社会团体登记管理条例》，同年还颁布了《民办非企业单位登记管理暂行条例》，进一步强化了双重管理体制。2004 年，国务院颁布了《基金会管理条例》。

2. 登记管理制度的特点

依据法律规定，我国对社会组织的登记采取了严格的许可登记制度，具体体现为“归口登记、分级管理、双重负责”。

（1）归口登记。“归口登记”是指，国务院民政部门和县级以上地方政府民政部门是本级人民政府的社会组织登记管理机关，各类社会组织统一由相应的民政部门登记管理。

（2）分级管理。“分级管理”是指，全国性的社会组织由民政部负责登记管理；地方性的社会组织由所在地人民政府的民政部门负责登记管理；跨行政区域的社会组织由所跨行政区域的共同上一级人民政府的民政部门负责登记管理。

（3）双重负责。“双重负责”是指，登记管理体制中的双重管理体制，我国对社会组织实行“登记机关”和“业务管理部门”的双重审核、共同负责的模式。申请设立社会组织，须先获得业务主管单位的审批同意，之后再向登记管理机关申请登记，经审查符合若干实体条件后方予以登记。

- 登记管理机关的职责。国务院民政部门和县级以上地方各级人民政府民政部门是本级人民政府的社会组织登记管理机关。登记管理机关负责社会组织的成立、变更、注销登记或者备案；对社会组织实施年度检查；对社会组织违反登记管理条例的问题进行监督检查；对社会组织违反登记管理条例的行为给予行政处罚。

- 业务主管单位的职责。业务主管单位包括国务院有关部门和县级以上地方各级人民政府有关部门、国务院或者县级以上地方各级人民政府授权的组织。业务主管单位负责对社会组织成立的资格审查，即对拟成立社会组织的成立宗旨、业务范围、拟任负责人的能力、社会组织筹备材料的真实性等事项进行审查。

3. 登记管理制度存在的问题

在实践中，政府职能部门担任业务主管单位，就要对社会组织开展活动负责，这增加了其工作量和风险，但并不能带来实际利益，而且法律也没有要求政府部门必须担任每家社会组织的业务主管单位。因此，很多政府职能部门往往对社会组织的挂靠申请持推卸态度。

在这种情况下，我国社会组织"归口登记、分级管理、双重负责"的管理体制一直受到外界批评，意见主要集中在：①双重管理提高了登记门槛，需要经过两个政府部门的审批，使其与企业的登记程序相比更加复杂；②法律法规只规定了业务主管单位的职能范围，并未规定职能机关必须作为社会组织的业务主管单位，很多政府部门并不愿意承担作为业务主管单位的职责。③业务主管单位的主观态度对审批结果影响较大，如果相互之间不熟悉，业务主管单位不会轻易审批社会组织，导致很多社会组织找不到业务主管单位，无法获得合法地位；④双重管理体制的监管过程中，出现了政府职能部门之间相互推诿、互相扯皮、权责不分的问题；⑤挂靠制导致有些社会组织成为"二政府"，缺乏独立性，其生存高度依赖政府。

（二）社会组织登记制度的改革

近年来，我国政府加快了社会组织登记制度改革的步伐，其中主要是对社会组织实施直接登记，并采取了其他的一些改革措施。

1. 社会组织直接登记

随着社会的发展和改革的深入，社会组织双重管理体制严重制约了社会组织的发展，各方面对社会组织登记管理体制变革的呼声愈发强烈。通常说的"直接登记"即取消业务主管单位的前置审批，社会组织登记不再需要找挂靠单位。

（1）地方层面的探索。我国社会组织直接登记改革从广东省开始，早在2004年，深圳市就开始了社会组织直接登记的探索，以行业协会为突破口，逐步扩大直接登记、无业务主管单位的范围。2006年，广东省把行业协会的业务主管单位改为业务指导单位，取消前置审批，实行民政部门直接登记。广东省规定，从2012年7月1日起，除法律法规规定须前置审批的以外，社会组织的业务主管单位均改为业务指导单位，成立社会组织，直接向民政部门申请登记。2011年2月，北京市政府提出工商经济类、公益慈善类、社会福利类、社会服务类等四类社会组织直接向民政部门申请登记。此后，云南、浙江、湖南等省份也开展了社会组织直接登记，大量社会组织通过直接登记获得了法人身份。

（2）国家层面的政策制定。通过地方政府的逐步探索，在各地试点的基础上，社会组织直接登记上升为国家层面的政策。这种突破开始于2013年，十二届全国人大一次会议在2013年3月通过的《国务院机构改革和职能转变方案》中明确提出："行业协会商会类、科技类、公益慈善类、城乡社区服务类社会组织直接向民政部门依法申请登记，不再需要业务主管部门审查同意。"① 党的十八届三中全会在2013年11月12日通过的《中共中央关于全面深化改革若干重大问题的决定》也同样提出："重点培育和优先发展行业协会商会类、科技类、公益慈善类、城乡社区服务类社会组织，成立时直接依法申请登记。"② 2016年8月，中共中央办公厅、国务院办公厅印发了《关于改革社会组织管理制度促进社会组织健康有序发展的意见》，再次确认推进社会组织直接登记，重点培育、优先发展行业协会商会类、科技类、公益慈善类、城乡社区服务类社会组织，并且提出："在自然科学和工程技术领域内从事学术研究和交流活动的科技类社

① 国务院办公厅：《关于实施〈国务院机构改革和职能转变方案〉任务分工的通知》（国办发〔2013〕22号），2013年3月26日发布。

② 中共中央：《关于全面深化改革若干重大问题的决定》，2013年11月12日发布。

会组织，以及提供扶贫、济困、扶老、救孤、恤病、助残、救灾、助医、助学服务的公益慈善类社会组织，直接向民政部门依法申请登记。”① 中央关于社会组织直接登记的指导方针在2016年体现在了法律法规的修改上，国务院在2016年公布的《社会团体登记管理条例》《基金会管理条例》《社会服务机构登记管理条例》的修订草案征求意见稿中，都明确规定了四类社会组织直接登记。

（3）明确四类社会组织的具体范围。针对四类组织难以具体认定的问题，民政部明确了四类社会组织的具体范围：行业协会商会，业务范围应当符合中央《行业协会商会与行政机关脱钩总体方案》（中办发〔2015〕39号）的要求；科技类社会组织，其业务应当控制在自然科学和工程技术领域从事学术研究和交流活动等范围；公益慈善类社会组织，要以提供扶贫济困、救灾救援、助医助学等服务为主要业务范围；城乡社区服务类社会组织，在县级民政部门登记，其活动范围主要限定在社区内开展为民服务、养老照护、公益慈善、促进和谐、文体娱乐和农村生产技术服务等。②

2. 简化社会组织登记的审批环节

为了促进社会组织的建立和发展，我国政府在积极简化社会组织的登记程序。

（1）取消社会团体的筹备成立审批。2013年，民政部提出取消社会团体的筹备成立审批。在2016年新修订的《社会团体登记管理条例》中，取消了社会团体的筹备审批环节。按照新的规定，社会团体发起人在获得名称核准后，可自行组织开展筹备活动，对符合法律法规规定，且筹备工作符合要求、章程内容完备、材料准备齐全的社会团体，登记管理机关依法予以登记。

---

① 中共中央办公厅、国务院办公厅：《关于改革社会组织管理制度促进社会组织健康有序发展的意见》，2016年8月发布。

② 王亦君．社会组织直接登记如何落地［N］．中国青年报，2016－08－30.

（2）社会团体可以自行决定分支机构、代表机构的设立、变更和终止。民政部在 2014 年 2 月 26 日下发的《关于贯彻落实国务院取消全国性社会团体分支机构、代表机构登记行政审批项目的决定有关问题的通知》（民发〔2014〕38 号）中明确提出："全国性社会团体根据本团体章程规定的宗旨和业务范围，可自行决定分支机构、代表机构的设立、变更和终止，民政部不再受理全国性社会团体分支机构（包括专项基金管理机构）、代表机构的设立、变更、注销登记的申请。"[①] 之后，各地民政部门纷纷下发通知，取消社会团体、基金会设立分支机构、代表机构的审批，社会团体可以自行决定分支机构、代表机构的设立、变更和终止。

（3）取消对在华外国商会的前置审批。国务院在 2013 年取消了商务部对在华外国商会的前置审批，并对《外国商会管理暂行规定》进行了相应修改。

3. 社会组织登记改革的其他举措

除了开展社会组织直接登记以外，各级民政部门还积极采取其他措施改革原有的登记体制。

（1）降低登记开办资金要求。按照法律规定，成立社会团体和民办非企业单位的开办资金至少要三万元。为了降低门槛促进社会组织发展，有些地方政府将开办资金由三万元降至一万元，将开办资金由"实缴制"改为"认缴制"。

（2）取消"一业一会"限制。有些地方政府对行业协会商会、专业性社会团体取消"一业一会"限制，鼓励适度竞争。广州市从 2012 年开始允许慈善、文化、教育、体育、卫生、环境等公益服务性社会团体名称加"字号"。只要名称不相同，可以在同一行政区域内申请成立业务范围

① 民政部：《关于贯彻落实国务院取消全国性社会团体分支机构、代表机构登记行政审批项目的决定有关问题的通知》，2014 年 2 月 26 日发布。

相同或者相似的公益服务类社会团体；允许同一行业根据实际需要成立多个行业协会；允许跨行业、跨地域组建行业协会。[①]

（3）下放非公募基金会和异地商会的登记管理权限。按照《基金会管理条例》的规定，基金会的登记只能是在民政部和省级民政部门。异地商会以前是省级民政部门才有登记审批权。2013 年，民政部提出将非公募基金会和异地商会登记成立审批权限从省级民政部门下延到县级以上民政部门。

（4）设立社会组织统一社会信用代码。2016 年开始，我国实施社会组织统一社会信用代码制度改革。统一代码制度实施后，将原来成立社会组织必须办理的法人登记证、组织机构代码证、税务登记证等证书，整合为民政部门核发的加载有统一社会信用代码的登记证书，简化了办事手续，节省了社会组织的时间和费用，激发了社会组织活力。

（5）社会组织登记时同步开展党建。中央明确要求，社会组织要开展党建工作，实现党组织全覆盖和党的工作全覆盖。2015 年，中共中央办公厅印发的《关于加强社会组织党的建设工作的意见（试行）》规定："新成立的社会组织，具备组建条件的，登记和审批机关应督促推动其同步建立党组织。"[②] 2016 年 9 月 18 日，民政部印发了《关于社会组织成立登记时同步开展党建工作有关问题的通知》（民函〔2016〕257 号）。根据规定，新成立社会组织，在原有申请材料的基础上，申请人还应提交《支持党建工作承诺书》。社会组织完成登记审批后、申领证书前，还需要提交《新建社会组织党员情况表》。

二、社会组织登记的相关法律文件

我国社会组织登记注册的相关法律文件主要是《宪法》、社会组织的

① 广州市民政局：《关于进一步深化社会组织登记改革助推社会组织发展的通知》（穗民〔2011〕399 号），2011 年 11 月 11 日发布。

② 中共中央办公厅：《关于加强社会组织党的建设工作的意见（试行）》，2015 年 9 月发布。

三个条例，以及民政部和其他部委发布的部门规章。

（一）宪法中关于社会组织登记的规定

社会组织登记注册的法理基础来自于公民的结社权。公民具有依法结成某种社会团体并进行社团活动的自由，这是公民的基本权利之一。现代大多数国家宪法规定的结社，主要是指以非营利为目的的结社。我国《宪法》第二条规定："人民依照法律规定，通过各种途径和形式，管理国家事务，管理经济和文化事业，管理社会事务。"① 《宪法》第35条规定："中华人民共和国公民有言论、出版、集会、结社、游行、示威的自由。"②因此，《宪法》赋予了每一个公民结社权，为公民成立社会组织提供了宪法层面即最高效力的法律依据。

（二）社会组织登记的相关行政法规

我国社会组织登记注册的行政法规是三个条例：社会团体登记注册是依据《社会团体登记管理条例》，民办非企业单位登记注册是依据《民办非企业单位登记管理暂行条例》，基金会登记注册是依据《基金会管理条例》。

（三）社会组织登记的相关部门规章

关于社会组织登记的部门规章，有些是民政部发布的，还有一些是各业务主管单位为了管理所在领域的社会组织而发布的。

1. 民政部发布的关于社会组织登记的部门规章

根据不同的社会组织类型，民政部发布的关于社会组织登记的部门规章包括：

（1）关于社会团体登记的部门规章：《企业事业单位和社会团体代码管理办法》（技监局发〔1993〕14号）《社会团体印章管理规定》（民政部、公安部令〔1993〕1号）《民政部主管的社会团体管理暂行办法》（民

---

① 《中华人民共和国宪法》第一章第二条，1982年12月4日发布，2004年3月14日第四次修正。

② 《中华人民共和国宪法》第二章第35条，1982年12月4日发布，2004年3月14日第四次修正。

社发〔1998〕6 号）《民政部对机构改革后有关社会团体业务主管单位问题的意见》（民社函〔1999〕95 号）《民政部关于成立以人名命名的社会团体问题的通知》（民发〔2000〕168 号）《民政部关于对部分团体免予社团登记有关问题的通知》（民发〔2000〕256 号）《关于重新确认社会团体业务主管单位的通知》（民发〔2001〕41 号）《关于全国性社会团体异地设立分支（代表）机构问题的通知》（民发〔2002〕52 号）《国家发展改革委、财政部关于社会团体分支（代表）机构登记费标准等有关问题的通知》（发改价格〔2003〕851 号）《民政部关于国务院授权中国法学会作为社会团体业务主管单位的通知》（民发〔2007〕43 号）《民政部关于社会团体登记管理有关问题的通知》（民函〔2007〕263 号）《民政部民间组织管理局关于工商联作为社会团体业务主管单位有关问题的函》（民管函〔2009〕51 号）《民政部关于国务院授权中国红十字总会作为全国性社会团体业务主管单位有关问题的通知》（民发〔2009〕160 号）《民政部办公厅关于地方工商联作为社会团体业务主管单位有关问题的补充通知》（民办函〔2011〕143 号）。

（2）关于民办非企业单位登记的部门规章：《民办非企业单位登记管理暂行办法》（民政部令第 18 号）《民办非企业单位名称管理暂行规定》（民发〔1999〕129 号）《民政部办公厅转发〈国家计委、财政部关于核定民办非企业单位登记收费标准有关问题的通知〉的通知》（民办函〔1999〕130 号）。

（3）关于基金会登记的部门规章：《基金会名称管理规定》（民政部令第 26 号）。

此外，还有同时涵盖三类社会组织的规章，比如《民政部、国家档案局关于印发〈社会组织登记档案管理办法〉的通知》（民发〔2010〕101 号）。

2. 业务主管单位发布的关于社会组织登记的部门规章

社会组织的各业务主管单位承担了前置审批的角色，各业务主管单位依据不同的法规对社会组织进行管理，执行标准也所有差异。这些部门规章包括：《宗教社会团体登记管理实施办法》（国宗发〔1991〕110号）《社会福利机构管理暂行办法》（民政部令第19号）《科技类民办非企业单位登记审查与管理暂行办法》（国科发政字〔2000〕209号）《体育类民办非企业单位登记审查与管理暂行办法》（国家体育总局、民政部令第5号）《文化类民办非企业单位登记审查管理暂行办法》（文人发〔2000〕60号）《教育类民办非企业单位登记办法（试行）》（民发〔2001〕306号）《职业培训类民办非企业单位登记办法（试行）》（民发〔2001〕297号），等等。

第二节　社会组织成立登记的法律法规与政策

根据相应的管理条例规定，社会组织的设立需要达到一定的条件，符合一定的登记审批程序。我国社会组织登记的具体规定主要存在于《社会团体登记管理条例》（1998年）、《民办非企业单位登记管理暂行条例》（1998年）、《基金会管理条例》（2004年）。这三个条例规定了社会组织成立的条件和程序。以下主要结合三个条例的相关内容，介绍我国社会组织成立登记的规定。

一、社会团体成立登记的规定

（一）社会团体申请登记应具备的条件

根据《社会团体登记管理条例》的规定，社会团体应当具备法人条件。社会团体申请登记的具体条件包括[①]：

（1）有50个以上的个人会员或者30个以上的单位会员；个人会员、单位会员混合组成的，会员总数不得少于50个。个人会员不包括外国国

① 国务院：《社会团体登记管理条例》第三章第九条，1998年10月25日发布，2016年2月6日修订并施行。

籍或无国籍人，单位会员是指政府机关以外的法人或非法人组织。会员在本行政区域的分布应当具有广泛性。

（2）有规范的名称和相应的组织机构。社会团体的名称应当符合法律、法规的规定，不得违背社会道德风尚。社会团体的名称应当与其业务范围、成员分布、活动地域相一致，准确反映其特征。地方性的社会团体的名称不得冠以“中国”“全国”“中华”等字样。社会团体一般不以人名命名。

（3）有固定的住所。购买的房产、租用或借用的房产都可以作为社会团体的固定住所。“住所”是登记使用的地址，一般不能使用民宅作为“住所”。

（4）有与其业务活动相适应的专职工作人员。社会团体的会长（理事长）、副会长（副理事长）、秘书长在业务上应当具有代表性。社会团体的法定代表人应当由会长（理事长）担任，并不得同时担任其他社会团体的法定代表人。

（5）有合法的资产和经费来源。全国性的社会团体有十万元以上活动资金，地方性的社会团体和跨行政区域的社会团体有三万元以上活动资金。

（6）有独立承担民事责任的能力。

在对发起人的要求方面，中国公民、法人均可以申请成立社会团体，发起人数量不限。国家机关和具有行政管理职能的事业单位不能作为发起人。发起人应当在拟成立的社会团体活动地域、领域内具有社会认知的代表性。根据《中共中央组织部关于规范退（离）休领导干部在社会团体兼职问题的通知》（中组发〔2014〕11号）的规定，除工作特殊需要外，退（离）休领导干部不得牵头成立新的社会团体。①

① 民政部官方网站：全国性社会团体成立登记，2015年7月16日，http：//www.mca.gov.cn/article/fw/bszn/shtt/201507/20150700849432.shtml。

（二）不予登记社会团体的情形

有下列情形之一的，登记管理机关不予批准登记：“有根据证明申请筹备的社会团体的宗旨、业务范围不符合《社会团体登记管理条例》第四条的规定的[①]；在同一行政区域内已有业务范围相同或相似的社会团体，没有必要成立的；发起人、拟任负责人正在或者曾经受到剥夺政治权利的刑事处罚，或者不具有完全民事行为能力的；在申请筹备时弄虚作假的；有法律、行政法规禁止的其他情形”。[②]

另外，我国政府严格控制某些特定人群和特定领域社会团体的成立。民政部在2002年下发的《关于进一步做好“老乡会”“校友会”“战友会”等社团组织管理工作的通知》（民发〔2002〕59号）明确规定，对申请成立“老乡会”“战友会”的，一律不予审批；对申请成立“校友会”（包括“同学会”等类似组织）的，要从严掌握。而且，依据《中共中央办公厅、国务院办公厅关于进一步加强民间组织管理工作的通知》（中办发〔1999〕34号），禁止成立气功功法类、宗教类和不利于民族团结的社会组织以及与国家法律法规相悖的社会组织。

（三）社会团体登记办理的流程

以全国性社会团体的成立为例，申请成立社会团体的具体程序为：①经业务主管单位审查同意，发起人向登记管理机关提交成立申请材料。②登记管理机关审查批准后，发起人在三个月内，开展成立工作，召开成立大会，通过章程，产生执行机构、负责人和法定代表人。③发起人在成立工作完成后，在“中国社会组织网－社会组织网上办事大厅”上填报成立登记材料，登记管理机关核准无误后，发给成立登记批

① 《社会团体登记管理条例》第四条是：社会团体必须遵守宪法、法律、法规和国家政策，不得反对宪法确定的基本原则，不得危害国家的统一、安全和民族的团结，不得损害国家利益、社会公共利益以及其他组织和公民的合法权益，不得违背社会道德风尚。

② 国务院：《社会团体登记管理条例》第三章第13条，1998年10月25日发布，2016年2月6日修订并施行。

复和社会团体法人登记证书。④社会团体成立后，在民政部民间组织服务中心申请刻制印章，在全国组织机构代码中心办理组织机构代码证书，在税务部门办理税务登记，在银行开立银行账户，办理完毕后报登记管理机关备案。①

（四）社会团体登记需要提交的材料

《社会团体登记管理条例》规定，申请登记社会团体，发起人应当向登记管理机关提交以下材料②：①登记申请书。②业务主管单位的批准文件。③验资报告、场所使用权证明。④发起人和拟任负责人的基本情况、身份证明。⑤章程草案。即会员大会或会员代表大会通过的章程。

在实际办理中，社会团体发起人还需要提交的材料包括：活动资金捐赠承诺书、《社会团体负责人备案表》、会员名单、秘书长专职承诺书等。

二、民办非企业单位成立登记的规定

（一）民办非企业单位申请登记应具备的条件

根据《民办非企业单位登记管理暂行条例》的规定，企事业单位、社会团体和其他社会力量以及公民个人均可申请成立民办非企业单位。民办非企业单位申请登记应具备的条件包括③：

（1）经业务主管单位审查同意。须前置许可或审批的，主要是指民办学校、民办卫生、民办福利、民办社科、宗教类和涉及意识形态、法律、维权、军事、外交、民族、宣传等特殊领域的民办非企业单位。业务主管

① 民政部官方网站：全国性社会团体成立登记，2015 年 7 月 16 日，http：//www. mca. gov. cn/article/fw/bszn/shtt/201507/20150700849432. shtml。

② 国务院：《社会团体登记管理条例》第三章第 10 条，1998 年 10 月 25 日发布，2016 年 2 月 6 日修订并实施。

③ 国务院：《民办非企业单位登记管理暂行条例》第三章第八条，1998 年 10 月 25 日发布并实施。

单位对筹备成立的民办非企业单位的有关章程、资金、人员资格、场所设备等内容进行审查，并出具审查同意登记的正式文件。

（2）有规范的名称、必要的组织机构。民办非企业单位的名称，要符合民政部制定的《民办非企业单位名称管理暂行规定》（民发〔1999〕129号），准确反映该民办非企业单位的宗旨与业务范围。其组织机构应当与成立的宗旨、所承担的业务及本单位的规模相适应。

（3）有与其业务活动相适应的从业人员。民办非企业单位的从业人员数量要与该单位的规模及业务范围和业务量相一致。需要注意的是，非中国内地居民不得担任法人代表。

（4）有与其业务活动相适应的合法财产。资金数额必须达到登记管理机关和该行业所规定的开办资金的最低限额，在民政部登记一般30万元以上①，在地方民政部门登记一般三万元以上，非国有资产的份额不得低于总财产的三分之二。

（5）有必要的场所。民办非企业单位开展业务活动要具有与其业务范围相适应的场所，但其场所的设置地，不能超越登记管理机关和业务主管单位所管辖的区域。

根据《民办非企业单位登记管理暂行条例》的规定，民办非企业单位的章程应当包括下列事项："①名称、住所；②宗旨和业务范围；③组织管理制度；④法定代表人或者负责人的产生、罢免的程序；⑤资产管理和使用的原则；⑥章程的修改程序；⑦终止程序和终止后资产的处理；⑧需要由章程规定的其他事项。"②

（二）不予登记民办非企业单位的情形

《民办非企业单位登记管理暂行条例》还规定了登记管理机关不予登记的情形。无法登记注册的情况包括："①有根据证明申请登记的民办非

① 民政部官方网站：民办非企业单位成立登记，2015年7月16日，http：//www. mca. gov. cn/article/fw/bszn/mbfqydw/201507/20150700849437. shtml。

② 国务院：《民办非企业单位登记管理暂行条例》第三章第十条，1998年10月25日发布并实施。

企业单位的宗旨、业务范围不符合相关规定的；②在申请成立时弄虚作假的；③在同一行政区域内已有业务范围相同或者相似的民办非企业单位，没有必要成立的；④拟任负责人正在或者曾经受到剥夺政治权利的刑事处罚，或者不具有完全民事行为能力的；⑤有法律、行政法规禁止的其他情形的。”[①]

（三）民办非企业单位登记办理的流程

以在民政部办理登记的民办非企业单位为例，申请成立民办非企业单位的具体程序为：①成立民办非企业单位，举办者应根据拟举办的民办非企业单位所属行（事）业性质，向业务主管单位提出申请，经业务主管单位审查同意后，向登记管理机关提交全部有效的申请材料，并按照登记管理机关的要求进行验资。②登记管理机关审查后准予登记的，举办者在网上完成成立登记的填报程序，经审查同意后，将填报内容打印并按相应要求签字盖章后提交给登记管理机关，之后发给成立登记批复和民办非企业单位法人登记证书。③民办非企业单位登记后，应在民政部民间组织服务中心申请刻制印章，在全国组织机构代码中心办理组织机构代码证书，在税务部门办理税务登记，在银行开立银行账户，办理完毕后报登记管理机关备案。[②]

（四）民办非企业单位登记需要提交的材料

根据《民办非企业单位登记管理暂行条例》的规定，申请成立民办非企业单位，申请人应当向登记管理机关提交以下材料[③]：①登记申请书。内容写明：成立该民办非企业单位的必要性，包括拟成立民办非企业单位的业务（行业）的基本情况以及成立该民办非企业单位可以发挥的作用，拟成立的民办非企业单位基本情况，包括宗旨、主要的业务范围、开办

---

① 国务院：《民办非企业单位登记管理暂行条例》第三章第11条，1998年10月25日发布并实施。

② 民政部官方网站：民办非企业单位成立登记，2015年7月16日，http：//www. mca. gov. cn/article/fw/bszn/mbfqydw/201507/20150700849437. shtml。

③ 国务院：《民办非企业单位登记管理暂行条例》第三章第九条，1998年10月25日发布并实施。

资金及其来源、举办者情况介绍等。②业务主管单位的批准文件。写明同意作为该民办非企业单位的业务主管单位并承担相应的业务指导和监督管理职责。③场所使用权证明。须由提供住所的单位或个人出具使用证明，并提供房屋产权证复印件，若为租赁的，还须提供租赁合同复印件。④验资报告。应由会计师事务所或其他有验资资格的机构出具，验资报告中不能出现“股东”“公司”等字句。⑤拟任负责人的基本情况、身份证明。负责人包括理事长、副理事长、执行机构负责人。每张备案表中须加盖本人人事关系所在单位人事章，并注明在民办非企业单位的拟任职务。⑥章程草案。参照民政部印发的章程示范文本拟定，不能减少条款和打乱顺序。

在实际办理中，民办非企业单位发起人还需要提交的材料包括：《民办非企业单位法人登记申请表》《民办非企业单位法定代表人登记表》《民办非企业单位负责人备案表》《民办非企业单位章程核准表》等。

三、基金会成立登记的规定

（一）基金会申请登记应具备的条件

根据《基金会管理条例》的规定，自然人、法人或其他组织都可以申请设立基金会。申请设立基金会应符合以下条件[①]：①为特定的公益目的而设立。②全国性公募基金会的原始基金不低于800万元，地方性公募基金会的原始基金不低于400万元，非公募基金会的原始基金不低于200万元，到民政部登记的非公募基金会的原始基金不低于2 000万元；原始基金必须为到账货币资金。③有规范的名称、章程、组织机构以及与其开展活动相适应的专职工作人员。④有固定的住所。⑤能够独立承担民事责任。

---

① 国务院：《基金会管理条例》第二章第六条、第八条，2004年2月11日发布，2004年6月1日起施行。

（二）基金会登记办理的流程

以在民政部办理登记的基金会为例，申请成立基金会的具体程序为[①]：①经业务主管单位审查同意后，向登记管理机关提交全部有效的申请材料。②登记管理机关审查后准予登记的，申请人在网上完成设立登记的填报程序，经审查同意后，将填报内容打印并按相应要求签字盖章后提交给登记管理机关，之后发给成立登记批复和基金会法人登记证书。③基金会登记后，应在民政部民间组织服务中心申请刻制印章，在全国组织机构代码中心办理组织机构代码证书，在税务部门办理税务登记，在银行开立银行账户，办理完毕后报登记管理机关备案。

（三）基金会登记需要提交的材料

《基金会管理条例》规定，申请成立基金会，申请人应当向登记管理机关提交以下材料[②]：①申请书。内容写明：设立基金会的理由，申请人的基本情况及其近年来参与、支持公益事业的情况；基金会的基本情况，包括名称、宗旨、业务范围、原始基金及其捐赠人、理事长等情况。②章程草案。参照民政部印发的章程示范文本拟定，不能减少条款和打乱顺序。③验资证明和住所证明。须由提供住所的单位或个人出具使用证明，并提供房屋产权证复印件，若为租赁的，还须提供租赁合同复印件。④理事名单、身份证明以及拟任理事长、副理事长、秘书长简历。⑤业务主管单位同意设立的文件。写明同意该基金会设立并同意担任其业务主管单位、承担相应的业务指导和监督管理职责。

在实际办理中，基金会发起人还需要提交的材料包括：原始基金捐赠承诺书、《基金会理事、监事备案表》、秘书长专职承诺书、《基金会法人登记申请表》、《基金会法定代表人登记表》、《基金会章程核准表》。

---

① 民政部官方网站：基金会设立登记，2015 年 7 月 16 日，http：//www.mca.gov.cn/article/fw/bszn/jjh/201507/20150700849426.shtml。

② 国务院：《基金会管理条例》第二章第九条，2004 年 2 月 11 日发布，2004 年 6 月 1 日起施行。

第三节　社会组织变更登记和注销登记的法律法规与政策

一、社会组织变更登记的规定

社会团体、民办非企业单位和基金会的变更登记规定比较接近，下面以社会团体的变更登记为例说明。

（一）变更登记的程序

社会团体的名称、法定代表人、业务主管单位、住所、活动资金等登记事项及备案事项发生变化的，应当按照章程规定履行内部程序，并应当自履行完内部程序之后30日内向登记管理机关申请变更登记。登记管理机关应当自收到符合条件的申请材料之日起10个工作日内办理完毕。

（二）变更登记需要提交的材料

社会团体变更登记，都需要提交变更登记申请书、按章程规定的内部程序审议通过变更事项的会议纪要、《社会团体变更登记申请表》、社会团体法人登记证书。在办理具体变更事项时，社会团体还需要提交相应材料。

（1）变更名称的，应提交业务主管单位同意名称变更的文件、《社会团体章程核准表》、新章程及其电子文档。

（2）变更法定代表人的，应提交由具有资质的会计师事务所出具的原法定代表人离任审计报告、《社会团体法定代表人登记表》及本人身份证复印件、拟任法定代表人的无犯罪记录证明。

（3）变更业务主管单位的，应提交业务主管单位审查同意的文件、新业务主管单位同意作为该社会团体业务主管单位的文件、《社会团体章程核准表》、新章程及其电子版。

(4) 变更住所的，应提交新住所使用权证明（由提供住所的单位或个人出具证明，并提供房屋产权证复印件，若为租赁的，还须提供租赁合同复印件；住所为社会团体购买的，须提供买卖合同复印件以及房产证复印件)。

(5) 变更活动资金的，应提交由具有资质的会计师事务所出具的验资报告（属捐赠的，须提交捐赠协议；属社会团体自有资金的，须提交说明)。

二、社会组织注销登记的规定

社会团体、民办非企业单位和基金会的注销登记规定比较接近，下面以社会团体注销登记为例说明。

依据《社会团体登记管理条例》的规定：社会团体有下列情形之一的：完成章程规定的宗旨的；自行解散的；分立、合并的；由于其他原因终止的，应当在业务主管单位审查同意后，向登记管理机关申请注销登记、注销备案。[①]

（一）注销登记的程序

在登记管理机关的具体实践中，社会团体注销登记的程序如下[②]：

(1) 按照章程履行内部程序审议通过注销决议。按照章程的规定，通常由理事会或常务理事会提出终止动议、经会员（代表）大会表决通过。如果因特殊情况不能召开相应会议，应当在报纸上公告，并经业务主管单位认可。

(2) 组成清算组织，完成清算工作。在业务主管单位及其他有关单位（一般指会计师事务所）的指导下，成立清算组织，完成清算工作。清算

① 国务院：《社会团体登记管理条例》第四章第 21 条，1998 年 10 月 25 日发布，2016 年 2 月 6 日修订并施行。

② 民政部官方网站：全国性社会团体注销登记，2015 年 7 月 16 日，http：//www.mca.gov.cn/article/fw/bszn/shtt/201507/20150700849429.shtml。

组的职责是：清理财产，编制财务报表；通知、公告债权人（参照《公司法》相关规定，清算组织应当自成立之日起10日内通知债权人、60日内在报纸上公告，债权人应当自接到通知书之日起30日内，未接到通知书的自公告之日起45日内，向清算组申报其债权）；处理与清算有关的未了结业务；清缴所欠税款以及清算过程中产生的税款；清理债权、债务；处理清偿债务后的剩余财产等；代表社团参与民事诉讼活动。

清算结束后，清算组应提出清算报告并出具清算期间的收支报表和各种账务账册。各财务数据须经注册会计师签字。清算期间不得开展清算以外的活动。

清算后的剩余财产，按照有关法律、法规的规定处理。

（3）清算结束后，向业务主管单位提交注销申请。

（4）业务主管单位审查同意后，向登记管理机关提交注销申请文件。

（5）登记管理机关审查同意后，社会团体向登记管理机关交回登记证书、印章和有关财务凭证，将银行账户、税务登记和组织机构代码注销资料的复印件交登记管理机关备案，由登记管理机关办理注销公告。

（二）注销登记需要提交的材料

社会团体在办理注销登记时，需要提交的材料包括：《注销登记申请书》、业务主管单位同意注销登记的批复（写明同意注销并认可清算结果和剩余财产的处理）、《社会团体法人注销申请表》、会计师事务所出具的社会团体清算审计报告、社会团体清算报告书（清算小组成员签字）、债权债务公告（公告需刊登在公开发行的报纸上，提交报纸原件）、社会团体履行内部程序有关文件。

关键术语

登记管理制度　归口登记　分级管理　双重负责　社会组织直接登记　一业一会　结社权　成立登记　变更登记　注销登记

复习思考题

1. 我国社会组织登记管理制度的特点有哪些？
2. 我国社会组织登记制度的改革包括哪些方面？
3. 社会团体申请登记应具备哪些条件？
4. 民办非企业单位申请登记应具备哪些条件？
5. 民办非企业单位登记办理的流程是什么？
6. 基金会申请登记应具备哪些条件？
7. 社会团体变更登记需要提交哪些材料？
8. 社会团体注销的程序是什么？

第四章 志愿者及志愿服务的法律法规与政策

本章提要

本章是志愿者及志愿服务的法律法规与政策，共分为四节内容：第一节是志愿者及志愿服务的政策与立法，主要介绍志愿者及志愿服务的政策、志愿者及志愿服务的立法；第二节是志愿者的法律法规与政策，主要介绍志愿者的概念和特征、志愿者的法律关系、志愿者的权利和义务、志愿者的管理；第三节是志愿服务的法律法规与政策，主要介绍志愿服务的概念、志愿服务的特征、志愿服务的基本原则、志愿服务的开展主体、志愿服务工作的管理体制、志愿服务的重点领域、志愿服务的记录、志愿服务的供需对接、志愿服务的促进措施；第四节是志愿服务组织的法律法规与政策，主要介绍志愿服务组织的概念、志愿服务组织的形式、志愿服务组织的职责、志愿服务组织的培育。

志愿服务是人类文明发展到一定阶段的产物，现代志愿服务起源于西方国家的宗教性慈善服务，在世界上已经存在和发展了 100 多年。2008 年之后，我国的志愿服务进入了快速发展时期，志愿者在北京奥运会、5·12 汶川地震、上海世博会、广州亚运会和雅安地震等一系列大型赛会和抗震救灾中都发挥了重要作用。通过开展多种形式的志愿服务，可以弥补政府由于自身缺陷而导致的公共服务供给不足。只有健全志愿服务的相关法律和政策，才能使志愿精神得到尊重和弘扬，志愿者的合法权益得到平等保护。

在英国和北欧国家，经常使用志愿服务组织的概念来指代非营利组织，主要强调其志愿性的特征。我国在2017年颁布的《志愿服务条例》也明确将这类组织称为“志愿服务组织”。因此，本章使用志愿服务组织来指代这一类组织。

志愿服务、志愿者、志愿服务组织、志愿服务对象是几个密切相关的概念。志愿者是志愿服务行为的主体；志愿服务组织是组织开展志愿服务的组织；志愿服务对象是接受志愿服务的人。

第一节　志愿者及志愿服务的政策与立法

一、志愿者及志愿服务的政策

我国国家层面制定的指导方针多次提出推动志愿服务发展。1996年3月，全国人大八届四次会议批准的《中华人民共和国国民经济和社会发展“九五”计划和2010年远景目标纲要》提出：“提倡开展社会志愿服务活动和社会互助活动”。[①] 1996年10月10日通过的《中共中央关于加强社会主义精神文明建设若干重要问题的决议》中指出：“充分发挥共青团、少先队团结和引导广大青少年进步的重要作用，深入开展‘希望工程’、‘青年志愿者’和‘手拉手’等活动，发扬互相关心、助人为乐的精神。”[②] 2006年发布的《国民经济和社会发展第十一个五年规划纲要》提出：“鼓励开展社会慈善、社会捐赠、群众互助等社会扶助活动，支持志愿服务活动并实现制度化”。[③] 党的十六届六

---

① 《中华人民共和国国民经济和社会发展“九五”计划和2010年远景目标纲要》，1996年3月发布。

② 《中共中央关于加强社会主义精神文明建设若干重要问题的决议》，1996年10月发布。

③ 《中华人民共和国国民经济和社会发展第十一个五年规划纲要》，2006年3月发布。

中全会通过《中共中央关于构建社会主义和谐社会若干重大问题的决定》中提出了建立社会志愿服务体系的要求。党的十七大报告中明确提出："深入开展群众性文明创建活动，完善社会志愿服务体系"。2011 年《国民经济和社会发展第十二个五年规划纲要》明确要求"广泛开展志愿服务"。

国家相关部门也多次下发文件，推动和规范志愿服务发展。2006 年，中央组织部、中央宣传部、民政部、司法部、教育部、农业部、文化部、卫生部、国家人口计生委、国务院扶贫办、共青团中央、全国妇联、中国科协联合下发《关于在农村基层广泛开展志愿服务活动的意见》（民发〔2006〕31 号）。2007 年 11 月，民政部下发《关于在全国城市推行社区志愿者注册制度的通知》（民函〔2007〕319 号），提出以街道或社区为单位开展社区志愿者注册工作。2008 年 10 月，中央精神文明建设指导委员会发布《关于深入开展志愿服务活动的意见》（中央文明委〔2008〕6 号），涉及了志愿服务的指导思想、基本原则、工作重点、领导体制、运行机制、任务分工等方面，是我国志愿服务事业的纲领性文件。2010 年 6 月，民政部下发《关于进一步推进志愿者注册工作的通知》（民函〔2010〕151 号），提出以城乡社区和社会服务机构为依托，大力推进志愿者注册工作。2014 年 2 月 19 日，中央文明委印发《关于推进志愿服务制度化的意见》（文明委〔2014〕3 号），提出推进志愿服务制度化的重要意义和指导思想、建立健全志愿服务制度、加强对志愿服务制度化的组织推动等。2015 年 8 月 3 日，中央文明办、民政部、教育部和共青团中央联合下发《关于规范志愿服务记录证明工作的指导意见》（民发〔2015〕149 号）。2016 年 7 月，中央宣传部、中央文明办、民政部等印发《关于支持和发展志愿服务组织的意见》（文明办〔2016〕10 号），明确提出到 2020 年，我国要基本建成布局合理、管理规范、服务完善、充满活力的志愿服务组织体系。

二、志愿者及志愿服务的立法

为了适应经济社会发展的需要，我国志愿服务立法从无到有，逐步完善。我国志愿服务的规范以法律、行政法规、部门规章和地方性法规为主。这些志愿服务法规的颁布执行，在规范和引导志愿服务、维护志愿者权益方面发挥了重要作用。

（一）宪法和法律中关于志愿服务的规定

我国《宪法》第 24 条规定："国家通过普及理想教育、道德教育、文化教育、纪律和法制教育，通过在城乡不同范围的群众中制定和执行各种守则、公约，加强社会主义精神文明的建设。"①《宪法》第 42 条规定："国家提倡公民从事义务劳动。"②《劳动法》第六条也规定："国家提倡劳动者参加社会主义义务劳动。"③《宪法》和《劳动法》中提到的"义务劳动"在内涵上包含了志愿服务。2016 年颁布的《慈善法》规定了慈善组织招募志愿者开展慈善服务的制度框架，规范了慈善组织的志愿者招募与注册、志愿者培训与管理、志愿者记录与证明、志愿者保险与保障。

（二）志愿服务的相关行政法规

我国志愿服务的最重要行政法规是国务院在 2017 年 8 月 22 日公布的《志愿服务条例》，该条例自 2017 年 12 月 1 日起实施，对志愿服务的基本原则、管理体制、权益保障、促进措施等作了全面规定。该条例明确了志愿服务工作的主管部门，即由精神文明建设指导机构建立志愿服务工作协调机制，民政部门负责志愿服务行政管理工作，工会、共青团、妇联等有关人民团体和群众团体在各自的工作范围内做好相应的志愿服务工作。

---

① 《中华人民共和国宪法》第一章第 24 条，1982 年 12 月 4 日发布，2004 年 3 月 14 日第四次修正。
② 《中华人民共和国宪法》第二章第 42 条，1982 年 12 月 4 日发布，2004 年 3 月 14 日第四次修正。
③ 《中华人民共和国劳动法》第一章第六条，1994 年 7 月 5 日发布，1995 年 1 月 1 日起施行。

《志愿服务条例》规定："志愿服务组织的登记管理按照有关法律、行政法规的规定执行"[1]，这其中的行政法规主要是指规范社会组织的三大条例。1998年国务院颁布了修订后的《社会团体登记管理条例》，同年国务院颁布了《民办非企业单位登记管理暂行条例》；2004年国务院颁布了《基金会管理条例》。这些法规明确了社会组织登记注册的条件和程序。这三个条例在严格限制社会组织登记的同时，也把大量的志愿服务组织排除在外。根据规定，所有登记单位都需要找到一个政府职能部门作为业务主管单位，经其审查同意并承担主管职责才能到民政部门申请登记；而且，同一行政区域内已有业务范围相同或相似的社会组织，将不予登记注册。这导致很多志愿服务组织无法在民政部门登记注册，从而制约了我国志愿服务的发展规模。

（三）志愿服务的相关部门规章

2006年，共青团中央出台《中国注册志愿者管理办法》（中青发〔2006〕55号），规定了志愿者的注册、权利和义务、组织与管理、激励与表彰等内容，明确由共青团中央青年志愿者工作部、中国青年志愿者协会秘书处负责全国注册志愿者工作的规划、协调和指导。2012年，民政部制定《志愿服务记录办法》（民函〔2012〕340号），并在全国137个地方启动志愿服务记录制度试点工作。2013年11月，共青团中央对2006年出台的《中国注册志愿者管理办法》进行了修订。2013年12月，民政部印发《中国社会服务志愿者队伍建设指导纲要（2013—2020年）》（民发〔2013〕216号），加快推进我国社会服务志愿者队伍建设。2015年3月16日，教育部制定《学生志愿服务管理暂行办法》（教思政〔2015〕1号），是加强大学生思想政治教育和未成年人思想道德建设的重要举措。2015年9月14日，中央文明办、民政部、共青团中央联合下发《志愿服务信息系统基本规范》。

---

① 国务院：《志愿服务条例》第二章第八条，2017年8月22日发布，2017年12月1日起施行。

（四）志愿服务的相关地方行政法规

我国第一部地方性志愿服务法规是1999年9月20日实施的《广东省青年志愿服务条例》。该条例只是针对青年志愿服务而制定的，因此严格限定了年龄。该条例已于2010年被修订。2003年6月，黑龙江省通过了我国第一部全面规范志愿服务行为的地方性法规——《黑龙江省志愿服务条例》，首次将志愿服务的参与主体从青年志愿者扩大到所有志愿者。2003年年底，杭州市颁布《杭州市志愿服务条例》，在主体上也由青年志愿者扩大到所有志愿者。2007年，北京市颁布《北京市志愿服务促进条例》，是我国首个以“促进”命名的志愿服务法规，明确了政府在推动和保障志愿服务发展方面的作用和责任。2008年，广州市颁布《广州市志愿服务条例》，首次明确规定志愿服务组织安排志愿者从事抢险救灾等可能危及人身安全的志愿服务，应当为志愿者购买相应的人身意外伤害保险。2009年9月，四川省颁布了《四川省志愿服务条例》，其规范的志愿者不仅包含注册参加志愿服务组织的志愿者，还包含自发提供志愿服务的人员，完善了法律法规对志愿服务主体的规范。2010年，广东省修订了《广东省志愿服务条例》并于9月1日起实施。2012年，合肥市颁布了《合肥市志愿服务条例》。2013年，山西省颁布了《山西省志愿服务条例》。目前，全国近30个省市制定了志愿服务的地方性法规，极大促进了我国志愿服务事业立法工作的不断完善。

此外，一些全国性行业组织也出台了志愿服务的相关规范。1999年2月，中国青年志愿者协会制定了《中国青年志愿者协会章程》。2005年，中国社会工作协会社区志愿者工作委员会制定了《中国社区志愿者注册管理办法（试行）》，规定了社区志愿者的管理单位是社区志愿服务组织，并提出要建立注册社区志愿者制度和社区志愿者服务时间储蓄制度。2007年，中国红十字总会出台了《中国红十字志愿服务管理办法》。

第二节　志愿者的法律法规与政策

一、志愿者的概念和特征

（一）志愿者的概念

志愿者（volunteer）一词来源于拉丁文中的voluntas，意为“意愿，自由意志”。志愿者还有志愿工作者、义工、志工等称谓，在中国内地一般称为志愿者，在台湾则称为志工。《志愿服务条例》规定：“志愿者，是指以自己的时间、知识、技能、体力等从事志愿服务的自然人。”①

（二）志愿者的特征

志愿者的特征包括以下几个方面：

1. 自愿性

志愿首先含有“自愿”的意思，志愿者进行志愿服务活动，必须是出自于主观的自愿选择，而非受到外部力量的强制要求。自愿性是开展志愿服务的首要前提，离开了这个前提，志愿服务将失去其存在的价值基础。

《志愿服务条例》规定：“任何组织和个人不得强行指派志愿者、志愿服务组织提供服务。”② 志愿服务不能作为一种法律义务或道德义务而强加于任何社会成员，被强制参加所谓志愿服务的都不是志愿者。政府、学校等单位可以倡导和鼓励人们参加志愿服务，但不能强制要求大家参与志愿服务。

2. 主体广泛性

志愿者是自然人，不受民族、种族、国籍和身份等的限制。我国法律并未对志愿者的年龄作出规定。《志愿服务条例》规定：“学校、家庭和社

① 国务院：《志愿服务条例》第二章第六条，2017年8月22日发布，2017年12月1日起施行。

② 国务院：《志愿服务条例》第四章第25条，2017年8月22日发布，2017年12月1日起施行。

会应当培养青少年的志愿服务意识和能力。”① 因此，对于 18 周岁以下的未成年人，并不意味着不能参加志愿服务。在征得其监护人的同意后，在监护人或其他具备民事行为能力人的指引和监督下，未成年人也可以参加与其生理、心理相适应的志愿服务活动。

3. 所做之事为非职务行为

志愿者提供的服务不是自己本职工作应该做的事，做工作分内之事的人不能被称为志愿者。志愿者是主动承担对他人、对社会的责任，这就使志愿者与一般机关企事业单位或社会组织的工作人员有了显著区别。比如，物业公司负责维修的员工，如果他是在工作岗位上为居民提供了维修服务，这是本职工作而不是志愿服务。社会组织的专职人员或社工在从事社区助人服务的时候，也并不能被称为志愿者。

二、志愿者的法律关系

要明确志愿者的法律关系，就要明确志愿者与志愿服务组织、志愿服务对象之间的关系。

（一）志愿者与志愿服务组织的关系

志愿者提供的是无偿劳动，志愿服务组织不为志愿者发放工资和报酬。因此，志愿服务组织和志愿者之间不构成雇佣关系或劳动关系。志愿服务组织与志愿者之间是一种特殊的民事法律关系，志愿服务组织与志愿者通过《志愿者服务协议》来规范双方的权利与义务。

志愿服务组织的招募是要约，志愿者申请加入志愿服务组织是承诺，双方就开展志愿服务达成一致合意，两者是平等主体就志愿服务活动达成一致的契约，是合同关系。二者共同遵守志愿服务组织章程，按照章程和双方之间的服务协议开展志愿服务。

---

① 国务院：《志愿服务条例》第四章第 29 条，2017 年 8 月 22 日发布，2017 年 12 月 1 日起施行。

（二）志愿者与志愿服务对象的关系

志愿者与志愿服务对象之间是一种基于自愿、平等和相互尊重基础上的服务与被服务的关系，双方之间是一种民事关系。二者产生纠纷时，不适用劳动法规而应比照民法处理。

三、志愿者的权利和义务

明确志愿者的权利和义务，有利于约束和规范志愿服务组织的行为，维护和保障志愿者的合法权益，促进志愿服务事业的健康发展。

（一）志愿者的权利

尽管志愿者是自愿地、无偿地提供服务，但这并不意味着志愿者在提供志愿服务时不享有任何权利。只有保护志愿者的权益才能发挥志愿者的能动性，促进志愿服务的发展，进而造福社会。根据《志愿服务条例》的规定，志愿者的权利主要包括以下方面。

1. 自主权

《志愿服务条例》规定："任何组织和个人不得强行指派志愿者、志愿服务组织提供服务。"① 志愿者不能被强迫参与志愿服务，必须是出于志愿者的本意；志愿者有权选择退出志愿服务组织。

2. 知情权

志愿者在加入志愿服务组织的时候，有权知道自己将要去做什么，如果没有得到这些必要的信息，就增加了产生纠纷和风险的可能性。《志愿服务条例》规定："志愿服务组织可以招募志愿者开展志愿服务活动；招募时，应当说明与志愿服务有关的真实、准确、完整的信息以及在志愿服务过程中可能发生的风险。"②

---

① 国务院：《志愿服务条例》第四章第25条，2017年8月22日发布，2017年12月1日起施行。
② 国务院：《志愿服务条例》第三章第12条，2017年8月22日发布，2017年12月1日起施行。

3. 受培训权

志愿服务涉及社会生活的各个领域，而且有些志愿服务如应急救援、医疗卫生等活动的专业性比较强，甚至还存在较高的风险。《志愿服务条例》规定："志愿服务组织安排志愿者参与的志愿服务活动需要专门知识、技能的，应当对志愿者开展相关培训。"① 在这种情况下，做好志愿者培训工作是顺利开展志愿服务活动的前提和关键，也是维护志愿者合法权益的必然要求。

4. 人格尊严及个人信息受保护权

志愿者本着奉献精神，贡献一己之力服务他人，应当受到志愿服务组织、志愿服务对象以及全社会的尊重，不受任何歧视、污蔑和诽谤。《志愿服务条例》规定："志愿服务组织、志愿服务对象应当尊重志愿者的人格尊严；未经志愿者本人同意，不得公开或者泄露其有关信息。"② "志愿服务组织泄露志愿者有关信息、侵害志愿服务对象个人隐私的，由民政部门予以警告，责令限期改正；逾期不改正的，责令限期停止活动并进行整改；情节严重的，吊销登记证书并予以公告。"③

5. 权益保障权

志愿者在志愿服务过程中的生命权、健康权和财产权依法不受侵害，志愿服务组织需要向志愿者提供必要的条件和保障。《志愿服务条例》规定："志愿服务组织应当为志愿者参与志愿服务活动提供必要条件，解决志愿者在志愿服务过程中遇到的困难，维护志愿者的合法权益。"④ 很多志愿者由于自身经济条件有限，并且在志愿服务中会产生一定的经济支出，如果总是由志愿者个人承担，会影响志愿服务的可持续性。在志愿服务活动中，志愿者有权获得的保障包括物质、安全、医疗等多方

① 国务院：《志愿服务条例》第三章第16条，2017年8月22日发布，2017年12月1日起施行。
② 国务院：《志愿服务条例》第三章第20条，2017年8月22日发布，2017年12月1日起施行。
③ 国务院：《志愿服务条例》第五章第36条，2017年8月22日发布，2017年12月1日起施行。
④ 国务院：《志愿服务条例》第三章第17条，2017年8月22日发布，2017年12月1日起施行。

面，志愿者可以获取交通补助、餐饮补助、安全保障、医疗卫生服务和人身保险等。

6. 开具志愿服务证明权

《志愿服务条例》规定：“志愿者需要志愿服务记录证明的，志愿服务组织应当依据志愿服务记录无偿、如实出具。”① “志愿服务组织不依法记录志愿服务信息或者出具志愿服务记录证明的，由民政部门予以警告，责令限期改正；逾期不改正的，责令限期停止活动，并可以向社会和有关单位通报。”②

7. 监督权

《志愿服务条例》规定：“任何组织和个人发现志愿服务组织有违法行为，可以向民政部门、其他有关部门或者志愿服务行业组织投诉、举报。民政部门、其他有关部门或者志愿服务行业组织接到投诉、举报，应当及时调查处理；对无权处理的，应当告知投诉人、举报人向有权处理的部门或者行业组织投诉、举报。”③

（二）志愿者的义务

虽然志愿者参与志愿服务具有自愿性和无偿性，但并不意味着可以免除志愿者的相关义务。同时，明确志愿者的义务也并不意味着不保障志愿者权益，而是为了促进和保障志愿服务的需要。根据《志愿服务条例》的规定，志愿者的义务主要包括以下方面。

1. 提供真实信息的义务

为了合法地开展志愿服务工作，避免志愿服务中的风险，志愿者必须向志愿服务组织提供自己的真实信息。《志愿服务条例》规定：“志愿者提供的个人基本信息应当真实、准确、完整。”④

---

① 国务院：《志愿服务条例》第三章第19条，2017年8月22日发布，2017年12月1日起施行。
② 国务院：《志愿服务条例》第五章第38条，2017年8月22日发布，2017年12月1日起施行。
③ 国务院：《志愿服务条例》第三章第26条，2017年8月22日发布，2017年12月1日起施行。
④ 国务院：《志愿服务条例》第二章第七条，2017年8月22日发布，2017年12月1日起施行。

2. 履行服务承诺的义务

志愿者在加入志愿服务组织后，应按照志愿服务协议的要求，遵守志愿服务组织的纪律，服从志愿服务组织的管理和规定，完成志愿服务组织安排的志愿服务。《志愿服务条例》规定："志愿者应当按照约定提供志愿服务。志愿者因故不能按照约定提供志愿服务的，应当及时告知志愿服务组织或者志愿服务对象。"①

3. 接受培训的义务

接受培训既是志愿者的权利，也是志愿者的义务。出于对志愿者本人、志愿服务对象和志愿服务组织负责的态度，志愿者应当参加志愿服务组织安排的相关培训，以顺利完成工作任务。《志愿服务条例》规定："志愿者接受志愿服务组织安排参与志愿服务活动的，应当服从管理，接受必要的培训。"②

4. 保守志愿服务对象个人隐私的义务

志愿者在志愿服务过程中知悉的志愿服务对象的个人隐私，应当尽到保密义务。《志愿服务条例》规定："志愿服务组织、志愿者应当尊重志愿服务对象人格尊严，不得侵害志愿服务对象个人隐私。"③ 因志愿者泄露志愿服务对象的信息从而给志愿服务对象带来人身伤害或财产损失的，志愿者应当承担相应的赔偿责任。

5. 接受统一指挥的义务

志愿者作为志愿服务组织中的一份子，应当服从志愿服务组织的管理，接受志愿服务组织的监督。《志愿服务条例》规定："志愿服务组织、志愿者开展应对突发事件的志愿服务活动，应当接受有关人民政府设立的应急指挥机构的统一指挥、协调。"④

---

① 国务院：《志愿服务条例》第三章第22条，2017年8月22日发布，2017年12月1日起施行。
② 国务院：《志愿服务条例》第三章第22条，2017年8月22日发布，2017年12月1日起施行。
③ 国务院：《志愿服务条例》第三章第21条，2017年8月22日发布，2017年12月1日起施行。
④ 国务院：《志愿服务条例》第三章第24条，2017年8月22日发布，2017年12月1日起施行。

四、志愿者的管理

志愿者管理主要包括招募、注册、签订志愿服务协议、培训、激励、风险防范等方面，《志愿服务条例》等法规和政策文件对这些方面作出了相关规定。

（一）志愿者的招募

志愿者招募是志愿者管理的首要环节，《关于深入开展志愿服务活动的意见》（中央文明委〔2008〕6号）提出，“依法登记或备案的志愿者组织，要根据志愿服务的需要，及时发布招募信息，明确志愿服务所需的条件和要求，组织开展经常性招募和应急性招募，不断壮大志愿者队伍。”[①]

（二）志愿者的注册

志愿者进行注册，有利于志愿者依法享受各项权利以及对志愿者进行规范化管理。关于志愿者注册，民政部、共青团中央都下发了文件进行规范，比如《中国注册志愿者管理办法》（中青发〔2006〕55号）《关于在全国城市推行社区志愿者注册制度的通知》（民函〔2007〕319号）《关于进一步推进志愿者注册工作的通知》（民函〔2010〕151号）。

1. 志愿者注册的内容

根据《志愿服务条例》的规定，志愿者注册的内容主要是身份信息、服务技能、服务时间、联系方式等个人基本信息。[②]

2. 志愿者注册的途径

根据《志愿服务条例》的规定，志愿者注册的途径主要有两个：一是通过国务院民政部门指定的志愿服务信息系统自行注册，二是通过志愿服务组织进行注册。[③]

---

① 中央精神文明建设指导委员会：《关于深入开展志愿服务活动的意见》（中央文明委〔2008〕6号），2008年10月6日发布。

② 国务院：《志愿服务条例》第二章第七条，2017年8月22日发布，2017年12月1日起施行。

③ 国务院：《志愿服务条例》第二章第七条，2017年8月22日发布，2017年12月1日起施行。

（三）签订志愿服务协议

在志愿服务活动开始前，应签订志愿服务协议，以保障各方的权益。《志愿服务条例》规定："志愿者、志愿服务组织、志愿服务对象可以根据需要签订协议，明确当事人的权利和义务，约定志愿服务的内容、方式、时间、地点、工作条件和安全保障措施等。"①

（四）志愿者的培训

由于志愿者基本是在业余时间从事志愿服务，往往缺乏经验和技术，因此对他们进行培训非常必要。《关于推进志愿服务制度化的意见》（文明委〔2014〕3 号）提出，"要坚持培训与服务并重的原则，由城乡社区、志愿服务组织、公益慈善类组织、社会服务机构等，根据志愿服务项目的要求，通过集中辅导、座谈交流、案例分析等方式，对志愿者进行相关知识和技能培训，提高服务意识、服务能力和服务水平。"②

（五）志愿者的激励

恰当的激励政策能增强志愿者的积极性，推动志愿者更加主动地、持续性地参与志愿服务。

1. 评定星级

《志愿服务记录办法》（民函〔2012〕340 号）规定："志愿者组织、公益慈善类组织和社会服务机构应当建立以服务时间和服务质量为主要内容的志愿者星级评定制度，对获得相应星级的志愿者予以标识，并推荐参加相关评选和表彰。志愿服务记录时间累计达到 100 小时、300 小时、600 小时、1000 小时和 1500 小时的志愿者，可以依次申请评定为一星级、二星级、三星级、四星级、五星级志愿者。"③

---

① 国务院：《志愿服务条例》第三章第 14 条，2017 年 8 月 22 日发布，2017 年 12 月 1 日起施行。

② 中央精神文明建设指导委员会：《关于推进志愿服务制度化的意见》（文明委〔2014〕3 号），2014 年 2 月 19 日发布。

③ 民政部：《志愿服务记录办法》（民函〔2012〕340 号）第 21 条，2012 年 10 月 23 日发布并施行。

2. 给予表彰、奖励

《志愿服务条例》规定："对在志愿服务事业发展中做出突出贡献的志愿者、志愿服务组织，由县级以上人民政府或者有关部门按照法律、法规和国家有关规定予以表彰、奖励。"①

3. 优先招用

《志愿服务条例》规定："鼓励企业和其他组织在同等条件下优先招用有良好志愿服务记录的志愿者。"②

4. 给予优待

《志愿服务条例》规定："县级以上地方人民政府可以根据实际情况采取措施，鼓励公共服务机构等对有良好志愿服务记录的志愿者给予优待。"③

5. 免费或优惠开放

《志愿服务记录办法》（民函〔2012〕340号）规定："鼓励博物馆、公共图书馆、体育场馆等公共文化体育设施和公园、旅游景点等场所，对有良好志愿服务记录的志愿者免费或者优惠开放。"④

6. 票价减免

《志愿服务记录办法》（民函〔2012〕340号）规定："鼓励城市公共交通对有良好志愿服务记录的志愿者给予票价减免优待。"⑤

（六）志愿者的风险规避

志愿者在实施服务行为时，有可能因为各种情况造成自身伤害，要采取措施规避风险。

1. 安排与其情况相适应的活动

《志愿服务条例》规定："志愿服务组织安排志愿者参与志愿服务活

① 国务院：《志愿服务条例》第四章第32条，2017年8月22日发布，2017年12月1日起施行。
② 国务院：《志愿服务条例》第四章第32条，2017年8月22日发布，2017年12月1日起施行。
③ 国务院：《志愿服务条例》第四章第33条，2017年8月22日发布，2017年12月1日起施行。
④ 民政部：《志愿服务记录办法》（民函〔2012〕340号）第25条，2012年10月23日发布并施行。
⑤ 民政部：《志愿服务记录办法》（民函〔2012〕340号）第26条，2012年10月23日发布并施行。

动，应当与志愿者的年龄、知识、技能和身体状况相适应，不得要求志愿者提供超出其能力的志愿服务。”① 根据该规定，如果志愿服务组织安排的志愿服务活动超过了志愿者的服务能力，志愿者可以拒绝。

2. 购买人身意外伤害保险

《志愿服务条例》规定：“志愿服务组织安排志愿者参与可能发生人身危险的志愿服务活动前，应当为志愿者购买相应的人身意外伤害保险。”② 在建立保险制度后，可以有效化解志愿者、志愿服务组织、志愿服务对象之间因意外而产生的纠纷，解决志愿者从事志愿服务的后顾之忧。

第三节　志愿服务的法律法规与政策

一、志愿服务的概念

《志愿服务条例》规定：“志愿服务，是指志愿者、志愿服务组织和其他组织自愿、无偿向社会或者他人提供的公益服务。”③ 与志愿服务相近的概念是义务服务、义务工作，这两个概念更强调服务的义务性。在中国，志愿服务也是对“助人为乐”“学雷锋、做好事”等传统美德的继承和发扬。

二、志愿服务的特征

志愿服务的特征主要包括以下几个方面：

（一）自愿性

与志愿者的自愿性相同，志愿服务也具有自愿性的特征，被任何组织

---

① 国务院：《志愿服务条例》第三章第15条，2017年8月22日发布，2017年12月1日起施行。
② 国务院：《志愿服务条例》第三章第17条，2017年8月22日发布，2017年12月1日起施行。
③ 国务院：《志愿服务条例》第一章第二条，2017年8月22日发布，2017年12月1日起施行。

和个人强制参与的服务不是志愿服务。

（二）无偿性

无偿性意味着志愿服务不能获得相应的服务对价，不能就其志愿服务去收取服务费用。《志愿服务条例》规定："任何组织和个人不得以志愿服务名义进行营利性活动。"① "志愿服务组织、志愿者向志愿服务对象收取或者变相收取报酬的，由民政部门予以警告，责令退还收取的报酬；情节严重的，对有关组织或者个人并处所收取报酬一倍以上五倍以下的罚款。"② "对以志愿服务名义进行营利性活动的组织和个人，由民政、工商等部门依法查处。"③

（三）公益性

公益性是指志愿服务必须面向公共利益，其受益者是不特定的社会人群。

三、志愿服务的基本原则

《志愿服务条例》规定："开展志愿服务，应当遵循自愿、无偿、平等、诚信、合法的原则，不得违背社会公德、损害社会公共利益和他人合法权益，不得危害国家安全。"④

《关于深入开展志愿服务活动的意见》（中央文明委〔2008〕6号）提出："①坚持以相互关爱、服务社会为主题，始终把公益性放在首位，充分体现无偿、利他的基本要求；②坚持志愿服务与政府服务、市场服务相衔接，有针对性地设计项目、开展活动，做到量力而行、务求实效；③坚持志愿服务与实现个人发展相统一，让人们在为他人送温暖、为社会做贡献的过程中经受锻炼、增长才干；④坚持自愿参与和社会倡导相结合，既

① 国务院：《志愿服务条例》第四章第25条，2017年8月22日发布，2017年12月1日起施行。
② 国务院：《志愿服务条例》第五章第37条，2017年8月22日发布，2017年12月1日起施行。
③ 国务院：《志愿服务条例》第五章第39条，2017年8月22日发布，2017年12月1日起施行。
④ 国务院：《志愿服务条例》第一章第三条，2017年8月22日发布，2017年12月1日起施行。

尊重人们的服务意愿，鼓励人们自主参与，又强调公民的社会责任，努力扩大志愿服务活动的覆盖面，增强志愿服务活动的影响力；⑤坚持社会化运行模式，把党政各部门、社会各方面组织动员起来，形成强大工作合力。”①

四、志愿服务的开展主体

为了支持更多力量投入到志愿服务事业中，《志愿服务条例》规定："志愿者可以参与志愿服务组织开展的志愿服务活动，也可以自行依法开展志愿服务活动。志愿服务组织以外的其他组织可以开展力所能及的志愿服务活动。城乡社区、单位内部经基层群众性自治组织或者本单位同意成立的团体，可以在本社区、本单位内部开展志愿服务活动。”②

五、志愿服务工作的管理体制

志愿服务工作是一项涉及我国多个政府部门的重要工作。《志愿服务条例》建立了志愿服务工作的管理体制，明确了精神文明建设指导机构、民政部门、工会等各部门的职责。

（一）精神文明建设指导机构负责统筹协调

为了解决志愿服务工作中多头管理、各自为政的问题，《志愿服务条例》规定：“国家和地方精神文明建设指导机构建立志愿服务工作协调机制，加强对志愿服务工作的统筹规划、协调指导、督促检查和经验推广。”③

《关于深入开展志愿服务活动的意见》（中央文明委〔2008〕6号）提

① 中央精神文明建设指导委员会：《关于深入开展志愿服务活动的意见》（中央文明委〔2008〕6号），2008年10月6日发布。

② 国务院：《志愿服务条例》第三章第11条、第六章第42条，2017年8月22日发布，2017年12月1日起施行。

③ 国务院：《志愿服务条例》第一章第五条，2017年8月22日发布，2017年12月1日起施行。

出，“要在中央文明委领导下，成立由中央文明办牵头，民政部、全国总工会、共青团中央、全国妇联、中国科协、中国残联、中国红十字总会和全国老龄办共同参加的全国志愿服务活动协调小组，负责全国志愿服务活动的总体规划和协调指导”①。

（二）民政部门负责行政管理

《志愿服务条例》规定：“国务院民政部门负责全国志愿服务行政管理工作；县级以上地方人民政府民政部门负责本行政区域内志愿服务行政管理工作。”② 根据这一规定，民政部门负责志愿者注册的管理、志愿服务组织的登记管理、志愿服务信息化建设、志愿服务组织的行政执法等，避免部门间的职能交叉。

（三）工会等各部门负责本领域工作

《志愿服务条例》规定：“工会、共产主义青年团、妇女联合会等有关人民团体和群众团体应当在各自的工作范围内做好相应的志愿服务工作。”③

六、志愿服务的重点领域

《关于深入开展志愿服务活动的意见》（中央文明委〔2008〕6号）提出，深入开展以下四种形式的志愿服务。

（一）着眼于讲文明树新风开展志愿服务活动

组织开展普及文明风尚志愿服务，更好地传播文明理念，倡导团结互助精神，引导人们知礼仪、重礼节、讲道德。组织开展科技、文体、法律、卫生志愿服务，普及科学知识、传播先进文化、开展法律援助、提供

① 中央精神文明建设指导委员会：《关于深入开展志愿服务活动的意见》（中央文明委〔2008〕6号），2008年10月6日发布。

② 国务院：《志愿服务条例》第一章第五条，2017年8月22日发布，2017年12月1日起施行。

③ 国务院：《志愿服务条例》第一章第五条，2017年8月22日发布，2017年12月1日起施行。

医疗卫生服务，不断丰富广大群众重点是农村、偏远地区和进城务工人员的精神文化生活。组织开展社会治安志愿服务，普及法律知识，加强治安防范，完善群防群治网络。组织开展窗口行业志愿服务，动员公共服务行业和涉外窗口行业的干部职工以志愿服务的形式，为人们提供各种延伸服务和便民服务。组织开展保护生态环境志愿服务，宣传生态文明观念和环境保护知识，大力推动义务植树、绿化美化、清理脏乱、整治污染等行动，使天更蓝、水更清、地更绿，逐步形成良好的人居环境和生态环境。①

（二）着眼于扶危济困开展志愿服务活动

广泛开展居家养老、扶残助残志愿服务活动，组织志愿者为孤寡老人、空巢老人、残疾人提供生活救助和照料服务，弘扬人道主义精神。以关爱帮困、便民利民为重点，大力开展社区志愿服务活动，让居民在参与中感受友谊和谐，看到社会美好，享受幸福生活。②

（三）着眼于大型社会活动顺利进行开展志愿服务

组织开展公共秩序志愿服务活动，动员志愿者到公共场所、道路交通和赛会场馆等重点部位，宣传文明行为规范，劝导不文明言行，努力创造规范有序的社会公共秩序。组织开展赛会志愿服务活动，动员志愿者参加接待、咨询、联络、秩序维护等方面的工作，为大型社会活动的顺利进行提供有力保障。③

（四）着眼于应急救援开展志愿服务活动

要组织开展应急救援志愿服务活动，动员志愿者广泛普及防灾避险、疏散安置、急救技能等应急处置知识，参与重大自然灾害和突发事件的抢

① 中央精神文明建设指导委员会：《关于深入开展志愿服务活动的意见》（中央文明委〔2008〕6号），2008年10月6日发布。

② 中央精神文明建设指导委员会：《关于深入开展志愿服务活动的意见》（中央文明委〔2008〕6号），2008年10月6日发布。

③ 中央精神文明建设指导委员会：《关于深入开展志愿服务活动的意见》（中央文明委〔2008〕6号），2008年10月6日发布。

险救援、卫生防疫、群众安置、设施抢修和心理安抚等工作，提高社会和公民的应急处置能力。[①]

七、志愿服务的记录

关于志愿服务的记录，主要是依据《志愿服务记录办法》（民函〔2012〕340号）《关于规范志愿服务记录证明工作的指导意见》（民发〔2015〕149号）。

（一）志愿服务记录的出具主体

《关于规范志愿服务记录证明工作的指导意见》（民发〔2015〕149号）规定，“按照‘谁记录谁证明’的原则，志愿服务记录证明出具主体应同时满足下列条件：①依法设立的组织或单位；②需要出具证明的志愿者参加了该单位组织的志愿服务活动；③客观真实地记录了该志愿者参加志愿服务活动的相关信息。”[②]

（二）志愿服务记录的内容

《志愿服务条例》规定：“志愿服务组织安排志愿者参与志愿服务活动，应当如实记录志愿者个人基本信息、志愿服务情况、培训情况、表彰奖励情况、评价情况等信息。”[③]

1. 志愿者个人基本信息

志愿者个人基本信息应当包括姓名、性别、出生年月、身份证号、服务技能、联系方式等。需要增加志愿者其他个人信息的，必须征得志愿者本人同意。[④]

---

① 中央精神文明建设指导委员会：《关于深入开展志愿服务活动的意见》（中央文明委〔2008〕6号），2008年10月6日发布。

② 中央文明办、民政部、教育部、共青团中央：《关于规范志愿服务记录证明工作的指导意见》（民发〔2015〕149号），2015年8月3日发布。

③ 国务院：《志愿服务条例》第三章第19条，2017年8月22日发布，2017年12月1日起施行。

④ 民政部：《志愿服务记录办法》（民函〔2012〕340号）第六条，2012年10月23日发布并施行。

2. 志愿服务信息

志愿服务信息应当包括志愿者参加志愿服务活动（项目）的名称、日期、地点、服务对象、服务内容、服务时间、服务质量评价、活动（项目）负责人、记录人等。[①] 志愿服务时间是指志愿者实际提供志愿服务的时间，以小时为计量单位，不包括往返交通时间。[②]

3. 培训信息

培训信息应当包括志愿者参加志愿服务有关知识和服务技能培训的内容、组织者、日期、地点、学时等。[③]

4. 表彰奖励情况

志愿者因志愿服务表现突出、获得表彰奖励的，志愿者组织、公益慈善类组织和社会服务机构应当及时予以记录。[④]

5. 评价情况

志愿者在志愿服务中被服务对象投诉、经核查属实的，志愿者组织、公益慈善类组织和社会服务机构应当予以记录。[⑤]

（三）志愿服务记录证明工作的流程

《关于规范志愿服务记录证明工作的指导意见》（民发〔2015〕149号）规定，志愿服务记录证明的工作分为以下四个步骤：

1. 申请

志愿者可以向有资格出具志愿服务记录证明的单位提出书面申请，也可以通过网络等其他形式提出申请。申请人应注明证明用途、申请日期和联系方式，并提供个人身份证件号码。在多个单位参加志愿服务的志愿者，可向自己注册或经常参加活动的单位提出申请，由该单位核实汇总所

① 民政部：《志愿服务记录办法》（民函〔2012〕340号）第七条，2012年10月23日发布并施行。
② 民政部：《志愿服务记录办法》（民函〔2012〕340号）第八条，2012年10月23日发布并施行。
③ 民政部：《志愿服务记录办法》（民函〔2012〕340号）第十条，2012年10月23日发布并施行。
④ 民政部：《志愿服务记录办法》（民函〔2012〕340号）第11条，2012年10月23日发布并施行。
⑤ 民政部：《志愿服务记录办法》（民函〔2012〕340号）第12条，2012年10月23日发布并施行。

有志愿服务记录信息，志愿者提供相应的协助；也可向具备证明出具资格的主体分别提出申请。①

2. 受理

收到申请的单位及时核实申请人的身份信息和志愿服务信息，如申请人确实参加过本单位的志愿服务活动，则及时受理；如申请人未参加过本单位组织的志愿服务活动，则不予受理，同时向申请人说明原因。②

3. 开具证明

受理单位应及时根据申请人的志愿服务记录如实为其开具志愿服务记录证明，并做好证明的编号、登记等工作，妥善保管好相关档案。③

4. 公示

出具主体为志愿者开具证明后，应通过公示栏、网站、QQ 群等方式在本单位成员内部进行公示，时间一般不少于 7 天；涉及多个志愿服务记录主体的志愿服务记录证明，出具主体应在志愿服务管理信息系统中予以公示，接受本单位成员及其他社会成员的监督。④

八、志愿服务的供需对接

根据《关于支持和发展志愿服务组织的意见》（文明办〔2016〕10 号），志愿服务的供需对接主要有以下方式。

（一）了解和征集群众需求

充分运用社区综合服务设施，搭建社区志愿服务平台。支持和鼓励社

① 中央文明办、民政部、教育部、共青团中央：《关于规范志愿服务记录证明工作的指导意见》（民发〔2015〕149 号），2015 年 8 月 3 日发布。

② 中央文明办、民政部、教育部、共青团中央：《关于规范志愿服务记录证明工作的指导意见》（民发〔2015〕149 号），2015 年 8 月 3 日发布。

③ 中央文明办、民政部、教育部、共青团中央：《关于规范志愿服务记录证明工作的指导意见》（民发〔2015〕149 号），2015 年 8 月 3 日发布。

④ 中央文明办、民政部、教育部、共青团中央：《关于规范志愿服务记录证明工作的指导意见》（民发〔2015〕149 号），2015 年 8 月 3 日发布。

会志愿服务组织走进社区，了解和征集群众需求，结合自身能力特点，有针对性地做好志愿服务规划，设计服务项目，开展服务活动，切实使服务对象受益。[①]

（二）利用信息技术手段

充分利用信息技术手段，及时有效匹配志愿服务供给与需求。[②]

（三）推广“菜单式”志愿服务

推广“菜单式”志愿服务经验，鼓励引导志愿服务组织公开本组织志愿者技能、特长和提供服务时间等信息，与群众需求有机结合，逐步建立志愿服务供需有效对接机制和服务长效机制，全面提高志愿服务水平。[③]

九、志愿服务的促进措施

志愿服务追求的是对社会的无偿奉献，政府应支持和鼓励志愿服务的深入开展。为了促进志愿服务的发展，我国政府制定了多项促进措施。

（一）资金支持

由于志愿服务本身的无偿性，不能从中获取利润，在缺乏外部资金支持的情况下，志愿服务往往很难开展。针对这一问题，我国政府提出了以下几项措施。

1. 多元化筹资机制

《关于深入开展志愿服务活动的意见》（中央文明委〔2008〕6号）提

① 中共中央宣传部、中央文明办、民政部、教育部、财政部、全国总工会、共青团中央、全国妇联：《关于支持和发展志愿服务组织的意见》（文明办〔2016〕10号），2016年5月20日发布。

② 中共中央宣传部、中央文明办、民政部、教育部、财政部、全国总工会、共青团中央、全国妇联：《关于支持和发展志愿服务组织的意见》（文明办〔2016〕10号），2016年5月20日发布。

③ 中共中央宣传部、中央文明办、民政部、教育部、财政部、全国总工会、共青团中央、全国妇联：《关于支持和发展志愿服务组织的意见》（文明办〔2016〕10号），2016年5月20日发布。

出，“积极鼓励企事业单位、公募性基金会和公民个人对志愿服务活动进行资助，形成多渠道、社会化的筹资机制”①。

2. 政府安排支持

《志愿服务条例》规定：“县级以上人民政府应当将志愿服务事业纳入国民经济和社会发展规划，合理安排志愿服务所需资金，促进广覆盖、多层次、宽领域开展志愿服务。”②

3. 开展政府购买服务

《志愿服务条例》规定：“各级人民政府及其有关部门可以依法通过购买服务等方式，支持志愿服务运营管理，并依照国家有关规定向社会公开购买服务的项目目录、服务标准、资金预算等相关情况。”③

4. 成立中国志愿服务基金会

《关于深入开展志愿服务活动的意见》（中央文明委〔2008〕6号）提出，“成立中国志愿服务基金会，设在中央文明办”④。基金会可以依法组织募捐、接受捐赠，并将资金用于资助志愿服务活动。

（二）政策支持

1. 制定发展政策

《志愿服务条例》规定：“县级以上人民政府应当根据经济社会发展情况，制定促进志愿服务事业发展的政策和措施。”⑤

2. 纳入学分管理

《志愿服务条例》规定：“高等学校、中等职业学校可以将学生参与志

---

① 中央精神文明建设指导委员会：《关于深入开展志愿服务活动的意见》（中央文明委〔2008〕6号），2008年10月6日发布。

② 国务院：《志愿服务条例》第一章第四条，2017年8月22日发布，2017年12月1日起施行。

③ 国务院：《志愿服务条例》第四章第30条，2017年8月22日发布，2017年12月1日起施行。

④ 中央精神文明建设指导委员会：《关于深入开展志愿服务活动的意见》（中央文明委〔2008〕6号），2008年10月6日发布。

⑤ 国务院：《志愿服务条例》第四章第27条，2017年8月22日发布，2017年12月1日起施行。

愿服务活动纳入实践学分管理。”①

3. 作为考核指标

《关于深入开展志愿服务活动的意见》（中央文明委〔2008〕6号）提出，“把开展志愿服务活动作为创建文明城市、文明村镇、文明单位的重要内容，作为考核的重要指标”②。

（三）场地支持

为了解决志愿服务活动缺乏场地的问题，《志愿服务条例》规定：“国家鼓励企业事业单位、基层群众性自治组织和其他组织为开展志愿服务提供场所和其他便利条件。”③

（四）宣传支持

志愿服务精神的传播和弘扬，对于志愿服务的发展十分重要，可以促进公众加深对志愿服务的认识，消除很多偏见和误解。《志愿服务条例》规定：“广播、电视、报刊、网络等媒体应当积极开展志愿服务宣传活动，传播志愿服务文化，弘扬志愿服务精神。”④

第四节　志愿服务组织的法律法规与政策

一、志愿服务组织的概念

志愿服务组织有别于政府和企业，是志愿服务的重要主体。《志愿服务条例》规定：“志愿服务组织是指依法成立，以开展志愿服务为宗旨的

---

① 国务院：《志愿服务条例》第四章第29条，2017年8月22日发布，2017年12月1日起施行。

② 中央精神文明建设指导委员会：《关于深入开展志愿服务活动的意见》（中央文明委〔2008〕6号），2008年10月6日发布。

③ 国务院：《志愿服务条例》第四章第28条，2017年8月22日发布，2017年12月1日起施行。

④ 国务院：《志愿服务条例》第四章第35条，2017年8月22日发布，2017年12月1日起施行。

非营利性组织。"[①] 因此，志愿服务组织是非营利组织的一部分，它不同于非营利组织中那些不以志愿服务为宗旨的组织，比如行业协会、商会。

二、志愿服务组织的形式

在志愿服务组织的形式方面，《志愿服务条例》规定："志愿服务组织可以采取社会团体、社会服务机构、基金会等组织形式。志愿服务组织的登记管理按照有关法律、行政法规的规定执行。"[②] 这就明确了志愿服务组织与各类非营利组织之间的关系。志愿服务组织在登记注册之后，可以使其走向规范化，提高志愿服务的专业化水平。比如依据《社会团体登记管理条例》的规定，成立志愿者协会，成为独立的社会团体法人。

三、志愿服务组织的职责

根据《志愿服务条例》的规定，志愿服务组织的职责与志愿者的权利基本上是对应关系，主要包括：①向志愿者提供关于志愿服务的真实、准确信息；②安排志愿者参与与其相适应的志愿服务活动；③对志愿者开展相关培训；④为志愿者参与志愿服务提供必要条件和保障，购买人身意外伤害保险；⑤如实记录志愿者的相关信息；⑥尊重志愿者的人格尊严，不泄露志愿者的有关信息；⑦开展专业志愿服务活动应执行国家或行业组织制定的标准和规程；⑧向志愿者出具志愿服务记录；⑨禁止向志愿服务对象收取或者变相收取报酬。

四、志愿服务组织的培育

《关于支持和发展志愿服务组织的意见》（文明办〔2016〕10号）提出，主要从以下几方面培育志愿服务组织。

---

① 国务院：《志愿服务条例》第二章第六条，2017年8月22日发布，2017年12月1日起施行。
② 国务院：《志愿服务条例》第二章第八条，2017年8月22日发布，2017年12月1日起施行。

（一）推进志愿服务组织依法登记

针对目前大部分志愿服务组织规模小、注册资金不足、缺乏相应专职人员和固定场所的实际，在不违背社会组织管理法律法规基本精神基础上，可以按照活动地域适当放宽成立志愿服务组织所需条件。各有关部门要在活动场地、活动资金、人才培养等方面提供优先支持，激发志愿服务组织依法登记的积极性与主动性。①

（二）健全志愿服务组织孵化机制

社会组织孵化基地要吸纳志愿服务组织进驻，在项目开发、能力培养、合作交流、业务支持等方面提供有针对性的扶持。鼓励有条件的地区建立专门的志愿服务组织孵化基地，支持志愿服务组织的启动成立和初期运作，帮助提升服务能力。②

（三）积极推进志愿服务组织承接公共服务项目

积极支持志愿服务组织承接扶贫、济困、扶老、救孤、恤病、助残、救灾、助医、助学等领域的志愿服务，加大财政资金对志愿服务运营管理的支持力度。充分利用志愿服务信息平台等载体，及时发布政府安排由社会力量承担的服务项目，为志愿服务组织获取相关信息提供便利。③

（四）强化志愿服务组织示范引领

通过政策引导、重点培育、项目资助等方式，建设一批活动规范有序、作用发挥明显、社会影响力强的示范性志愿服务组织。按照有关规定对作出突出贡献的志愿服务组织进行表彰奖励。通过推广志愿服务组织培育和管理经验、建设优秀志愿服务组织库和优秀志愿服务项目库等方式，

---

① 中共中央宣传部、中央文明办、民政部、教育部、财政部、全国总工会、共青团中央、全国妇联：《关于支持和发展志愿服务组织的意见》（文明办〔2016〕10号），2016年5月20日发布。

② 中共中央宣传部、中央文明办、民政部、教育部、财政部、全国总工会、共青团中央、全国妇联：《关于支持和发展志愿服务组织的意见》（文明办〔2016〕10号），2016年5月20日发布。

③ 中共中央宣传部、中央文明办、民政部、教育部、财政部、全国总工会、共青团中央、全国妇联：《关于支持和发展志愿服务组织的意见》（文明办〔2016〕10号），2016年5月20日发布。

引领带动其他志愿服务组织科学化规范化发展。①

关键术语

志愿者　志愿服务　志愿服务组织　志愿服务对象　志愿服务条例　自愿性　无偿性　公益性　供需对接　促进措施

复习思考题

1. 志愿者的概念是什么？
2. 志愿服务的概念是什么？
3. 志愿服务组织的概念是什么？
4. 志愿服务对象的概念是什么？
5. 志愿者的特征有哪些？
6. 志愿者的权利和义务有哪些？
7. 如何防范志愿者在志愿服务中的风险？
8. 志愿服务的特征有哪些？
9. 《志愿服务条例》中志愿者激励的措施有哪些？

① 中共中央宣传部、中央文明办、民政部、教育部、财政部、全国总工会、共青团中央、全国妇联：《关于支持和发展志愿服务组织的意见》（文明办〔2016〕10号），2016年5月20日发布。

第五章

社会组织内部治理的法律法规与政策

本章提要

本章是社会组织内部治理的法律法规与政策，共分为四节内容：第一节是社会组织内部治理的概念和立法，主要介绍社会组织内部治理的概念、社会组织内部治理的立法、社会组织内部治理的政策；第二节是社会团体内部治理的法律法规与政策，主要介绍社会团体的权力机构、社会团体的决策机构、社会团体的监督机构、社会团体的执行机构；第三节是民办非企业单位内部治理的法律法规与政策，主要介绍民办非企业单位的决策机构、民办非企业单位的监督机构、民办非企业单位的执行机构；第四节是基金会内部治理的法律法规与政策，主要介绍基金会的决策机构、基金会的监督机构、基金会的执行机构。

完善的内部治理是社会组织实现良好发展、提升服务能力和社会公信力的前提条件，也是社会组织实现其可持续发展的保障。我国社会组织仍处于粗放型发展阶段，相当一部分社会组织的内部治理机制尚不完善，自身能力建设还比较薄弱。因此，如何提高和完善社会组织内部治理机制，是当前迫切需要解决的问题。

第一节　社会组织内部治理的概念和立法

一、社会组织内部治理的概念

（一）法人治理结构

任何组织的法人治理结构都是以协调各利益相关者的关系和利益为基础。法人治理结构通过其决策部门、执行部门和监督部门形成职能分工、相互制约的机制。从法人治理的过程来看，治理机制包括协调机制、决策机制、监督机制和激励机制。

在现代企业制度中，法人治理结构是以产权为主线的企业内部的权利安排，主要是指公司内部股东大会、董事会、监事会、经理层的权利和责任及其相互制衡的关系。公司法人治理结构主要包括两层责权利的配置关系：第一层是股东通过股东大会与董事会之间的“信任托管”关系，构成了出资者对公司的一级控制权的配置与行使；第二层是董事会与经理人员之间的“委托－代理”关系，形成了对公司生产经营活动的二级控制权的配置与行使。

（二）社会组织的内部治理

良好的社会组织治理结构使其组织内部权力合理分配，使组织内部的决策权、执行权、监督权等权力在组织机构间进行分配和运作。社会组织内部治理，是指社会组织以章程为核心，建立健全内部管理运行机制，使社会组织形成独立自主、权责明确、运转协调、制衡有效的法人治理结构，使各利益相关方得到平衡和维护，从而实现社会组织的宗旨。

我国不同类型的社会组织，其内部治理的组织结构也不一样。民办非企业单位和基金会的内部治理结构相似，都包括决策机构、监督机构和执行机构；社会团体的内部治理组织结构比较复杂，除了上述三个机构，还设有权力机构。

1. 权力机构（社会团体设立）

权力机构是社会团体所特有的机构，即会员大会或会员代表大会。会员大会（或会员代表大会）的权力主要包括：制定和修改章程，决定组织的分立、合并或终止，选举产生理事会和监事会等。

2. 决策机构

决策机构是社会组织中有决策权力的机构，即理事会。理事会代表社会利益，受社会委托，确保社会组织的行为对社会负责。理事会由举办者、出资者和职工代表等组成，按照章程赋予的职能进行决策。社会组织的理事包括内部理事和外部理事两种。内部理事是指参与社会组织内部日常管理的理事；外部理事是指不参与社会组织内部日常管理的理事，比如从外部聘请的企业家、专家学者。有的理事会还设立了专门委员会，为理事会决策提供建议。①

3. 监督机构

监督机构是对社会组织运营管理进行监督的机构，即监事会。由于信息掌握的不对称性，社会组织执行机构负责人等日常管理者掌握着社会组织的实际控制权。因此，监事会的监督机制就十分必要，是保证其他机制得以有序运行的制约性机制。监事会可以对理事会、执行机构的行为进行监督和纠正，确保社会组织运作过程的合法性。监事与监事会具有独立性，其职能发挥不受理事会和执行机构的干预。

4. 执行机构

社会组织的执行机构是管理日常事务的机构，即秘书处。执行机构负责人由理事会聘任，对理事会负责，负责落实和执行理事会的决议。

---

① 有观点认为，理事虽然参与机构决策和做出贡献，但是不能参与利润分配，使得理事作为代理人难以真正承担委托代理关系中的责任义务。

二、社会组织内部治理的立法

关于社会组织的内部治理，我国没有专门的法律法规予以规定，相关规定散见于有关的法律法规中，主要是《社会团体登记管理条例》《民办非企业单位登记管理暂行条例》《基金会管理条例》，以及登记管理部门制定的章程范本。章程是一个组织的宪法性文件，也是社会组织建立时必须具备的法律文件。实践中，大多数社会组织的章程都采用了章程范本中的条款内容，这也导致社会组织的章程没有体现出本机构内部治理的特殊性。

三、社会组织内部治理的政策

党的十八大首次提出要“加快形成政社分开、权责明确、依法自治的现代社会组织体制”。其中重要的就是完善社会组织的内部治理结构，提高社会组织负责人的内部治理法律意识，增强社会组织的自律能力。

（一）公务员在社会组织兼任职务的规定

关于党政领导干部在社会团体兼任职务的问题，中央下发的有关文件对此有严格规定。1998 年 7 月，中共中央办公厅、国务院办公厅下发了《关于党政机关领导干部不兼任社会团体领导职务的通知》（中办发〔1998〕17 号），明确规定：“在职县（处）级以上领导干部，不得兼任社会团体（包括境外社会团体）领导职务（含社会团体分支机构负责人）。社会团体领导职务是指社会团体的会长（理事长、主席）、副会长（副理事长、副主席）、秘书长，分会会长（主任委员）、副会长（副主任委员），不包括名誉职务、常务理事、理事。”① 1998 年 11 月，民政部下发

① 中共中央办公厅、国务院办公厅：《关于党政机关领导干部不兼任社会团体领导职务的通知》，1998 年 7 月 2 日发布。

了《关于对中共中央办公厅、国务院办公厅〈关于党政机关领导干部不兼任社会团体领导职务的通知〉有关问题的解释》（民社函〔1998〕224号），对中央下发的通知进行了具体解释。1999年10月，中共中央组织部下发了《关于审批中央管理的干部兼任社会团体领导职务有关问题的通知》（组通字〔1999〕55号），明确规定了中央管理的干部兼任社会团体领导职务的审批程序。

关于离退休领导干部在社会团体兼职的问题，2014年6月，中共中央组织部下发了《关于规范退（离）休领导干部在社会团体兼职问题的通知》（中组发〔2014〕11号），明确规定："退（离）休领导干部在社会团体兼任职务（包括领导职务和名誉职务、常务理事、理事等），须按干部管理权限审批或备案后方可兼职。确因工作需要，本人又无其他兼职，且所兼职社会团体的业务与原工作业务或特长相关的，经批准可兼任一个社会团体职务；任期届满拟连任的，必须重新履行有关审批手续，兼职不超过两届；兼职的任职年龄界限为70周岁。除工作特殊需要外，不得兼任社会团体法定代表人，不得牵头成立新的社会团体或兼任境外社会团体职务。"①

关于公务员担任行业协会商会负责人的问题，2015年9月，民政部下发了《全国性行业协会商会负责人任职管理办法（试行）》（民发〔2015〕166号），明确规定："全国性行业协会商会负责人不设置行政级别，不得由现职和不担任现职但未办理退（离）休手续的公务员兼任。领导干部退（离）休后三年内，一般不得到行业协会商会兼职，个别确属工作特殊需要兼职的，应当按照干部管理权限审批；退（离）休三年后到行业协会商会兼职，须按干部管理权限审批或备案后方可兼职。"②

① 中共中央组织部：《关于规范退（离）休领导干部在社会团体兼职问题的通知》，2014年6月25日发布并施行。

② 民政部：《关于印发〈全国性行业协会商会负责人任职管理办法（试行）〉的通知》（民发〔2015〕166号）第10条，2015年9月7日发布。

(二) 社会组织中建立党组织的规定

关于社会组织中建党组织的问题，中央在2015年9月印发的《关于加强社会组织党的建设工作的意见（试行）》规定："凡有三名以上正式党员的社会组织，都要按照党章规定，经上级党组织批准，分别设立党委、总支、支部，并按期进行换届。"① 中共中央办公厅、国务院办公厅在2016年8月下发的《关于改革社会组织管理制度促进社会组织健康有序发展的意见》（中办发〔2016〕46号）规定："社会组织党组织对社会组织重要事项决策、重要业务活动、大额经费开支、接收大额捐赠、开展涉外活动等提出意见。"②

第二节 社会团体内部治理的法律法规与政策

社会团体内部治理的组织架构包括权力机构（会员大会或会员代表大会）、决策机构（理事会）、监督机构（监事会）和执行机构（秘书处）。其中，会员大会（或会员代表大会）负责组织最高层面的决策，理事会是作为常设机构进行决策，监事会负责监督内部管理运作，秘书处负责执行日常管理事务。

社会团体的治理主要依据《社会团体登记管理条例》。但该条例对社会团体内部治理的规定较少，在实践中还需要依照民政部制定的《社会团体章程示范文本》。

一、社会团体的权力机构

会员大会（或会员代表大会）是社会团体的权力机构，由会员（或会

① 中共中央办公厅：《关于加强社会组织党的建设工作的意见（试行）》，2015年9月发布。

② 中共中央办公厅、国务院办公厅：《关于改革社会组织管理制度促进社会组织健康有序发展的意见》，2016年8月发布。

员代表）组成。社会团体是一种会员制组织，会员大会（或会员代表大会）是社会团体所特有的机构，这也是社会团体区别于民办非企业单位和基金会的重要方面。

（一）会员大会（或会员代表大会）的产生

社会团体要登记注册，必须有一定数量的会员。《社会团体登记管理条例》规定："成立社会团体应有 50 个以上的个人会员或者 30 个以上的单位会员；个人会员、单位会员混合组成的，会员总数不得少于 50 个。"①

在会员的入会方面，民政部《社会团体章程示范文本》规定："申请加入社会团体的会员，必须具备下列条件：①拥护本团体的章程；②有加入本团体的意愿；③在本团体的业务、行业、学科领域内具有一定的影响。"② "会员入会的程序是：①提交入会申请书；②经理事会讨论通过；③由理事会或理事会授权的机构发给会员证。"③ 在会员的退会方面，民政部《社会团体章程示范文本》规定："会员退会应书面通知本团体，并交回会员证。会员 1 年不交纳会费或不参加本团体活动，视为自动退会。会员如有严重违反本章程的行为，经理事会或常务理事会表决通过，予以除名。"④

关于社会团体会员的权利，民政部《社会团体章程示范文本》规定："会员享有下列权利：①本团体的选举权、被选举权和表决权；②参加社会团体的活动；③获得社会团体服务的优先权；④对社会团体工作的批评建议权和监督权；⑤入会自愿，退会自由。"⑤ 关于社会团体会员的义务，民政部《社会团体章程示范文本》规定，"会员应履行下列义务：①执行本团体的决议；②维护本团体合法权益；③完成本团体交办的工作；④按

---

① 国务院：《社会团体登记管理条例》第三章第九条，1998 年 10 月 25 日发布，2016 年 2 月 6 日修订并施行。

② 民政部：《社会团体章程示范文本》。

③ 民政部：《社会团体章程示范文本》。

④ 民政部：《社会团体章程示范文本》。

⑤ 民政部：《社会团体章程示范文本》。

规定交纳会费；⑤向本团体反映情况，提供有关资料”①。

关于社会团体是否都必须设立会员大会（或会员代表大会），民政部《社会团体章程示范文本》规定：“本团体的最高权力机构是会员大会（或会员代表大会）。”② 北京市民政局《社会团体章程示范文本》规定：“会员少的设会员大会，会员多的设会员代表大会，没有会员大会或会员代表大会的也可以设理事会。”③

社会团体的章程要规定会员大会（或会员代表大会）每届的年限。民政部《社会团体章程示范文本》规定：“会员大会或会员代表大会每届最长不超过5年。因特殊情况需提前或延期换届的，须由理事会表决通过，报业务主管单位审查并经社团登记管理机关批准同意。但延期换届最长不超过一年。”④

（二）会员大会（或会员代表大会）的职责

会员大会（或会员代表大会）由全体会员或其代表组成，讨论决定社会团体的重要事项。民政部《社会团体章程示范文本》规定：“会员大会（或会员代表大会）的职权是：①制定和修改章程；②选举和罢免理事；③审议理事会的工作报告和财务报告；④决定终止事宜；⑤决定其他重大事宜。”⑤

（三）会员大会（或会员代表大会）的议事规则

民政部《社会团体章程示范文本》规定：“会员大会（或会员代表大会）须有2/3以上的会员（或会员代表）出席方能召开，其决议须经到会会员（或会员代表）半数以上表决通过方能生效。”⑥

---

① 民政部：《社会团体章程示范文本》。
② 民政部：《社会团体章程示范文本》。
③ 北京市民政局：《社会团体章程示范文本》。
④ 民政部：《社会团体章程示范文本》。
⑤ 民政部：《社会团体章程示范文本》。
⑥ 民政部：《社会团体章程示范文本》。

二、社会团体的决策机构

（一）社会团体理事会的产生

根据民政部《社会团体章程示范文本》的规定，会员大会或会员代表大会选举理事组成理事会。民政部《社会团体章程示范文本》对理事的任期没有限制性的规定。因此，社会团体的章程可自行规定理事的任期，可做“理事任期届满可连选连任，不受任期限制”的规定。民政部《社会团体章程示范文本》规定了理事长的任期，“理事长（会长）任期不超过两届”①。

关于社会团体理事的任职资格，民政部《社会团体章程示范文本》对理事的任职资格没有规定，但对理事长（会长）、副理事长（副会长）有基本的要求：“本团体的理事长（会长）、副理事长（副会长）必须具备下列条件：①坚持党的路线、方针、政策，政治素质好；②在本团体业务领域内有较大影响；③理事长（会长）、副理事长（副会长）最高任职年龄不超过70周岁；④身体健康，能坚持正常工作；⑤未受过剥夺政治权利的刑事处罚的；⑥具有完全民事行为能力。”② 社会团体可以根据自身需要，在章程中附加规定理事、理事长（会长）、副理事长（副会长）的任职资格。

社会团体可以设立常务理事会，民政部《社会团体章程示范文本》规定：“理事人数较多时，可设立常务理事会。常务理事会由理事会选举产生，对理事会负责。常务理事人数不超过理事人数的1/3。”③

（二）社会团体理事会的职责

民政部《社会团体章程示范文本》规定：“理事会是会员大会（或会

① 民政部：《社会团体章程示范文本》。
② 民政部：《社会团体章程示范文本》。
③ 民政部：《社会团体章程示范文本》。

员代表大会）的执行机构，在闭会期间领导本团体开展日常工作，对会员大会（或会员代表大会）负责。”①

关于社会团体理事会的职责，民政部《社会团体章程示范文本》规定：“理事会的职权是：①执行会员大会（或会员代表大会）的决议；②选举和罢免理事长（会长）、副理事长（副会长）、秘书长；③筹备召开会员大会（或会员代表大会）；④向会员大会（或会员代表大会）报告工作和财务状况；⑤决定会员的吸收或除名；⑥决定设立办事机构、分支机构、代表机构和实体机构；⑦决定副秘书长、各机构主要负责人的聘任；⑧领导本团体各机构开展工作；⑨制定内部管理制度；⑩决定其他重大事项。”② 北京市民政局制定的《社会团体章程示范文本》对理事会职权的规定比民政部的规定增加了一条：“接受监事会提出的对本团体违纪问题的处理意见，提出解决办法并接受其监督。”③

关于社会团体常务理事会的职责，民政部《社会团体章程示范文本》规定，“常务理事会在理事会闭会期间行使职权，包括：①执行会员大会（或会员代表大会）的决议；②筹备召开会员大会（或会员代表大会）；③决定会员的吸收或除名；④决定办事机构、分支机构、代表机构和实体机构的设立；⑤决定副秘书长、各机构主要负责人的聘任；⑥领导本团体各机构开展工作；⑦制定内部管理制度”④。

关于社会团体理事长的职责，民政部《社会团体章程示范文本》规定：“理事长（会长）任期不超过两届。本社会团体理事长（会长）行使下列职责：①召集和主持理事会（或常务理事会）；②检查会员大会（或会员代表大会）、理事会（或常务理事会）决议的落实情况；③代表本团

---

① 通常认为，理事会的基本责任包括确定组织目标和使命、制定战略决策、对执行层的监督和激励、获取外部资源。

② 民政部：《社会团体章程示范文本》。

③ 北京市民政局：《社会团体章程示范文本》。

④ 民政部：《社会团体章程示范文本》。

体签署有关重要文件。”①

社会团体的法定代表人，是按法定程序产生的社会团体法人的代表人。民政部《社会团体章程示范文本》规定：“本团体理事长（会长）为本团体法定代表人。社团法定代表人一般应由理事长（会长）担任。如因特殊情况需由副理事长（副会长）或秘书长担任法定代表人，应报业务主管单位审查并经社团登记管理机关批准同意后，方可担任，并在章程中写明。”② 按照不搞双重代理的原则，民政部《社会团体章程示范文本》规定：“本团体法定代表人不兼任其他团体的法定代表人。”③ 这有利于法定代表人正确行使职权，既能保证所在社会团体法人的独立主体地位，又可避免损害其他社会团体法人的利益。

（三）社会团体理事会的议事规则

关于社会团体理事会的议事规则，民政部《社会团体章程示范文本》规定：“理事会须有 2/3 以上理事出席方能召开，其决议须经到会理事半数以上表决通过方能生效。理事会每年至少召开一次会议；情况特殊的，也可采用通讯形式召开。”④

关于社会团体常务理事会的议事规则，民政部《社会团体章程示范文本》规定：“常务理事会须有 2/3 以上常务理事出席方能召开，其决议须经到会理事半数以上表决通过方能生效。常务理事会至少半年召开一次会议；情况特殊的也可采用通讯形式召开。”⑤

三、社会团体的监督机构

社会团体的监督机构是监事会，由监事组成。《社会团体登记管理条

① 民政部：《社会团体章程示范文本》。
② 民政部：《社会团体章程示范文本》。
③ 民政部：《社会团体章程示范文本》。
④ 民政部：《社会团体章程示范文本》。
⑤ 民政部：《社会团体章程示范文本》。

例》和民政部《社会团体章程示范文本》都未涉及监事和监事会。但我国很多地方民政部门制定的《社会团体章程示范文本》都规定了社会团体要成立监事会。下面以北京市民政局制定的《社会团体章程示范文本》为例。

（一）社会团体监事会的产生

关于社会团体监事会的产生，北京市民政局《社会团体章程示范文本》规定："本团体设监事会，一般由三（或五人）组成，由会员大会（或会员代表大会）选举产生，向会员大会（或会员代表大会）负责。"①

（二）社会团体监事会的职责

关于社会团体监事会的职责，北京市民政局《社会团体章程示范文本》规定，"监事会的主要职责包括：①选举产生监事长；②出席理事会（或常务理事会）；③监督本团体及领导成员依照《社会团体登记管理条例》和有关法律、法规开展活动；④督促本团体及领导成员依照核定的章程、业务范围及内部管理制度开展活动；⑤对本团体成员违反本团体纪律，损害本团体声誉的行为进行监督；⑥对本团体的财务状况进行监督；⑦对本团体的违法违纪行为提出处理意见，提交理事会（或常务理事会）并监督其执行"②。

（三）社会团体监事会的议事规则

关于社会团体监事会的议事规则，《社会团体登记管理条例》、民政部《社会团体章程示范文本》以及各地方民政部门制定的《社会团体章程示范文本》都没有规定，在实践中主要参照《民办非企业单位章程示范文本》对监事会议事规则的相关规定。

四、社会团体的执行机构

社会团体的执行机构是秘书处，由秘书长负责领导。

① 北京市民政局：《社会团体章程示范文本》。

② 北京市民政局：《社会团体章程示范文本》。

（一）社会团体执行机构的产生

社会团体秘书处设秘书长一人，副秘书长若干人。根据民政部《社会团体章程示范文本》的规定，秘书长由理事会选举产生，理事会也可以罢免秘书长。

关于社会团体秘书长的任职资格，基本上与理事长、副理事长的规定相同。民政部《社会团体章程示范文本》规定，“本团体秘书长必须具备下列条件：①坚持党的路线、方针、政策，政治素质好；②在本团体业务领域内有较大影响；③秘书长最高任职年龄不超过 70 周岁，秘书长为专职；④身体健康，能坚持正常工作；⑤未受过剥夺政治权利的刑事处罚；⑥具有完全民事行为能力”[①]。

（二）社会团体执行机构的职责

社会团体的日常事务性工作是由秘书处负责的。秘书处是理事会决策的执行机构，在理事会的领导下开展日常工作。社会团体的秘书处由秘书长领导，秘书长是社会团体开展日常工作的总执行人。

关于社会团体秘书长的职责，民政部《社会团体章程示范文本》规定，“本团体秘书长行使下列职权：①主持办事机构开展日常工作，组织实施年度工作计划；②协调各分支机构、代表机构、实体机构开展工作；③提名副秘书长以及各办事机构、分支机构、代表机构和实体机构主要负责人，交理事会或常务理事会决定；④决定办事机构、代表机构、实体机构专职工作人员的聘用；⑤处理其他日常事务”[②]。

社会团体可以下设分支机构和代表机构。《社会团体登记管理条例》规定：“社会团体成立后拟设立分支机构、代表机构的，应当经业务主管单位审查同意，向登记管理机关提交有关分支机构、代表机构的名称、业务范围、场所和主要负责人等情况的文件，申请登记。社会团体分支机

① 民政部：《社会团体章程示范文本》。
② 民政部：《社会团体章程示范文本》。

构、代表机构是社会团体的组成部分，不具有法人资格，应当按照其所属的社会团体的章程所规定的宗旨和业务范围，在该社会团体授权的范围内开展活动、发展会员。”①

（1）分支机构。民政部《社会团体分支机构、代表机构登记办法》规定：“社会团体的分支机构，是社会团体根据开展活动的需要，依据业务范围的划分或者会员组成的特点，设立的专门从事该社会团体某项业务活动的机构。分支机构可以称分会、专业委员会、工作委员会、专项基金管理委员会等。”② 社会团体分支机构的名称前应冠以社会团体名称，开展活动应当使用全称。《社会团体登记管理条例》规定：“社会团体的分支机构不得再设立分支机构。社会团体不得设立地域性的分支机构。”③ 其原因在于，如果某社会团体按地域设立分支机构，很容易与当地设立的社会团体在业务范围上出现重复，不利于业务活动的开展；而且，按地域设立分支机构，覆盖面广，也不便于社会团体对其进行管理。

（2）代表机构。民政部《社会团体分支机构、代表机构登记办法》规定：“社会团体的代表机构，是社会团体在住所地以外属于其活动区域内设置的代表该社会团体开展活动、承办该社会团体交办事项的机构。代表机构可以称代表处、办事处、联络处等。”④ 社会团体的代表机构也必须冠以本社会团体的名称。

第三节　民办非企业单位内部治理的法律法规与政策

民办非企业单位的内部治理主要依据国务院1998年颁布的《民办非

---

① 国务院：《社会团体登记管理条例》第三章第19条，1998年10月25日发布，2016年2月6日修订并施行。

② 民政部：《社会团体分支机构、代表机构登记办法》第二条，2001年7月30日发布并施行。

③ 国务院：《社会团体登记管理条例》第三章第19条，1998年10月25日发布，2016年2月6日修订并施行。

④ 民政部：《社会团体分支机构、代表机构登记办法》第二条，2001年7月30日发布并施行。

企业单位登记管理暂行条例》。但是，由于该条例对民办非企业单位内部治理的规定很少，在实践中还需依照民政部发布的《民办非企业单位（法人）章程示范文本》。

按规定，民办非企业单位的治理结构主要包括决策机构（理事会）、监督机构（监事会）和执行机构。

一、民办非企业单位的决策机构

民办非企业单位的决策机构是理事会。由于民办非企业单位中不存在权力机构（比如社会团体中的会员大会），因此理事会的作用尤为重要。

（一）民办非企业单位理事会的产生

关于民办非企业单位理事会的产生，民政部《民办非企业单位（法人）章程示范文本》规定："理事由举办者（包括出资者）、职工代表（由全体职工推举产生）及有关单位（业务主管单位）推选产生。理事任期三或四年，任期届满，可连选连任。理事会成员为3～25人。"①

《民办非企业单位登记管理暂行条例》、民政部《民办非企业单位（法人）章程示范文本》对理事、理事长、副理事长的任职资格都没有做出规定。

民办非企业单位的法定代表人为理事长或院长（校长、所长、主任等），关于民办非企业单位法定代表人的任职资格，民政部《民办非企业单位（法人）章程示范文本》规定，"有下列情形之一的，不得担任本单位的法定代表人：①无民事行为能力或者限制民事行为能力的；②正在被执行刑罚或者正在被执行刑事强制措施的；③正在被公安机关或者国家安全机关通缉的；④因犯罪被判处刑罚，执行期满未逾三年，或者因犯罪被判处剥夺政治权利，执行期满未逾五年的；⑤担任因违法被撤销登记的民办非企业单位的法定代表人，自该单位被撤销登记之日起未逾三年的；

① 民政部：《民办非企业单位（法人）章程示范文本》。

⑥非中国内地居民的；⑦法律、法规规定不得担任法定代表人的其他情形”[①]。

（二）民办非企业单位理事会的职责

关于民办非企业单位理事会的职责，民政部《民办非企业单位（法人）章程示范文本》规定，“理事会对本单位行使以下事项决定权：①修改章程；②业务活动计划；③年度财务预算、决算方案；④增加开办资金的方案；⑤本单位的分立、合并或终止；⑥聘任或者解聘本单位院长（或校长、所长、主任等）和其提名聘任或者解聘的本单位副院长（或副校长、副所长、副主任等）及财务负责人；⑦罢免、增补理事；⑧内部机构的设置；⑨制定内部管理制度；⑩从业人员的工资报酬”[②]。

关于民办非企业单位理事长的职责，民政部《民办非企业单位（法人）章程示范文本》规定：“理事会设理事长一名，副理事长 1～2 名。理事长、副理事长由理事会以全体理事的过半数选举产生或罢免。副理事长协助理事长工作，理事长不能行使职权时，由理事长指定的副理事长代其行使职权。理事长行使下列职权：①召集和主持理事会会议；②检查理事会决议的实施情况；③法律、法规和本单位章程规定的其他职权。”[③]

（三）民办非企业单位理事会的议事规则

关于民办非企业单位理事会的议事规则，民政部《民办非企业单位（法人）章程示范文本》规定：“理事会每年至少召开两次会议。有下列情形之一，应当召开理事会会议：①理事长认为有必要时；②1/3 以上理事联名提议时。召开理事会会议，应于会议召开 10 日前将会议的时间、地点、内容等一并通知全体理事。理事因故不能出席，可以书面委托其他理事代为出席理事会，委托书必须载明授权范围。理事会会议应由 1/2 以

① 民政部：《民办非企业单位（法人）章程示范文本》。
② 民政部：《民办非企业单位（法人）章程示范文本》。
③ 民政部：《民办非企业单位（法人）章程示范文本》。

上的理事出席方可举行。理事会会议实行一人一票制。理事会作出决议，必须经全体理事的过半数通过。下列重要事项的决议，须经全体理事的2/3以上通过方为有效：①章程的修改；②本单位的分立、合并或终止。”①

民办非企业单位理事会应注重会议记录的重要性，民政部《民办非企业单位（法人）章程示范文本》规定：“理事会会议应当制作会议记录。形成决议的，应当当场制作会议纪要，并由出席会议的理事审阅、签名。理事会决议违反法律、法规或章程规定，致使本单位遭受损失的，参与决议的理事应当承担责任。但经证明在表决时反对并记载于会议记录的，该理事可免除责任。理事会记录由理事长指定的人员存档保管。”②

二、民办非企业单位的监督机构

民办非企业单位的监督机构是监事会，由监事组成。

（一）民办非企业单位监事会的产生

关于民办非企业单位监事会的产生，民政部《民办非企业单位（法人）章程示范文本》规定：“本单位设立监事会，监事会成员不得少于3人，并推选1名召集人。人数较少的民办非企业单位可不设监事会，但必须设1~2名监事。监事的任期与理事任期相同，任期届满，可以连选连任。监事在举办者（包括出资者）、本单位从业人员或有关单位推荐的人员中产生或更换。监事会中的从业人员代表由单位从业人员民主选举产生。本单位理事、院长（或校长、所长、主任等）及财务负责人，不得兼任监事。”③

（二）民办非企业单位监事会的职责

民办非企业单位的监事负责对理事会成员以及管理人员进行监督，防

① 民政部：《民办非企业单位（法人）章程示范文本》。
② 民政部：《民办非企业单位（法人）章程示范文本》。
③ 民政部：《民办非企业单位（法人）章程示范文本》。

止其滥用职权。关于民办非企业单位监事会的职责，民政部《民办非企业单位（法人）章程示范文本》规定，“监事会或监事行使下列职权：①检查本单位财务；②对本单位理事、院长（或校长、所长、主任等）违反法律、法规或章程的行为进行监督；③当本单位理事、院长（或校长、所长、主任等）的行为损害本单位的利益时，要求其予以纠正；④监事列席理事会会议”①。

（三）民办非企业单位监事会的议事规则

关于民办非企业单位监事会的议事规则，民政部《民办非企业单位（法人）章程示范文本》规定：“监事会会议实行一人一票的表决制度。监事会决议须经全体监事过半数表决通过，方为有效。”②

三、民办非企业单位的执行机构

民办非企业单位的执行机构是行政机构，由院长（或校长、所长、主任等）负责领导。

（一）民办非企业单位执行机构的产生

关于民办非企业单位执行机构负责人的产生，根据民政部《民办非企业单位（法人）章程示范文本》的规定，民办非企业单位理事会负责“聘任或者解聘本单位院长（或校长、所长、主任等）和其提名聘任或者解聘的本单位副院长（或副校长、副所长、副主任等）及财务负责人”③。

（二）民办非企业单位执行机构的职责

关于民办非企业单位执行机构负责人的职责，民政部《民办非企业单位（法人）章程示范文本》规定：“本单位院长（或校长、所长、主任等）对理事会负责，并行使下列职权：①主持单位的日常工作，组织实施

① 民政部：《民办非企业单位（法人）章程示范文本》。
② 民政部：《民办非企业单位（法人）章程示范文本》。
③ 民政部：《民办非企业单位（法人）章程示范文本》。

理事会的决议；②组织实施单位年度业务活动计划；③拟订单位内部机构设置的方案；④拟订内部管理制度；⑤提请聘任或解聘本单位副职和财务负责人；⑥聘任或解聘内设机构负责人；⑦本单位院长（或校长、所长、主任等）列席理事会会议。”①

第四节　基金会内部治理的法律法规与政策

基金会内部治理的主要法律依据是《基金会管理条例》，该条例是社会组织三大条例中对内部治理规定最为详尽的，从法律上确立了基金会的理事会、监事会和执行机构的权力分配以及制约机制。对于《基金会管理条例》没有涉及的部分，可依照民政部发布的《基金会章程示范文本》。

基金会的法人治理结构主要包括决策机构（理事会）、监督机构（监事会）和执行机构（秘书处）。理事会承担决策职能，对基金会的战略规划、年度计划、预算等重大事项进行审议和审批；监事会承担对理事会和机构运作的监督职能；秘书处承担执行职能，负责执行理事会的决议。

一、基金会的决策机构

基金会的决策机构是理事会，由理事组成。基金会实行理事会领导下的理事长负责制。

（一）基金会理事会的产生

关于基金会理事会的产生，《基金会管理条例》规定：“基金会设理事会，理事为 5 人至 25 人，理事任期由章程规定，但每届任期不得超过 5 年。理事任期届满，连选可以连任。”② 民政部《基金会章程示范文本》

① 民政部：《民办非企业单位（法人）章程示范文本》。

② 国务院：《基金会管理条例》第三章第 20 条，2004 年 2 月 11 日发布，2004 年 6 月 1 日起施行。

规定："第一届理事由业务主管单位、主要捐赠人、发起人分别提名并共同协商确定。理事会换届改选时，由业务主管单位、理事会、主要捐赠人共同提名候选人并组织换届领导小组，组织全部候选人共同选举产生新一届理事。罢免、增补理事应当经理事会表决通过，报业务主管单位审查同意。理事的选举和罢免结果报登记管理机关备案。"①

关于基金会理事的任职资格，《基金会管理条例》规定："用私人财产设立的非公募基金会，相互间有近亲属关系的基金会理事，总数不得超过理事总人数的三分之一；其他基金会，具有近亲属关系的不得同时在理事会任职。"②"担任基金会理事长、副理事长、秘书长的理事，不得由现职国家工作人员兼任；基金会的法定代表人，不得同时担任其他组织的法人；因犯罪被判处夺政治权利正在执行期间或者曾经被判处剥夺政治权利的，不得担任理事长、副理事长或者秘书长；曾在因违法被撤销登记的基金会担任理事长、副理事长或者秘书长，且对该基金会的违法行为负有个人责任，自该基金会被撤销之日起未逾五年的，不得担任理事长、副理事长或者秘书长。"③"担任基金会理事长、副理事长或者秘书长的香港居民、澳门居民、台湾居民、外国人以及境外基金会代表机构的负责人，每年至少在中国境内居留三个月。"④

社会组织三大条例中只有《基金会管理条例》规定了理事薪酬的问题。《基金会管理条例》规定："基金会领取报酬的理事不得超过总人数的1/3。未在基金会担任专职工作的理事不得从基金会获取报酬。"⑤ 这意味着，基金会不领取薪酬的理事应超过理事总数的2/3。

（二）基金会理事会的职责

关于基金会理事会的职责，民政部《基金会章程示范文本》规定，

① 民政部：《基金会章程示范文本》。

② 国务院：《基金会管理条例》第三章第20条，2004年2月11日发布，2004年6月1日起施行。

③ 国务院：《基金会管理条例》第三章第23条，2004年2月11日发布，2004年6月1日起施行。

④ 国务院：《基金会管理条例》第三章第24条，2004年2月11日发布，2004年6月1日起施行。

⑤ 国务院：《基金会管理条例》第三章第20条，2004年2月11日发布，2004年6月1日起施行。

“理事会行使下列职权：①制定、修改章程；②选举、罢免理事长、副理事长、秘书长；③决定重大业务活动计划，包括资金的募集、管理和使用计划；④年度收支预算及决算审定；⑤制定内部管理制度；⑥决定设立办事机构、分支机构、代表机构；⑦决定由秘书长提名的副秘书长和各机构主要负责人的聘任；⑧听取、审议秘书长的工作报告，检查秘书长的工作；⑨决定基金会的分立、合并或终止；⑩决定其他重大事项”[①]。

关于基金会理事长的职责，民政部《基金会章程示范文本》规定，“本基金会理事长行使下列职权：①召集和主持理事会会议；②检查理事会决议的落实情况；③代表基金会签署重要文件”[②]。

（三）基金会理事会的议事规则

关于基金会理事会的议事规则，《基金会管理条例》规定：“理事会每年至少召开 2 次会议。理事会会议须有 2/3 以上理事出席方能召开；理事会决议须经出席理事过半数通过方为有效。”[③] 民政部《基金会章程示范文本》规定：“有 1/3 理事提议，必须召开理事会会议。如理事长不能召集，提议理事可推选召集人。召开理事会会议，理事长或召集人需提前 5 日通知全体理事、监事。”[④]

基金会理事会会议的表决事项分为一般事项和重要事项，二者采用不同的表决规则。《基金会管理条例》规定，“下列重要事项的决议，须经出席理事表决，2/3 以上通过方为有效：①章程的修改；②选举或者罢免理事长、副理事长、秘书长；③章程规定的重大募捐、投资活动；④基金会的分立、合并”[⑤]。

---

① 民政部：《基金会章程示范文本》。

② 民政部：《基金会章程示范文本》。

③ 国务院：《基金会管理条例》第三章第 21 条，2004 年 2 月 11 日发布，2004 年 6 月 1 日起施行。

④ 民政部：《基金会章程示范文本》。

⑤ 国务院：《基金会管理条例》第三章第 21 条，2004 年 2 月 11 日发布，2004 年 6 月 1 日起施行。

二、基金会的监督机构

基金会的监督机构是监事会，由监事组成。

（一）基金会监事会的产生

关于基金会监事的产生，《基金会管理条例》规定：“基金会设监事，监事的任期与理事的任期相同。”① 民政部《基金会章程示范文本》规定：“监事由主要捐赠人、业务主管单位分别选派；登记管理机关根据工作需要选派；监事的变更依照其产生程序。”②

关于基金会监事的任职资格，《基金会管理条例》规定：“理事、理事的近亲属和基金会财会人员不得兼任监事。监事不得从基金会获取报酬。”③

（二）基金会监事会的职责

关于基金会监事会的职责，《基金会管理条例》规定：“监事依照章程规定的程序检查基金会财务和会计资料，监督理事会遵守法律和章程的情况；监事列席理事会会议，有权向理事会提出质询和建议，并应当向登记管理机关、业务主管单位以及税务、会计主管部门反映情况。”④

（三）基金会监事会的议事规则

在基金会监事会的议事规则方面，《基金会管理条例》和民政部《基金会章程示范文本》都没有规定，在实践中可参照《民办非企业单位章程示范文本》对监事会议事规则的相关规定。

三、基金会的执行机构

基金会的执行机构是秘书处，由秘书长负责领导。基金会的秘书处可

---

① 国务院：《基金会管理条例》第三章第22条，2004年2月11日发布，2004年6月1日起施行。
② 民政部：《基金会章程示范文本》。
③ 国务院：《基金会管理条例》第三章第22条，2004年2月11日发布，2004年6月1日起施行。
④ 国务院：《基金会管理条例》第三章第22条，2004年2月11日发布，2004年6月1日起施行。

设置行政、项目、人事、财务、筹款等职能部门。

（一）基金会秘书长的产生

关于基金会秘书长的产生，根据《基金会管理条例》的规定，选举基金会秘书长，须经出席理事表决，2/3 以上通过方为有效。

关于基金会秘书长的任职资格，民政部《基金会章程示范文本》对其的规定与理事长、副理事长的任职资格基本相同，只是增加了“秘书长为专职”。

（二）基金会秘书长的职责

关于基金会秘书长的职责，民政部《基金会章程示范文本》规定：“理事长的其他职权和秘书长的职权从以下选项中确定，理事长和秘书长的职权不能重叠，基金会可根据实际情况细化或进行补充：①主持开展日常工作，组织实施理事会决议；②组织实施基金会年度公益活动计划；③拟订资金的筹集、管理和使用计划；④拟订基金会的内部管理规章制度，报理事会审批；⑤协调各机构开展工作；⑥提议聘任或解聘副秘书长以及财务负责人，由理事会决定；⑦提议聘任或解聘各机构主要负责人，由理事会决定；⑧决定各机构专职工作人员聘用；⑨章程和理事会赋予的其他职权。”①

关键术语

法人治理结构　内部治理　权力机构　决策机构　监督机构　执行机构　会员大会　会员代表大会 分支机构　代表机构　议事规则　理事会　监事会　秘书处

复习思考题

1. 社会组织的内部治理结构由哪几个部分构成？

① 民政部：《基金会章程示范文本》。

2. 社会团体的会员大会（或会员代表大会）如何产生?
3. 社会团体的会员大会（或会员代表大会）的议事规则是什么?
4. 社会团体理事会的职责包括哪些?
5. 社会团体秘书长的职责包括哪些?
6. 民办非企业单位理事会的职责包括哪些?
7. 民办非企业单位理事会的议事规则包括哪些?
8. 基金会理事的任职资格是如何规定的?
9. 基金会监事会的职责包括哪些?

第六章

募捐及捐赠的法律法规与政策

本章提要

本章是募捐及捐赠的法律法规及政策，共分为四节内容：第一节是募捐与捐赠的立法，主要介绍国家层面的募捐与捐赠立法、地方层面的募捐与捐赠立法；第二节是募捐和捐赠的概念及法律关系，主要介绍募捐和捐赠的概念、募捐及捐赠的法律关系主体；第三节是募捐的法律法规与政策，主要介绍公募资格、募捐活动的行为规范、违法行为的处罚规定；第四节是捐赠的法律法规与政策，主要介绍捐赠的原则、捐赠财产的使用和管理、捐赠的税收优惠措施。

自从人类进入到文明社会开始，就有了公益慈善活动。募捐和捐赠是公益慈善事业的重要组成部分，捐赠资金是我国社会组织的主要收入来源之一。公益事业的健康发展，离不开对募捐和捐赠活动的良好组织和合理安排。

进入 21 世纪以来，我国慈善捐赠事业快速发展，尤其是经历了 2008 年汶川地震、2010 年玉树地震和 2013 年雅安地震后，广大民众的慈善捐赠热情被极大激发。然而，在 2011 年“郭美美事件”引发一系列慈善问责风暴之后，也暴露出了我国慈善法律体制不完善、公益组织缺乏透明度和政府监管不到位等问题，社会公众更加关注募捐和捐赠的法律及政策问题。

第一节　募捐与捐赠的立法

为了鼓励捐赠，规范捐赠和受赠行为，保护捐赠人、受赠人和受益人的合法权益，促进公益慈善事业的健康发展，在国家层面和地方层面，我国都颁布了一系列法律法规。

一、国家层面的募捐与捐赠立法

（一）关于募捐与捐赠的法律

我国同时规范募捐和捐赠行为的法律是2016年新出台的《慈善法》，专门规范捐赠行为的法律是《公益事业捐赠法》。

1999年6月28日全国人大常委会通过了《公益事业捐赠法》，该法规定了捐赠、受赠、捐赠财产管理及使用的法律责任，其目的是保护捐赠资金的正常运转，促进社会的慈善捐赠行为。当时在进行《公益事业捐赠法》立法的时候，曾试图对募捐做出规定，但是当时人们对募捐还不太认知，太超前了反而不容易被接受，所以该法只是对捐赠行为予以规定，没有对募捐行为做出规定。

2016年9月1日开始实施的《慈善法》，设专章明确规定了慈善募捐和慈善捐赠的重大问题，明确规定慈善组织开展公开募捐应当取得公开募捐资格；同时规定，不具有公开募捐资格的慈善组织和个人基于慈善目的，可以与具有公开募捐资格的慈善组织合作，由该慈善组织开展公开募捐，募得款物由具有公开募捐资格的慈善组织管理。

我国的税法对企业及个人捐赠的减免税问题进行了规定。2007年3月我国修订了《企业所得税法》，规定了企业捐赠的税收优惠。2011年7月我国颁布了《个人所得税法实施条例》，规定了个人捐赠的税收优惠。另外，1986年出台的《民法通则》和1999年出台的《合同法》中对捐赠合同的相关规定，也适用于募捐及捐赠行为。

（二）关于募捐与捐赠的行政法规

国务院颁布的三个行政法规《社会团体登记管理条例》、《民办非企业单位登记管理暂行条例》和《基金会管理条例》都只是对特定社会组织的登记注册条件、程序、内部治理、监管等方面予以规范，并没有涉及对募捐或捐赠方面的规制。

（三）关于募捐与捐赠的部门规章

民政部作为社会组织和公益慈善事业的主管单位，发布了多个部门规章以规范社会组织募捐活动和社会捐赠行为。1994 年，民政部制定了《社会福利性募捐义演管理暂行办法》（民政部令第 2 号），对义演的申办、组织和管理等问题专门做出了规定。2001 年中共中央办公厅、国务院办公厅转发了《民政部关于进一步开展经常性社会捐助活动的意见》（厅字〔2001〕33 号），要求进一步在全国开展经常性社会捐助活动，并提出开展经常性社会捐助必须做好的工作。

2008 年 4 月，民政部对《救灾捐赠管理暂行办法》进行了修订，出台《救灾捐赠管理办法》（民政部令第 35 号），以规范救灾捐赠活动，加强救灾捐赠款物的管理，保护捐赠人、救灾捐赠受赠人和灾区受益人的合法权益。为了规范公益慈善捐助行为，民政部在 2011 年 12 月发布《公益慈善捐助信息公开指引》，为公益慈善组织的信息公开提供指导性规范，有利于提高慈善捐助信息的透明度。2012 年 7 月民政部出台《关于规范基金会行为的若干规定（试行）》（民发〔2012〕124 号），对规范基金会接收和使用捐赠物资、基金会资金的保值增值和信息公开给予了规范性的规定。

但是，这些部门规章大多是对募捐或捐赠中的某类事项进行规范，不具有广泛的适用性。为了配套《慈善法》的实施，2016 年 8 月 31 日，民政部发布《慈善组织公开募捐管理办法》（民政部令第 59 号），明确了公开募捐资格的条件，规范了公开募捐资格的审查。

二、地方层面的募捐与捐赠立法

我国一些地方政府结合本地的实际情况，制定出台了地方性法规和政府规章，对募捐与捐赠的相关问题做出了规范。

（一）江苏省的募捐与捐赠立法

江苏省曾于2010年制定了《江苏省慈善事业促进条例》，该条例是我国第一部地方性慈善法规。在《慈善法》出台后，江苏省对该条例进行了修订，在2017年12月通过了《江苏省慈善条例》。该条例规定："①开展募捐活动，应当尊重和维护募捐对象的合法权益，保障募捐对象的知情权，不得通过虚构事实等方式欺骗、诱导募捐对象实施捐赠。②捐赠人捐赠的物品应当具有使用价值，符合安全、卫生、环保等标准；捐赠人捐赠本企业产品的，应当依法承担产品质量责任和义务；捐赠人捐赠知识产权等无形资产的，应当提供有关权利证明。③个人为了解决本人、家庭成员或者近亲属的困难，可以向慈善组织或者所在单位、城乡社区组织求助，也可以向社会求助。求助人应当对求助信息的真实性负责，不得虚构事实、夸大困难骗取他人捐赠。"①

（二）湖南省的募捐与捐赠立法

《湖南省募捐条例》于2011年5月1日起开始实施，这是我国首部专门对募捐活动进行规范的地方性法规。该条例规定："①依法成立的红十字会、慈善会、公募基金会按照法律、法规规定可以开展与其宗旨相适应的募捐活动。②当资助目的已经实现，或者因特殊原因无法实现时，应当将剩余的募捐财产退回募捐人。募捐人应当在尊重捐赠人意愿的基础上，将剩余部分继续用于与募捐目的相同或者相类似的公益事业。③捐赠人有权向募捐人查询本人捐赠财产使用情况，募捐人应当当场或者在15个工作日内予以答复。捐赠人也可以自行或者委托有关单位和个人对其捐赠财

---

① 《江苏省慈善条例》，2017年12月2日发布，2018年3月1日起施行。

产使用情况进行调查。如果存在异议的，可以向有关部门投诉，或者向法院起诉。”①

（三）广州市的募捐与捐赠立法

《广州市募捐条例》于2012年5月1日起开始实施。该条例规定：“①红十字会、慈善会和公募基金会这三类有公募权的组织开展募捐活动，无须申请募捐许可，只须向市民政部门备案。除此以外的为扶老、助残、救孤、济困或者赈灾目的而设立的公益性的社会团体、民办非企业单位和非营利的事业单位经申请取得募捐许可后，可以在许可的范围和期限内开展募捐活动。②募捐工作成本应当控制在已经公布的募捐方案所确定的工作成本列支项目和标准之内，一般不得高于实际募捐财产价值的10%。③捐赠人不能当场履行捐赠承诺的，应当签订书面协议，并可以公证。④捐赠人到期不履行或者不完全履行协议的，募捐组织可以催告、依法向法院申请支付令或者起诉。”②

（四）上海市的募捐与捐赠立法

《上海市募捐条例》于2012年9月1日起开始实施。该条例规定：“①依法可以开展募捐活动的组织包括：红十字会；公募基金会；经依法登记，以发展公益事业为宗旨，通过资助或者志愿服务等形式向社会公众提供服务的社会团体。除此以外的其他社会组织，无权申请公募资质。②由市民政部门建立统一的募捐信息网络服务平台，为社会公众免费提供募捐信息服务，接受咨询、投诉、举报；募捐组织应当在信息服务平台上，向社会公开募集财产的使用情况，每年不少于两次；募捐组织应当在每年6月30日前，在信息服务平台上向社会公开本组织上一年度的财物审计结果。”③

---

① 《湖南省募捐条例》，2010年11月27日发布，2011年5月1日起施行。

② 《广州市募捐条例》，2012年2月2日发布，2012年5月1日起施行。

③ 《上海市募捐条例》，2012年6月7日发布，2012年9月1日起施行。

第二节 募捐和捐赠的概念及法律关系

募捐与捐赠是两个不同的法律概念，但二者是一个事务的两个侧面，募捐强调的是“募”，捐赠强调的是“赠”。募捐和捐赠也不同于普通民事赠与，募捐和捐赠通常是由第三方作为中介接收资财；普通民事赠与的法律关系是由赠与人和受赠人两方主体组成，中间不存在一个机构作为中介。

一、募捐和捐赠的概念

（一）募捐的概念

募捐，即由自然人、法人或依法成立的有关组织，以公开的形式，为特定的目的向社会公众募集资财的行为。2016 年颁布的《慈善法》规定：“本法所称慈善募捐，是指慈善组织基于慈善宗旨募集财产的活动。”① 依据不同的标准，募捐可以被分为不同的类型。

1. 公开募捐和定向募捐

以劝募对象是否特定为标准来划分，募捐可分为公开募捐和定向募捐两种。《慈善法》也规定：“慈善募捐，包括面向社会公众的公开募捐和面向特定对象的定向募捐。慈善组织开展公开募捐，应当取得公开募捐资格。”②

（1）公开募捐，是指募集人面向非特定人群，采取特定手段进行宣传，动员公众捐赠资财，以救助需要帮助的人。

（2）定向募捐，也被称为“非公募”，是指面相特定对象开展募集资财的活动，以救助需要帮助的人。

---

① 《中华人民共和国慈善法》第三章第 21 条，2016 年 3 月 16 日发布，2016 年 9 月 1 日起施行。
② 《中华人民共和国慈善法》第三章第 21 条，2016 年 3 月 16 日发布，2016 年 9 月 1 日起施行。

2. 公益募捐和非公益募捐

以受益人是否特定为标准来划分，募捐可分为公益募捐和非公益募捐。

（1）公益募捐，即以非特定被救助对象为受益人，由募集人向其他社会主体发出请求捐赠财产的行为。公益募捐的救助对象具有不特定性。公益募捐适用《公益事业捐赠法》来调整。

（2）非公益募捐，也被称为社会募捐或私益募捐，是指由募集人发起的以特定被救助对象为受益人，向其他社会主体发出请求捐赠财产的行为。非公益募捐都具有特定目的，是为了帮助特定对象摆脱财产上的困境。我国在法律上并没有明确界定非公益募捐这一概念，非公益募捐主要适用《民法通则》《合同法》《物权法》。

（二）捐赠的概念

捐赠是行为人无偿地把资财或相关权利给予他人的行为。关于捐赠的法律问题，主要的法律依据是1999年颁布的《公益事业捐赠法》和2016年颁布的《慈善法》。

根据《公益事业捐赠法》第二条的规定，公益捐赠是指“自然人、法人或者其他组织自愿无偿向依法成立的公益性社会团体和公益性非营利的事业单位捐赠财产，用于公益事业的”①。关于公益事业的界定，《公益事业捐赠法》第三条规定：“本法所称公益事业是指非营利的下列事项：救助灾害、救济贫困、扶助残疾人等困难的社会群体和个人的活动；教育、科学、文化、卫生、体育事业；环境保护、社会公共设施建设；促进社会发展和进步的其他社会公共和福利事业。”②

---

① 《中华人民共和国公益事业捐赠法》第一章第二条，1999年6月28日发布，1999年9月1日起施行。

② 《中华人民共和国公益事业捐赠法》第一章第三条，1999年6月28日发布，1999年9月1日起施行。

二、募捐及捐赠的法律关系主体

募捐法律关系和捐赠法律关系有一定的区别。募捐法律关系涉及了三方主体，即募集人、捐赠人和受益人，其中募集人是引发募捐法律关系的主体。在捐赠法律关系中，也涉及了三方主体，即捐赠人、受赠人和受益人。在捐赠的法律主体中不存在募集人，捐赠人是引发捐赠法律关系的主体，受赠人有可能是被动接受捐赠，不存在主动募集资财行为。

募捐及捐赠涉及的法律主体包括以下几类。

（一）捐赠人

在募捐法律关系和捐赠法律关系中，都存在捐赠人。在捐赠法律关系中，捐赠人的范围是非常广泛的，可以是任意的法人、其他组织和自然人。这有利于在最大程度上聚合广大社会公众的力量，促进社会公益事业的发展。

1. 捐赠人的权利

根据我国法律规定，捐赠人享有的权利主要包括：

（1）意愿得到尊重的权利。捐赠人的意愿应该得到尊重，他人不得强迫。捐赠是捐赠人对自己合法财产做出的一种处分行为，捐赠与否、捐赠对象、捐赠用途、捐赠额度等，都完全取决于捐赠者的意愿。《公益事业捐赠法》明确规定："自然人、法人或者其他组织可以选择符合其捐赠意愿的公益性社会团体和公益性非营利的事业单位进行捐赠。捐赠人有权决定捐赠的数量、用途和方式。捐赠人可以与受赠人就捐赠财产的种类、质量、数量和用途等内容订立捐赠协议。"①

（2）留名权。《公益事业捐赠法》规定："捐赠人对于捐赠的公益事业工程项目可以留名纪念；捐赠人单独捐赠的工程项目或者主要由捐赠人

① 《中华人民共和国公益事业捐赠法》第二章第12条，1999年6月28日发布，1999年9月1日起施行。

出资兴建的工程项目，可以由捐赠人提出工程项目的名称，报县级以上人民政府批准。”①

（3）知情权。捐赠人在财产投入捐赠活动之后，即丧失了对该财产的所有权。但在受赠人运作过程中，捐赠人仍然拥有对自己所捐赠财产使用情况的知情权，以确保捐赠财产按照捐赠人的意愿来使用。《公益事业捐赠法》规定：“捐赠人有权向受赠人查询捐赠财产的使用、管理情况，并提出意见和建议。”②《慈善法》也规定：“捐赠人有权查询、复制其捐赠财产管理使用的有关资料。如果慈善组织违反了捐赠协议约定的用途，或者滥用捐赠财产，捐赠人有权要求其改正；拒不改正的，捐赠人可以向人民法院提起诉讼。”③

2. 捐赠人的义务

根据我国法律规定，捐赠人需要承担的义务主要包括以下几点。

（1）确保财产的合法性。《公益事业捐赠法》规定：“捐赠的财产应当是其有权处分的合法财产。”④

（2）保证捐赠物资无瑕疵。《合同法》规定：“赠与人故意不告知瑕疵或者保证无瑕疵，造成受赠人损失的，应当承担损害赔偿责任。”⑤

（3）依法履行捐赠协议。捐赠人应按照捐赠协议约定的期限和方式将捐赠财产转移给受赠人。《合同法》规定了捐赠人的交付捐赠钱款义务：“具有救灾、扶贫等社会公益、道德义务性质的赠与合同或者经过公证的赠与合同，赠与人不交付赠与的财产的，受赠人可以要求交付。”⑥《慈善

① 《中华人民共和国公益事业捐赠法》第二章第14条，1999年6月28日发布，1999年9月1日起施行。

② 《中华人民共和国公益事业捐赠法》第三章第20条，1999年6月28日发布，1999年9月1日起施行。

③ 《中华人民共和国慈善法》第四章第42条，2016年3月16日发布，2016年9月1日起施行。

④ 《中华人民共和国公益事业捐赠法》第二章第九条，1999年6月28日发布，1999年9月1日起施行。

⑤ 《中华人民共和国合同法》第11章第191条，1999年3月15日发布，1999年10月1日起施行。

⑥ 《中华人民共和国合同法》第11章第184条，1999年3月15日发布，1999年10月1日起施行。

法》规定："捐赠人通过广播、电视、报刊、互联网等媒体公开承诺捐赠的，捐赠人违反捐赠协议逾期未交付捐赠财产；慈善组织和其他接受捐赠的人要求交付拒不交付的，慈善组织或者其他接受捐赠的人可以依法向人民法院申请支付令或者提起诉讼。"① 我国法律也规定了例外情况的处理方式，《慈善法》规定："捐赠人公开承诺捐赠或者签订书面捐赠协议后经济状况显著恶化的，经向民政部门报告并向社会公开说明情况后，可以不履行捐赠义务。"②

（二）募集人

募集人是募捐法律关系中所特有的主体。募集人是在整个募捐活动中，发挥连接捐赠人与受益人桥梁作用的中介，为增进受益人的利益向捐赠人请求资财。根据《公益事业捐赠法》的相关规定，募集人通常是公益性社会团体。在募捐法律关系主体中，募集人通常同时也是受赠人，募集人的权利和义务也可等同于受赠人的权利和义务，在此不再赘述。

（三）受赠人

在捐赠法律关系中，存在受赠人；在募捐法律关系中，募集人同时也是受赠人。受赠人是指依法成立的具有接受捐赠财产资格，并进行管理或分配的社会组织。依据《公益事业捐赠法》的规定，三类组织可作为受赠人：一是公益性社会团体；二是公益性非营利的事业单位；三是县级以上人民政府及其部门，其前提是在发生自然灾害时，或者境外捐赠人要求县级以上人民政府及其部门作为受赠人时，可以接受捐赠。

1. 受赠人的权利

根据我国法律规定，受赠人享受的权利主要包括：

（1）接收捐赠人给付的捐赠款物的权利。当捐赠人做出捐赠的意思表示或直接实施捐赠行为时，受赠人可以依法收取捐赠款物。

---

① 《中华人民共和国慈善法》第四章第41条，2016年3月16日发布，2016年9月1日起施行。
② 《中华人民共和国慈善法》第四章第41条，2016年3月16日发布，2016年9月1日起施行。

（2）处置超过实际需要的捐赠款物的权利。《公益事业捐赠法》规定：“对于不易储存、运输和超过实际需要的受赠财产，受赠人可以变卖，所取得的全部收入，应当用于捐赠目的。按照合法、安全、有效的原则，积极实现捐赠财产的保值增值。”①

（3）政府作为受赠人时具有移交捐赠款物的权利。《公益事业捐赠法》规定：“在发生自然灾害时或者境外捐赠人要求县级以上人民政府及其部门作为受赠人时，县级以上人民政府及其部门可以接受捐赠，并依照本法的有关规定对捐赠财产进行管理。县级以上人民政府及其部门可以将受赠财产转交公益性社会团体或者公益性非营利的事业单位；也可以按照捐赠人的意愿分发或者兴办公益事业，但是不得以本机关为受益对象。”②

2. 受赠人的义务

根据我国法律规定，受赠人需要履行的义务主要包括：

（1）向捐赠人出具收据的义务。《公益事业捐赠法》规定：“受赠人接受捐赠后，应当向捐赠人出具合法、有效的收据，将受赠财产登记造册，妥善保管。”③

（2）捐赠财产使用公开透明的义务。《公益事业捐赠法》规定：“受赠人应当公开接受捐赠的情况和受赠财产的使用、管理情况，接受社会监督。对于捐赠人查询捐赠财产的使用、管理情况的，受赠人应当如实答复。”④《慈善法》也规定：“具有公开募捐资格的慈善组织应当定期向社会公开其募捐情况和慈善项目实施情况。”⑤

---

① 《中华人民共和国公益事业捐赠法》第三章第17条，1999年6月28日发布，1999年9月1日起施行。

② 《中华人民共和国公益事业捐赠法》第二章第11条，1999年6月28日发布，1999年9月1日起施行。

③ 《中华人民共和国公益事业捐赠法》第三章第16条，1999年6月28日发布，1999年9月1日起施行。

④ 《中华人民共和国公益事业捐赠法》第三章第22条，1999年6月28日发布，1999年9月1日起施行。

⑤ 《中华人民共和国慈善法》第八章第73条，2016年3月16日发布，2016年9月1日起施行。

（3）依照协议使用捐赠财产的义务。《慈善法》规定："受赠人与捐赠人订立了捐赠协议的，应当按照协议约定的用途使用捐赠财产，不得擅自改变捐赠财产的用途。如果确需改变用途的，应当征得捐赠人的同意。"①

（4）监督受益人按捐赠合同规定的用途使用捐款物资的义务。捐赠人是出于对受益群体需求的关注才决定捐出自己的财产，作为捐赠合同当事人，受赠人负有监督受益人按照合同目的使用款物的义务。

（四）受益人

在募捐法律关系和捐赠法律关系中，都存在受益人。募捐行为的目的是救助受益人，受益人是捐赠款物的使用者，是通过募捐及捐赠活动最终获得利益的主体。受赠人根据事先确定的条件和程序对受益人进行资格确认和审核，确定哪些人应该得到救助，得到救助的人便成为受益人。

1. 受益人的权利

根据我国法律规定，受益人享受的权利主要包括：

（1）要求履行捐赠承诺的权利。根据赠与合同的属性，捐赠人、受赠人均负有履行给付承诺的义务，在其怠于履行此义务时，受益人有权要求其给付或按时给付所承诺的捐赠款物。

（2）要求赔偿损失的权利。因捐赠人不履行给付义务或受赠款物有瑕疵而遭受经济损失时，有权要求该款物的捐赠人赔偿损失。

2. 受益人的义务

根据我国法律规定，受益人需要履行的义务主要包括：

（1）按照捐赠人的捐赠目的使用捐赠款物，不得将捐赠款物用于与捐赠目的不相关的方面；同时应接受捐赠人、受赠人的监督。

（2）当救助目的已经达到或无法达到时，应将捐赠的剩余款物及时退还，不得自由支配或占为己有。

---

① 《中华人民共和国公益事业捐赠法》第五章第28条，1999年6月28日发布，1999年9月1日起施行。

第三节　募捐的法律法规与政策

一、公募资格

在《慈善法》正式实施以前，在我国的公益行业中，具有公募资质的社会组织基本都是具有官方背景的少数组织，主要是公募基金会、各级红十字会和慈善会，其他组织均没有法定的公募资格。根据《基金会管理条例》的规定，我国的基金会分为公募基金会和非公募基金会，公募基金会具有合法的公募资格，非公募基金会不具有公募资格，不得开展公募活动。我国民间发起设立公募基金会尤其是全国性公募基金会非常困难，目前还很少有个人或企业发起公募基金会成功的先例。为了获得公募资格，一些民间组织通过在公募基金会设立专项基金而获得了公募资格，例如“免费午餐”“大爱清尘”等。

在发生重大自然灾害时期，官办机构垄断募捐权的情况比较突出。1998 年中国特大洪水后，政府以下发文件方式要求民间将募款汇缴到中国红十字会和中华慈善总会两家。2008 年 5 · 12 汶川地震后，国务院只指定了 16 家公募基金会进行募捐。2010 年 4 · 14 玉树地震后，民政部只指定了 15 家社会团体和基金会进行募捐。同年 7 月 7 日，民政部会同五部委下发《青海玉树地震抗震救灾捐赠资金管理使用实施办法》，要求所有慈善组织将募集到的善款统一汇缴拨付给青海省政府、省红十字会、省慈善总会的专用账户，由青海省统筹安排使用。由少数公益组织垄断公募权的惯例在 2013 年 4 月雅安地震后有所改变，民政部首次未指定有权公募的组织，所有具有公募资格的社会组织都可接受捐赠，打破了由少数公益组织在赈灾募捐中垄断的状况。

《慈善法》在 2016 年 9 月 1 日开始实施，首次在体制上突破了以往由少数组织垄断公募资格的局面。《慈善法》规定：“慈善组织开展公开募捐，应当取得公开募捐资格。依法登记满二年的慈善组织，可以向其登记的民政部门申请公开募捐资格。民政部门应当自受理申请之日起20日内作出决定。慈善组织符合内部治理结构健全、运作规范的条件的，发给公开募捐资格证书；不符合条件的，不发给公开募捐资格证书并书面说明理由。”① 这意味着，有公募资格的组织从此前的公募基金会扩大到了所有符合条件的慈善组织。社会团体、民办非企业单位和非公募基金会可以在申请认定为慈善组织后，再去申请公募资格。截至2017年10月10日，民政部发给公开募捐资格证书的慈善组织有606个。② 对不具备公开募捐资格的组织，《慈善法》规定：“不具有公开募捐资格的组织或者个人基于慈善目的，可以与具有公开募捐资格的慈善组织合作，由该慈善组织开展公开募捐，募得款物由具有公开募捐资格的慈善组织管理。”③

对于社会上常见的个人求助行为，我国法律并未禁止。个人求助行为即个人为了救助本人或近亲属在社会上发布求助信息，这不同于公益组织的公募行为。个人求助是个人行为而不是公共性的，是《宪法》赋予公民个人的正当权利。《慈善法》规定了个人不可以开展公募，但并未禁止个人的公开求助。个人求助行为属于非公益募捐，不属于《慈善法》的调整范围。但是，如果个人是以帮助不特定人群为名义发起公开募捐，比如为西部山区困难儿童发起募捐，则属于公益募捐，个人并不具备这种资格。

二、募捐活动的行为规范

以募捐对象是否特定为标准，慈善募捐包括面向社会公众的公开募捐和面向特定对象的定向募捐。

无论是公开募捐，还是定向募捐，都不能强行摊派或者变相摊派。

① 《中华人民共和国慈善法》第三章第22条，2016年3月16日发布，2016年9月1日起施行。

② 刘会民．民政部：网络募捐成为慈善新模式、募捐主体多为80、90后［EB/OL］.（2017-10-15）. http：//news. cctv. com/2017/10/15/ARTI7psvFNNrbJFzJztG7wGH171015. shtml.

③ 《中华人民共和国慈善法》第三章第26条，2016年3月16日发布，2016年9月1日起施行。

《公益事业捐赠法》规定："自然人、法人或者其他组织捐赠财产用于公益事业的，应当是自愿和无偿的；禁止强行摊派或者变相摊派。"① 《慈善法》也规定："向单位或者个人摊派或者变相摊派的，由民政部门予以警告、责令停止募捐活动；对违法募集的财产，责令退还捐赠人；难以退还的，由民政部门予以收缴，转给其他慈善组织用于慈善目的；对有关组织或者个人可以处一万元以上十万元以下罚款。"②

（一）公开募捐的行为规范

1. 明确公募方式

《慈善法》规定："慈善组织的公开募捐主要包括以下形式：在公共场所设置募捐箱；举办面向社会公众的义演、义赛、义卖、义展、义拍、慈善晚会等；通过广播、电视、报刊、互联网等媒体发布募捐信息；其他公开募捐方式。"③

2. 在登记辖区范围内开展募捐

慈善组织采取在公共场所设置募捐箱、举办面向社会公众的义演、义赛、义卖等方式开展公开募捐的，《慈善法》规定："应当在其登记的民政部门管辖区域内进行，确有必要在其登记的民政部门管辖区域外进行的，应当报其开展募捐活动所在地的县级以上人民政府民政部门备案。"④

3. 在指定的信息平台发布募捐信息

《慈善法》规定："慈善组织通过互联网开展公开募捐的，应当在国务院民政部门统一或者指定的慈善信息平台发布募捐信息，并可以同时在其网站发布募捐信息。"⑤ 也就是说，慈善组织即使要在自己网站上发布公募信息，也必须在指定平台发布后，再进行发布。2016 年 7 月，民政部办公

---

① 《中华人民共和国公益事业捐赠法》第一章第四条，1999 年 6 月 28 日发布，1999 年 9 月 1 日起施行。

② 《中华人民共和国慈善法》第 11 章第 101 条，2016 年 3 月 16 日发布，2016 年 9 月 1 日起施行。

③ 《中华人民共和国慈善法》第三章第 23 条，2016 年 3 月 16 日发布，2016 年 9 月 1 日起施行。

④ 《中华人民共和国慈善法》第三章第 23 条，2016 年 3 月 16 日发布，2016 年 9 月 1 日起施行。

⑤ 《中华人民共和国慈善法》第三章第 23 条，2016 年 3 月 16 日发布，2016 年 9 月 1 日起施行。

厅下发了《关于遴选慈善组织互联网公开募捐信息平台的通知》（民办函〔2016〕275号）。同年9月，民政部指定了首批13家平台作为“互联网募捐信息平台”。2018年4月，民政部又公布了第二批9家平台作为“互联网募捐信息平台”。

4. 向民政部门报备募捐方案

《慈善法》规定：“慈善组织开展公开募捐前，发起方须将募捐方案向民政部门备案，包括募捐目的、起止时间和地域、活动负责人姓名和办公地址、接受捐赠方式、银行账户、受益人、募得款物用途、募捐成本、剩余财产的处理等。”①

（二）定向募捐的行为规范

定向募捐的募捐对象是特定的，其行为方式受到了一定的限制。《慈善法》做出了相应的规定：①“慈善组织开展定向募捐，应当在发起人、理事会成员和会员等特定对象的范围内进行”②。也就是说，定向募捐的募捐对象是特定的和可控的，被限制在一定范围内，不得向外扩展。②“慈善组织自登记之日起可以开展定向募捐”③，不必再向民政部门申请。③“向募捐对象说明募捐目的、募得款物用途等事项”④。④“不得采取或变相采取公开募捐的方式”⑤，以防止假借定向募捐之名行公开募捐之实，扰乱正常的募捐秩序。

三、违法行为的处罚规定

社会组织在募捐中有违法行为的，将受到法律的处罚。《慈善法》规定：“禁止任何组织或个人假借慈善名义或者假冒慈善组织开展募捐活动，

① 《中华人民共和国慈善法》第三章第24条，2016年3月16日发布，2016年9月1日起施行。
② 《中华人民共和国慈善法》第三章第28条，2016年3月16日发布，2016年9月1日起施行。
③ 《中华人民共和国慈善法》第三章第28条，2016年3月16日发布，2016年9月1日起施行。
④ 《中华人民共和国慈善法》第三章第28条，2016年3月16日发布，2016年9月1日起施行。
⑤ 《中华人民共和国慈善法》第三章第29条，2016年3月16日发布，2016年9月1日起施行。

骗取财产。”“自然人、法人或者其他组织假借慈善名义或者假冒慈善组织骗取财产的，由公安机关依法查处。”①

关于诈骗罪的处罚，《刑法》规定：“诈骗公私财物，数额较大的，处三年以下有期徒刑、拘役或者管制，并处或者单处罚金；数额巨大或者有其他严重情节的，处三年以上十年以下有期徒刑，并处罚金；数额特别巨大或者有其他特别严重情节的，处十年以上有期徒刑或者无期徒刑，并处罚金或者没收财产。”②

关于“数额较大”“数额巨大”“数额特别巨大”的界定，《最高人民法院关于审理诈骗案件具体应用法律的若干问题的解释》对诈骗罪量刑标准的规定：“个人诈骗公私财物两千元以上的，属于‘数额较大’；个人诈骗公私财物三万元以上的，属于‘数额巨大’；个人诈骗公私财物20万元以上的，属于诈骗‘数额特别巨大’。”③

第四节　捐赠的法律法规与政策

社会上常见的捐赠形式很多，例如银行汇款、网络捐赠、活动现场捐赠、募捐箱捐赠、去公益组织捐赠等方式。捐赠的内容并不局限于款物。《慈善法》规定：“捐赠财产包括货币、实物、房屋、有价证券、股权、知识产权等有形和无形财产。”同时，还明确提出了慈善信托方式。

一、捐赠的原则

社会主体在捐赠活动中应遵循一定的原则，这些原则主要包括以下

① 《中华人民共和国慈善法》第11章第107条，2016年3月16日发布，2016年9月1日起施行。

② 《中华人民共和国刑法》第五章第260条，1979年7月1日发布，2015年8月29日第九次修正，2015年11月1日起施行。

③ 最高人民法院：《最高人民法院关于审理诈骗案件具体应用法律的若干问题的解释》，1996年12月18日发布并施行。

几点。

（一）各主体具有平等捐赠权利

在捐赠主体上，《公益事业捐赠法》规定：“自然人、法人或者其他组织均可进行捐赠财产，用于公益事业。”① 个人无论性别、年龄、国籍、经济状况、宗教信仰等情况；组织则无论其是否具有法人资格，均有权捐赠。

（二）捐赠应遵守法律法规

《公益事业捐赠法》规定：“捐赠应当遵守法律、法规，不得违背社会公德，不得损害公共利益和其他公民的合法权益。”②

（三）捐赠具有非营利性

《公益事业捐赠法》规定：“不得以捐赠为名从事营利活动；公益性社会团体受赠的财产及其增值为社会公共财产，受国家法律保护，任何单位和个人不得侵占、挪用和损毁。”③

二、捐赠财产的使用和管理

根据《公益事业捐赠法》，捐赠财产的使用和管理有以下规定：

（一）受赠人应向捐赠人出具合法有效收据

《公益事业捐赠法》规定：“受赠人接受捐赠后，应当向捐赠人出具合法、有效的收据，将受赠财产登记造册，妥善保管。”④

（二）捐赠财产使用合法

《公益事业捐赠法》规定：“公益性社会团体应当将受赠财产用于资助

---

① 《中华人民共和国公益事业捐赠法》第一章第二条，1999 年 6 月 28 日发布，1999 年 9 月 1 日起施行。

② 《中华人民共和国公益事业捐赠法》第一章第六条，1999 年 6 月 28 日发布，1999 年 9 月 1 日起施行。

③ 《中华人民共和国公益事业捐赠法》第一章第七条，1999 年 6 月 28 日发布，1999 年 9 月 1 日起施行。

④ 《中华人民共和国公益事业捐赠法》第三章第 16 条，1999 年 6 月 28 日发布，1999 年 9 月 1 日起施行。

符合其宗旨的活动和事业。对于接受的救助灾害的捐赠财产，应当及时用于救助活动。基金会每年用于资助公益事业的资金数额，不得低于国家规定的比例。公益性社会团体应当严格遵守国家的有关规定，按照合法、安全、有效的原则，积极实现捐赠财产的保值增值。公益性非营利的事业单位应当将受赠财产用于发展本单位的公益事业，不得挪作他用。对于不易储存、运输和超过实际需要的受赠财产，受赠人可以变卖，所取得的全部收入，应当用于捐赠目的。”① “受赠人与捐赠人订立了捐赠协议的，应当按照协议约定的用途使用捐赠财产，不得擅自改变捐赠财产的用途。如果确需改变用途的，应当征得捐赠人的同意。”②

（三）健全财务会计制度

《公益事业捐赠法》规定：“受赠人应当依照国家有关规定，建立健全财务会计制度和受赠财产的使用制度，加强对受赠财产的管理。”③

（四）接受捐赠人以及社会公众的查询和监管

《公益事业捐赠法》规定：“捐赠人有权向受赠人查询捐赠财产的使用、管理情况，并提出意见和建议。对于捐赠人的查询，受赠人应当如实答复。受赠人应当公开接受捐赠的情况和受赠财产的使用、管理情况，接受社会监督。”④

三、捐赠的税收优惠措施

对于企业及个人的公益捐赠，我国税收法律制度都规定了应给予一定

---

① 《中华人民共和国公益事业捐赠法》第三章第17条，1999年6月28日发布，1999年9月1日起施行。

② 《中华人民共和国公益事业捐赠法》第三章第18条，1999年6月28日发布，1999年9月1日起施行。

③ 《中华人民共和国公益事业捐赠法》第三章第19条，1999年6月28日发布，1999年9月1日起施行。

④ 《中华人民共和国公益事业捐赠法》第三章第22条，1999年6月28日发布，1999年9月1日起施行。

的税收优惠。

（一）对企业捐赠的优惠措施

20 世纪 90 年代初，我国税法就开始对企业捐赠给予税收优惠。1993 年《企业所得税暂行条例》规定，纳税人用于公益、救济性的捐赠，在年度应纳税所得额 3% 以内的部分准予扣除。但这一优惠幅度仍然偏低，为了促进我国企业的公益捐赠行为，2008 年开始实施的《企业所得税法》规定："企业发生的公益性捐赠支出，在年度利润总额 12% 以内的部分，准予在计算应纳税所得额时扣除。"[①] 此后，国家财税部门又相继出台了一系列规范性文件，明确了企业公益性捐赠的税收优惠政策，包括：《关于公益性捐赠税前扣除有关问题的通知》（财税〔2008〕160 号）《关于公益性捐赠税前扣除有关问题的补充通知》（财税〔2010〕45 号）《全国性社会团体公益性捐赠税前扣除资格初审暂行办法》（民发〔2011〕81 号）《关于公益性捐赠税前扣除资格确认审批有关调整事项的通知》（财税〔2015〕141 号），等等。

除了税法以外，《公益事业捐赠法》和《慈善法》也都再次明确了对公益捐赠给予优惠。《公益事业捐赠法》规定："公司和其他企业依照本法的规定捐赠财产用于公益事业，依照法律、行政法规的规定享受企业所得税方面的优惠。"[②]《慈善法》规定："自然人、法人和其他组织捐赠财产用于慈善活动的，依法享受税收优惠。企业慈善捐赠支出超过法律规定的准予在计算企业所得税应纳税所得额时当年扣除的部分，允许结转以后三年内在计算应纳税所得额时扣除。"[③] 也就是说，企业超过扣除比例捐赠的，享受税收优惠的年限将变得更长。

---

① 《中华人民共和国企业所得税法》第二章第八条，1993 年 12 月 13 日发布，2007 年 3 月 16 日修正，2008 年 1 月 1 日起施行。

② 《中华人民共和国公益事业捐赠法》第四章第 24 条，1999 年 6 月 28 日发布，1999 年 9 月 1 日起施行。

③ 《中华人民共和国慈善法》第九章第 80 条，2016 年 3 月 16 日发布，2016 年 9 月 1 日起施行。

（二）对个人捐赠的优惠措施

我国法律鼓励个人通过公益性社会团体进行公益捐赠。《个人所得税法实施条例》第24条规定："个人将其所得通过中国境内的社会团体、国家机关向教育和其他社会公益事业以及遭受严重自然灾害地区、贫困地区捐赠，捐赠额未超过纳税义务人申报的应纳税所得额30%的部分，可以从其应纳税所得额中扣除。"① 财政部、国家税务总局、民政部在2008年联合下发的《关于公益性捐赠税前扣除有关问题的通知》（财税〔2008〕160号）规定："个人通过社会团体、国家机关向公益事业的捐赠支出，按照现行税收法律、行政法规及相关政策规定准予在所得税税前扣除。"②

除了税法以外，《公益事业捐赠法》也对个人捐赠的税收优惠有规定："自然人和个体工商户依照本法的规定捐赠财产用于公益事业，依照法律、行政法规的规定享受个人所得税方面的优惠。"③

关键术语

募捐　捐赠　公益事业捐赠法　慈善法　公开募捐　定向募捐　公益募捐　非公益募捐　捐赠人　募集人　受赠人　受益人　公募资格　互联网募捐信息平台　税收优惠

复习思考题

1. 我国关于募捐与捐赠的法律主要有哪些？

---

① 国务院：《个人所得税法实施条例》第24条，1994年1月28日发布，2011年6月30日第三次修正，2011年9月1日起施行。

② 财政部、国家税务总局、民政部：《关于公益性捐赠税前扣除有关问题的通知》（财税〔2008〕160号），2008年12月31日发布，2008年1月1日起施行。

③ 《中华人民共和国公益事业捐赠法》，1999年6月28日发布，1999年9月1日起施行。

2. 募捐可以分为哪些类型？

3. 《公益事业捐赠法》中的公益捐赠的概念是什么？

4. 捐赠人享有的权利和义务包括哪些？

5. 受赠人享有的权利和义务包括哪些？

6. 受益人享有的权利和义务包括哪些？

7. 公开募捐的行为规范包括哪些？

8. 根据我国法律规定，捐赠的原则主要有哪些？

第七章
政府购买服务的法律法规与政策

本章提要

本章是政府购买服务的法律法规与政策，共分为三节内容：第一节是政府购买服务的概念，主要介绍政府购买服务的概念、政府购买服务的特点、社会组织作为承接方的优势；第二节是政府购买服务法律与政策的发展，主要介绍政府购买服务的相关法律、政府购买服务政策的发展；第三节是政府购买服务的政策框架，主要介绍政府购买服务的购买主体、政府购买服务的承接主体、政府购买服务的购买内容、政府购买服务的购买方式、政府购买服务的绩效评价和监督。

政府购买服务是西方行政制度改革中的重要制度创新，发端于欧美国家在20世纪70年代末出现的新公共管理运动，此后在各国得到普遍应用。美国学者戴维．奥斯本和特德．盖布勒在《改革政府——企业精神如何改革着公营部门》一书中指出，政府不应是庞大低效的机构，而是可以摆脱传统的政府思维，通过改革、公共参与和自由市场的力量，来实现高效运作。E. S. 萨瓦斯认为民营化是政府公共行政改革的方向，他倡导政府建立公私部门之间的伙伴关系。莱斯特·M. 萨拉蒙更进一步提出，政府与非营利组织应在公共服务改革中建立伙伴关系。许多国家在这些理论的指导下开展政府购买服务工作，这些实践在后来得到了西方国家的广泛认可。

我国的政府购买服务开始于20世纪90年代，目前已成为公共服务供给的重要方式。中央政府高度重视，各级地方政府普遍大力推行政府购买服务。在政府购买服务的制度建设方面，近年来我国中央和地方层面陆续出台了一系列法规政策。

第一节　政府购买服务的概念

政府之所以要将一些公共服务事项交给社会组织来承担，其原因在于人们的需求越来越多元化，政府现有的服务模式无法满足群众日益增长的需求。政府购买服务可以整合社会资源投入社会服务，实现公共服务的多元供给。通过实施政府购买服务，可以提升公共服务质量，解决民生问题和实现社会公平，使民众获得切身实惠。

一、政府购买服务的概念

关于政府购买服务的概念，我国政府有相关的政策文件进行了阐释。根据《政府购买服务管理办法（暂行）》（财综〔2014〕96号）的规定，政府购买服务是指“通过发挥市场机制作用，把政府直接提供的一部分公共服务事项以及政府履职所需服务事项，按照一定的方式和程序，交由具备条件的社会力量和事业单位承担，并由政府根据合同约定向其支付费用”①。政府购买服务中的“服务”指的是公共服务。公共服务是指政府运用公共权利和公共资源向公民提供的各项服务，公共服务既包括基础设施、运动场馆等有形产品，也包括科学、文化、教育、卫生等无形产品。

二、政府购买服务的特点

政府购买服务属于政府采购的组成部分，同样遵守政府采购的流程

① 财政部、民政部、工商总局：《关于印发〈政府购买服务管理办法（暂行）〉的通知》（财综〔2014〕96号），2014年12月15日发布，2015年1月1日起施行。

和制度。政府购买服务是一种“政府承担、定向委托、合同管理、评估兑现”的新型政府提供公共服务的方式。政府购买服务的特点主要包括两个方面：①机制以公开竞争为原则。政府购买服务不同于财政拨款，项目资金不是无条件拨付的，它的机制以公开竞争为原则，筛选过程往往是差额的，所以并不能确保肯定能得到项目。其程序通常是，政府在确定服务需求的数量和质量标准之后，有意向的服务提供方设计有针对性的项目实施方案，参与公开的竞争评选。而且，承接方必须通过项目的各阶段评估才能给付所有资金。②政府购买服务是公共服务的市场化提供机制。政府购买服务既不是行政指令式的要求承担，也不是政府建立新的机构或雇佣新的人员来提供该项服务。政府通过签订购买合同的方式，把项目资金交给社会力量用于提供公共服务，依靠合同来规范双方行为。

三、社会组织作为承接方的优势

在政府购买服务中，社会组织作为主要的项目承接方，与其他组织相比具有独特优势：①社会组织具有非营利性，它不以营利为目的，不能把利润分配给创始人及组织成员，从而抑制了机会主义行为的可能性。②与政府机关及事业单位相比，社会组织更加贴近基层群众，而且社会组织更适合做服务人（尤其是弱势人群）的工作，例如空巢老人服务、残疾人服务、自闭症儿童康复等。③社会组织能够通过接受社会捐赠、招募志愿者等方式，动员更多的社会资源参与社会建设，从而降低公共服务的成本。政府购买服务也反过来促进了社会组织的发展：承接政府购买服务的项目，可以为社会组织提供更多的资金，拓宽社会组织的筹款渠道；为了获得政府的项目资金以及达到政府购买服务的质量标准，社会组织需要不断进行内部治理体系的完善，使其能提供优质和高效服务。

第二节　政府购买服务立法与政策的发展

一、政府购买服务的相关法律

我国目前还没有专门的《政府购买服务法》，各级政府的购买服务主要是依据《政府采购法》《政府采购法实施条例》《政府购买服务管理办法（暂行）》以及各地方政府颁布的相关法规，同时参照《招标投标法》《合同法》的相关规定。虽然这些法律法规仍然存在一定的不足，但保障了政府购买服务工作的有序实施。

（一）《政府采购法》及《政府采购法实施条例》

1999 年，财政部颁布了《政府采购管理暂行办法》（财预字〔1999〕139 号）、《政府采购合同监督暂行办法》（财预字〔1999〕363 号）和《政府采购招标投标管理暂行办法》（财预字〔1999〕363 号）。2003 年 1 月 1 日，《政府采购法》开始施行，标志着我国政府采购走上了法制化的道路，这是我国规范政府采购活动的最高位阶法律。《政府采购法》主要规范政府采购行为，有利于提高政府采购资金的使用效益，维护国家利益和社会公共利益，保护政府采购当事人的合法权益，保障政府采购市场健康有序发展。《政府采购法》将采购内容明确为货物、工程和服务，并没有将公共服务纳入采购范围，其中提到的“服务范围”仅仅是“行政部门的后勤服务”。而且，财政部印发的《政府采购品目分类目录》（财库〔2013〕189 号）中所列举的“印刷出版、咨询、信息服务、维修、保险、租赁、交通车辆维护、会计、培训、物业等十大类服务项目”，并不包括面向公民的公共服务。而且，社会组织也不是政府采购的承接主体。因此，修订《政府采购法》，将公共服务作为政府采购的内容成为国家层面推进政府购买服务的重要工作。

针对《政府采购法》和政府购买服务的衔接问题，2015 年 1 月 30 日，国务院颁布了《政府采购法实施条例》，这部新修订的条例明确提出“政府采购法第二条所称服务，包括政府自身需要的服务和政府向社会公众提供的公共服务。”这就明确将政府购买服务纳入了政府采购的范围。

（二）《招投标法》和《合同法》

《招投标法》自 2000 年 1 月 1 日起施行，《合同法》自 1999 年开始施行。《招投标法》中有关招投标程序的规定，《合同法》中对合同的规定，政府购买服务的过程中都应予以遵守。

（三）《政府购买服务管理办法（暂行）》

2014 年 12 月 15 日，财政部、民政部、工商总局联合印发《政府购买服务管理办法（暂行）》（财综〔2014〕96 号）。该办法从 2015 年 1 月 1 日起实施，是我国关于政府购买服务的首个章条式结构的规范性文件。其较为全面地规范了政府购买服务的购买主体和承接主体、购买内容及指导目录、购买方式及程序、预算及财务管理、绩效和监督管理等具体内容。此后，我国各地政府出台的政府购买服务相关文件，基本都是对这一文件的具体化。

二、政府购买服务政策的发展

我国政府购买服务从 1995 年开始试点，到目前为止经历了初步试点、快速发展和全面推进三个发展阶段。

（一）政府购买服务的初步试点阶段

20 世纪 90 年代，我国政府管理体制改革的重点是建立与社会主义市场经济体制相适应的行政管理体制。行政管理体制改革始终坚持着转变职能、转变管理方式、提高效率的目标。在没有政府购买服务立法的情况下，地方政府率先开始了政府购买服务的试点。

我国政府购买服务的探索，始于 1995 年上海浦东新区社会发展局委托上海基督教青年会管理罗山市民会馆，打破了单纯依靠街道办事处和居委会的传统做法，由政府与社会组织签订委托运营合同，建立了政府投资、社会组织运营管理的新模式。此后，上海市又在居家养老、社区矫正、禁毒以及青少年事务等领域推广此类模式。但是在这一阶段，公共服务在政府采购中所占比例较小，没有得到政府的足够重视。

（二）政府购买服务的快速发展阶段

从国家层面来看，进入新世纪以来，中央政府出台了一系列关于政府购买服务的规范性文件，为政府购买服务的开展提供了政策依据。随着市场经济发展和行政体制改革的不断深入，北京、南京、宁波、无锡、深圳、广州等地方政府也开始了购买公共服务的探索。2000 年，上海市在卢湾区等六个区 12 个街道依托养老机构开展居家养老试点。南京市鼓楼区在 2003 年推出政府购买、社会组织运作的居家养老服务网，由心贴心社区服务中心承接。上海市在 2004 年推动成立三家民办非企业单位（上海自强、阳光、新航服务站），聘用社会工作者承担禁毒、社区矫正、社区青少年事务的工作。2006 年，无锡市政府将养老机构、城区绿化养护、污水处理等 11 个项目作为购买服务改革试点。2007 年，深圳市培育鹏星社会工作服务社、社联社会工作服务中心、深圳慈善公益网等三家社会组织，在社区建设、社会福利与救助、青少年教育、医疗卫生、社会矫正等领域购买服务。一些地方政府制定了政府购买服务的指导性意见、实施细则及考核评估办法。

2003 年党的十六届三中全会指出，要允许非公资本进入法律法规没有禁止进入的基础设施、公用事业等领域。2005 年国务院出台政策鼓励和支持民间资本参与经营性的基础设施和公益事业项目建设。2006 年 8 月，财政部下发《关于城市社区卫生服务补助政策的意见》（财社〔2006〕61 号），提出采取政府购买服务的方式购买社区公共卫生服务。2007 年 6 月，国务院办公厅发布《关于加快推进行业协会商会改革和发展的若干意见》（国办发〔2007〕36 号），要求各级人民政府及其部门要进一步转变职能，建立政府购买行业协会服务的制度，把适合行业协会行使的职能委托或转移给行业协会。2007 年，财政部发布《关于开展政府购买社区公共卫生服务试点工作的指导意见》（财社〔2007〕267 号），提出以购买服务的方式核定给予社区卫生服务机构的补助金额。2009 年，国务院九部委联合发布《关于鼓励政府和企业发包促进我国服务外包产业发展的指导意见》（财企〔2009〕200 号），标志着政府服务外包开始向系统化、规模化的方向发展，通过外包服务促进政府职能转变，提升政府行政效率。

2010 年党的十七届五中全会明确提出，改革基本公共服务提供方式，引入竞争机制，扩大购买服务，实现提供主体和提供方式多元化。2011 年 7 月 15 日，民政部发布《中国慈善事业发展指导纲要（2011—2015）》，明确提出要建立和实施政府购买服务制度，推动政府购买服务。2012 年 3 月，时任国务院总理温家宝在第十三次全国民政会议上指出："政府的事务性管理工作、适合通过市场和社会提供的公共服务，可以以适当的方式交给社会组织、中介机构、社区等基层组织承担，降低服务成本，提高服务效率和质量。"2012 年 3 月，《中央财政支持社会组织参与社会服务项目公告》决定，财政部拿出两亿元专门用于扶持社会组织开展社会服务项目，此做法已经持续多年连续开展。2012 年 11 月 14 日，民政部、财政部发布《关于政府购买社会工作服务的指导意见》（民发〔2012〕196 号），提出建立健全政府购买社会工作服务制度，加快推进社会工作专业人才队伍建设。在中央示范作用的推动下，政府购买服务在全国各地得以迅速推广与实践。

（三）政府购买服务的全面推进阶段

2013 年起，我国政府购买服务政策进入到了一个全新的发展阶段，中央层面政府购买服务的政策频频出台，各地政府及其工作部门也制定了地方性政府购买服务规范性文件，这一机制在全国得到了越来越广泛的应用。

2013 年 7 月 31 日，国务院总理李克强主持召开国务院常务会议，专题研究推进政府向社会力量购买公共服务事宜，明确将适合市场化方式提供的公共服务事项，交由具备条件、信誉良好的社会组织、企业和机构等承担。2013 年 9 月 16 日，国务院办公厅发布《关于政府向社会力量购买服务的指导意见》（国办发〔2013〕96 号）规定："地方各级人民政府要结合当地经济社会发展状况和人民群众的实际需求，因地制宜、积极稳妥地推进政府向社会力量购买服务工作，不断创新和完善公共服务供给模式，加快建设服务型政府"。[①] 这是政府购买服务的指导性文件，该文件明确了政府购买服务的基本原则、基本制度、基本方向，标志着我国政府购买服务进入到了新的发展阶段。此后，政府购买服务的一系列规范性文件陆续出台，推动着我国政府购买服务的实践发展。2013 年 11 月，党的十八届三中全会通过的《中共中央关于全面深化改革若干重大问题的决定》中明确指出，"激发社会组织活力，正确处理政府和社会关系，加快政社分开，推进社会组织明确责权、依法自治、发挥作用，适合由社会组织提供的公共服务和解决的事项，交由社会组织承担，推进有条件的事业单位转为企业或社会组织"[②]。这就明确了社会组织在承接政府转移职能方面的重要作用。2013 年 12 月 4 日，财政部印发《关于做好政府购买服务工作有关问题的通知》（财综〔2013〕111 号），从财政角度提出政府购买服务的进一步要求。

2014 年 1 月 16 日，全国政府购买服务工作会议在广西南宁召开，会议明确提出，"十二五"时期初步形成统一有效的购买服务平台和工作机制，2020 年在全国建立比较完善的政府购买服务制度。2014 年 1 月 24 日，财政部印发《关于政府购买服务有关预算管理问题的通知》（财预〔2014〕13 号）。2014 年 4 月 14 日，财政部印发《关于推进和完善服务项

① 国务院办公厅：《关于政府向社会力量购买服务的指导意见》（国办发〔2013〕96 号），2013 年 9 月 16 日发布。

② 中国共产党第十八届中央委员会第三次全体会议：《中共中央关于全面深化改革若干重大问题的决定》，2013 年 11 月 12 日发布。

目政府采购有关问题的通知》（财库〔2014〕37 号）。2014 年 4 月 23 日，财政部、民政部、住房和城乡建设部、人力资源社会保障部、国家卫生和计划生育委员会、中国残疾人联合会联合印发《关于做好政府购买残疾人服务试点工作的意见》（财社〔2014〕13 号）。2014 年 8 月 26 日，财政部、发展改革委、民政部、全国老龄办联合印发《关于做好政府购买养老服务工作的通知》（财社〔2014〕105 号）。2014 年 11 月 16 日，国务院印发《关于创新重点领域投融资机制鼓励社会投资的指导意见》（国发〔2014〕60 号），提出在公共服务、资源环境、生态建设、基础设施等重点领域进一步创新投融资机制，充分发挥社会资本特别是民间资本的积极作用。2014 年 11 月 25 日，财政部、民政部印发《关于支持和规范社会组织承接政府购买服务的通知》（财综〔2014〕87 号），提出“充分发挥社会组织在承接政府购买服务中的主体地位”。2014 年 12 月 15 日，财政部、民政部、工商总局联合印发《政府购买服务管理办法（暂行）》（财综〔2014〕96 号），规定了政府购买服务的购买主体和承接主体、购买内容及指导目录、购买方式及程序、预算及财务管理、绩效和监督管理等事项。

2015 年 5 月 11 日，国务院办公厅转发了文化部、财政部、新闻出版广电总局、体育总局《关于做好政府向社会力量购买公共文化服务工作的意见》（国办发〔2015〕37 号）。2015 年 9 月 6 日，财政部下发了《关于做好行业协会商会承接政府购买服务工作有关问题的通知（试行）》（财综〔2015〕73 号）。

2016 年 2 月 22 日，财政部、交通运输部下发了《关于推进交通运输领域政府购买服务的指导意见》（财建〔2016〕34 号）。2016 年 3 月 23 日，财政部下发了《关于做好政府购买服务指导性目录编制管理工作的通知》（财综〔2016〕10 号），提出指导性目录实行分级管理、分部门编制。2016 年 6 月，国务院成立政府购买服务改革工作领导小组。领导小组负责统筹协调政府购买服务改革，组织拟订政府购买服务改革重要政策措施，指导各地区、各部门制定改革方案、明确改革目标任务、推进改革工作，研究解决跨部门、跨领域的改革重点、难点问题，督促检查重要改革事项的落实情况。2016 年 10 月，司法部、中央综治办、民政部、财政部四部委联合制定下发《关于社会组织参与帮教刑满释放人员工作的意见》（司发〔2016〕14 号），鼓励、引导和支持社会组织参与帮教刑满释放人员工作。2016 年 11 月 30 日，财政部、中央编办下发了《关于做好事业单位政府购买服务改革工作的意见》（财综〔2016〕53 号），提出通过政府购买服务改革支持事业单位分类改革和转型发展，增强事业单位提供公共服务的能力。2016 年 12 月 1 日，财政部、民政部印发的《关于通过政府购买服务支持社会组织培育发展的指导意见》（财综〔2016〕54 号）提出："政府新增公共服务支出通过政府购买服务安排的部分，向社会组织购买的比例原则上不低于 30%。"①

2017 年 5 月 28 日，财政部下发了《关于坚决制止地方以政府购买服务名义违法违规融资的通知》（财预〔2017〕87 号），针对有些地方政府利用政府购买服务模式进行工程建设、融资举债的问题，明确提出制止地方政府违法违规举债融资行为，防范化解财政金融风险。2017 年 9 月 15 日，民政部、中央编办、财政部、人力资源社会保障部四部委联合制定下发《关于积极推行政府购买服务 加强基层社会救助经办服务能力的意见》（民发〔2017〕153 号），部署通过政府购买服务，加强基层社会救助经办服务能力工作。

目前，我国政府购买服务的实践和探索正在愈加深入，相关的制度体系在不断完善中，公共服务的购买机制正在趋向成熟。

第三节　政府购买服务的政策框架

我国政府购买服务的政策框架，主要应该明确政府购买服务的购买主

---

① 财政部、民政部：《关于通过政府购买服务支持社会组织培育发展的指导意见》（财综〔2016〕54 号），2016 年 12 月 1 日发布。

体、承接主体、购买内容、购买方式、绩效评价和监督等基础性问题。在购买服务过程中，要对政府购买服务的购买主体和承接主体进行界定，明确购买内容，明晰购买方式，建立购买服务的绩效评估和监督机制。

一、政府购买服务的购买主体

传统的政府提供公共服务方式是，政府既充当公共服务的提供者又是生产者，权责不明导致公共服务质量不高。政府购买服务的创新之处在于，在新公共管理理论及服务型政府理念的指导下，将公共服务的提供者和生产者相分离，政府承担立项、招标、绩效评估、合同监督、支付款项等职责，社会组织作为生产者承担参与竞标、签约、履行合同和接受政府监督等职责。

（一）政府购买服务购买主体的类别

政府购买服务的关键问题之一是由谁来购买公共服务。根据《政府购买服务管理办法（暂行）》（财综〔2014〕96号）的规定，政府购买服务的购买主体包括以下三类组织[①]：

1. 各级行政机关

其主要是指中央和地方各级政府的职能部门，例如各地的民政局、教育局、卫生局、文化局、人力资源和社会保障局等。

2. 具有行政管理职能的事业单位

目前我国存在一些具有行政管理职能的事业单位，其履行的是执法监督和社会管理职能，如政府部门所属的执法机构、监管机构等。将其纳入购买主体，有利于将政府购买服务工作与事业单位分类改革工作相衔接。当前，我国正处于事业单位分类改革的过渡期，事业单位根据职能被分为三类：①承担行政管理职能的事业单位；②从事生产经营的事业单位；

---

① 财政部、民政部、工商总局：《关于印发〈政府购买服务管理办法（暂行）〉的通知》（财综〔2014〕96号）第二章第四条、第五条，2014年12月15日发布，2015年1月1日起施行。

③从事公益服务的事业单位。其中，承担行政管理职能的事业单位将被划归行政机构，它们可以是公共服务的购买主体。而从事公益服务的事业单位是由政府设立的提供公共服务的主体，不能成为购买主体。

3. 党的机关、纳入行政编制管理且经费由财政负担的群团组织

党的机关主要是指中国共产党的各级单位及其组成部门，例如党的各级组织部、宣传部、统战部、政法委等，也是作为公权力部门提供公共服务。群团组织主要是指工会、共青团、妇联等，这些组织虽然不属于行政机关序列，但是一直被纳入行政编制并参照公务员管理，其提供的服务也可以采取购买服务的方式。

除了各级行政机关、具有行政管理职能的事业单位、党的机关、纳入行政编制管理且经费由财政负担的群团组织可以作为购买服务的购买主体以外，根据财政部在 2016 年 3 月 23 日下发的《关于做好政府购买服务指导性目录编制管理工作的通知》（财综〔2016〕10 号）规定，购买服务的主体还包括人大机关、政协机关、审判机关、民主党派，并明确了实施政府购买服务的 115 个中央部门及其代码。

（二）政府购买服务购买主体应具备的条件

从字面理解，政府行政机关应是政府购买服务的购买主体，但在实践中，购买服务的主体并不局限于政府行政机关。政府购买服务的购买主体的界定，通常应该具备三个标准：①是否为党政机关、事业单位或群团组织；②是否具备公共服务职能；③是否以财政资金作为资金来源。

二、政府购买服务的承接主体

界定政府购买服务的承接主体，目的是解决“公共服务向谁购买的问题”。公共服务提供者的范围十分广泛，包括企业、非营利组织、事业单位等，一般被称为“社会力量”。

（一）政府购买服务承接主体的类别

根据《政府购买服务管理办法（暂行）》（财综〔2014〕96 号）的规

定，我国政府购买服务的承接主体包括以下三类[①]：

1. 在登记管理部门登记或经国务院批准免予登记的社会组织

社会组织因其非营利性、专业性和贴近民众生活的特点，可以成为政府购买服务中最理想的服务提供者。这些社会组织的业务领域涉及到科技、教育、文化、体育、卫生、劳动、民政、环保、法律服务、社会中介服务等，成为政府与社会之间沟通联系的桥梁和纽带，在维护社会稳定、促进社会和谐等方面起到重要作用。这些社会组织包括两类：①在登记管理部门登记的社会组织。其包括依据《社会团体登记管理条例》《民办非企业单位登记管理暂行条例》《基金会管理条例》分别进行登记的社会团体、民办非企业单位和基金会三类。②经国务院批准可免予登记的社会团体。根据民政部在 2000 年 12 月 1 日下发的《关于对部分团体免予社团登记有关问题的通知》（民发〔2000〕256 号）的规定，经国务院批准可以免予登记的社会团体有一共有 14 个："中国文学艺术界联合会、中国作家协会、中华全国新闻工作者协会、中国人民对外友好协会、中国人民外交学会、中国国际贸易促进会、中国残疾人联合会、宋庆龄基金会、中国法学会、中国红十字总会、中国职工思想政治工作研究会、欧美同学会、黄埔军校同学会、中华职业教育社。"[②]

考虑到社会组织在提供公共服务中的优势，财政部和民政部在 2014 年 11 月 25 日发布的《关于支持和规范社会组织承接政府购买服务的通知》（财综〔2014〕87 号）中明确提出："加大对社会组织承接政府购买服务的支持力度。其中，在购买民生保障、社会治理、行业管理等公共服务项目时，同等条件下优先向社会组织购买。"[③] 事实上，在各地民政部门

---

① 财政部、民政部、工商总局：《关于印发〈政府购买服务管理办法（暂行）〉的通知》（财综〔2014〕96 号）第二章第六条，2014 年 12 月 15 日发布，2015 年 1 月 1 日起施行。

② 民政部：《关于对部分团体免予社团登记有关问题的通知》（民发〔2000〕256 号），2000 年 12 月 1 日发布并施行。

③ 财政部、民政部：《关于支持和规范社会组织承接政府购买服务的通知》（财综〔2014〕87 号），2014 年 11 月 25 日发布。

开展的购买服务中，都是将承接主体限定为依法登记或经批准免于登记的社会组织。

2. 按事业单位分类改革应划入公益二类或转为企业的事业单位

我国的社会组织体系不发达，大部分公共服务是由行政机关下属的事业单位提供的。事业单位是国家为了社会公益目的、利用国有资产举办的，从事教育、科技、文化、卫生等活动的社会服务组织。根据中共中央、国务院在2011年3月23日下发的《分类推进事业单位改革的指导意见》："按照社会功能将现有事业单位划分为承担行政职能、从事生产经营活动和从事公益服务三个类别。对承担行政职能的，逐步将其行政职能划归行政机构或转为行政机构；对从事生产经营活动的，逐步将其转为企业；对从事公益服务的，继续将其保留在事业单位序列、强化其公益属性。根据职责任务、服务对象和资源配置方式等情况，将从事公益服务的事业单位细分为两类：承担义务教育、基础性科研、公共文化、公共卫生及基层的基本医疗服务等基本公益服务，不能或不宜由市场配置资源的，划入公益一类；承担高等教育、非营利医疗等公益服务，可部分由市场配置资源的，划入公益二类。"①

3. 依法在工商管理或行业主管部门登记成立的企业、机构等社会力量

除了广大的企业以外，还有一些在相关行业主管部门登记的机构（如律师事务所等），它们也是承接服务的主体。

目前，基于承担责任的考虑，承接购买服务项目的主体仅限于法人组织，个人、家庭不能被纳入购买服务的承接主体范畴。

（二）政府购买服务承接主体应具备的条件

根据《政府购买服务管理办法（暂行）》的规定，政府购买服务的承接主体应当具备以下条件："①依法设立，具有独立承担民事责任的能力；②治理结构健全，内部管理和监督制度完善；③具有独立、健全的财务管

① 中共中央、国务院：《关于分类推进事业单位改革的指导意见》，2011年3月23日发布。

理、会计核算和资产管理制度；④具备提供服务所必需的设施、人员和专业技术能力；⑤具有依法缴纳税收和社会保障资金的良好记录；⑥前三年内无重大违法记录，通过年检或按要求履行年度报告公示义务，信用状况良好，未被列入经营异常名录或者严重违法企业名单；⑦符合国家有关政事分开、政社分开、政企分开的要求；⑧法律、法规规定以及购买服务项目要求的其他条件。”①

一些地方政府还出台了规定承接政府购买服务社会组织资质条件的文件。比如北京市民政局下发了《北京市承接政府购买服务社会组织资质管理办法（试行）》（京民社发〔2014〕222 号），规定了社会组织承接政府购买服务应当具备的基本条件，并规定：“在公平竞争、同等条件下，购买主体可优先选择具备以下条件的社会组织：①具有捐赠税前扣除资格或非营利组织免税资格；②在国际国内或市内具有较大影响力，在行业内具有较高声誉，曾获得政府和有关组织荣誉；③曾经承接政府购买服务并获良好评价；④与行政机关脱钩，没有现职国家工作人员兼任负责人职务；⑤近 5 年内参加社会组织社会评估并获得 3A 以上评估等级；⑥具备购买主体、行业管理部门和财政部门提出的其他优先条件。”②

三、政府购买服务的购买内容

政府购买服务的购买内容即购买的客体。《政府购买服务管理办法（暂行）》（财综〔2014〕96 号）规定：“适合采取市场化方式提供、社会力量能够承担的服务事项；政府新增或临时性、阶段性的服务事项、适合社会力量承担的，应当通过政府购买服务形式完成。”③ “各级财政部门负

① 财政部、民政部、工商总局：《关于印发〈政府购买服务管理办法（暂行）〉的通知》（财综〔2014〕96 号）第二章第七条，2014 年 12 月 15 日发布，2015 年 1 月 1 日起施行。

② 北京市民政局：《北京市承接政府购买服务社会组织资质管理办法（试行）》（京民社发〔2014〕222 号），2014 年 6 月 16 日发布并施行。

③ 财政部、民政部、工商总局：《关于印发〈政府购买服务管理办法（暂行）〉的通知》（财综〔2014〕96 号）第三章第 12 条，2014 年 12 月 15 日发布，2015 年 1 月 1 日起施行。

责制定本级政府购买服务指导性目录，确定服务购买种类、性质和内容。”①

目前我国政府购买服务的内容涵盖社区服务、文化体育、教育、就业、养老、社会工作等诸多领域。但并非所有的公共服务都适合政府购买，《政府购买服务管理办法（暂行）》（财综〔2014〕96号）规定：“不属于政府职能范围，以及应当由政府直接提供、不适合社会力量承担的服务事项，不得向社会力量购买。”② 比如，司法、国防、行政执法等公共服务就不能进行外包。因此，应该对政府购买服务的边界进行确定。

（一）购买服务指导性目录范围

开展政府购买服务之前，应明确政府购买的范围。通过制定购买目录，政府明确了政府职权内的哪些事项可以交由社会组织来实施，同时也表明政府在购买公共服务过程中的计划性和审慎态度，而不是随意将任何公共事务都进行购买。各级政府部门将自身职责进行梳理，以简政放权为原则，根据社会需求、市场发育程度等维度，合理编制采购服务目录，统一向社会发布。

根据《政府购买服务管理办法（暂行）》的规定，下列服务应当纳入政府购买服务指导性目录：“①基本公共服务。公共教育、劳动就业、人才服务、社会保险、社会救助、养老服务、儿童福利服务、残疾人服务、优抚安置、医疗卫生、人口和计划生育、住房保障、公共文化、公共体育、公共安全、公共交通运输、三农服务、环境治理、城市维护等领域适宜由社会力量承担的服务事项。②社会管理性服务。社区建设、社会组织建设与管理、社会工作服务、法律援助、扶贫济困、防灾救灾、人民调解、社区矫正、流动人口管理、安置帮教、志愿服务运营管理等领域适宜

---

① 财政部、民政部、工商总局：《关于印发〈政府购买服务管理办法（暂行）〉的通知》（财综〔2014〕96号）第三章第13条，2014年12月15日发布，2015年1月1日起施行。

② 财政部、民政部、工商总局：《关于印发〈政府购买服务管理办法（暂行）〉的通知》（财综〔2014〕96号）第三章第12条，2014年12月15日发布，2015年1月1日起施行。

由社会力量承担的服务事项。③行业管理与协调性服务。行业职业资格和水平测试管理、行业规范、行业投诉等领域适宜由社会力量承担的服务事项。④技术性服务。主要包括科研和技术推广、行业规划、行业调查、行业统计分析、检验检疫检测、监测服务、会计审计服务等领域适宜由社会力量承担的服务事项。⑤政府履职所需辅助性服务。法律服务、课题研究、政策调研草拟论证、战略和政策研究、综合性规划编制、标准评价指标制定、社会调查、会议经贸活动和展览服务、监督检查、绩效评价、工程服务、项目评审、财务审计、咨询、技术业务培训、信息化建设与管理、后勤管理等领域中适宜由社会力量承担的服务事项。⑥其他适宜由社会力量承担的服务事项。"①

在地方层面，各地政府根据本地区经济社会发展水平、财政能力及实际需要，制定公共服务购买目录，明确可以购买的服务事项。例如，北京市民政局在 2010 年制定了《北京市政府购买社会组织公益服务项目目录》，广东省财政厅在 2012 年公布了《2012 年省级政府向社会组织购买服务目录（第一批）》，江苏省财政厅在 2014 年印发了《江苏省 2014 年度政府购买公共服务集中采购指导目录（暂行）》。这些目录以一级目录为主干，设置二级目录，有些地方还根据实际需要设置了三级、四级目录，进一步细化政府购买服务的范围。

（二）重点服务领域具体内容

在 2013 年国务院办公厅下发《关于政府向社会力量购买服务的指导意见》后，多个国家部委下发了一系列推动政府购买服务发展的政策文件，推动相关领域公共服务的发展。

1. 社会工作服务

2012 年 11 月 14 日，民政部、财政部发布的《关于政府购买社会工作

① 财政部、民政部、工商总局：《关于印发〈政府购买服务管理办法（暂行）〉的通知》（财综〔2014〕96 号）第三章第 14 条，2014 年 12 月 15 日发布，2015 年 1 月 1 日起施行。

服务的指导意见》（民发〔2012〕196号）规定："按照'受益广泛、群众急需、服务专业'原则，重点围绕城市流动人口、农村留守人员、困难群体、特殊人群和受灾群众的个性化、多样化社会服务需求，组织开展政府购买社会工作服务。"①

2. 残疾人服务

2014年4月23日，财政部、民政部、住房和城乡建设部、人力资源和社会保障部、国家卫生和计划生育委员会、中国残疾人联合会联合印发的《关于做好政府购买残疾人服务试点工作的意见》（财社〔2014〕13号）规定："根据当前残疾人服务实际，各地可选取残疾儿童筛查、诊断、抢救性康复、残疾人康复辅具配置、残疾人照料服务、残疾劳动者就业培训与岗位提供、残疾人家庭无障碍改造等服务项目集中开展试点工作。"②

3. 养老服务

2014年8月26日，财政部、国家发展改革委、民政部、全国老龄办印发的《关于做好政府购买养老服务工作的通知》（财社〔2014〕105号）规定，"购买内容包括：①在购买居家养老服务方面，主要包括为符合政府资助条件的老年人购买助餐、助浴、助洁、助急、助医等上门服务，以及养老服务网络信息建设；②在购买社区养老服务方面，主要包括为老年人购买社区日间照料、老年康复文体活动等服务；③在购买机构养老服务方面，主要包括为低收入老人、经济困难的失能半失能老人购买机构供养服务；④在购买养老服务人员培养方面，主要包括为养老护理人员购买职业培训、职业教育等；⑤在养老评估方面，主要包括老年人能力评估和服务需求评估的组织实施等"。③

---

① 民政部、财政部：《关于政府购买社会工作服务的指导意见》（民发〔2012〕196号），2012年11月14日发布。

② 财政部等六部委：《关于做好政府购买残疾人服务试点工作的意见》（财社〔2014〕13号），2014年4月23日发布。

③ 财政部等四部委：《关于做好政府购买养老服务工作的通知》（财社〔2014〕105号），2014年8月26日发布。

4. 公共文化服务

2015 年 5 月 11 日，国务院办公厅转发的文化部、财政部、新闻出版广电总局、体育总局《关于做好政府向社会力量购买公共文化服务工作的意见》（国办发〔2015〕37 号）规定："购买的内容主要包括：公益性文化体育产品的创作与传播，公益性文化体育活动的组织与承办，中华优秀传统文化与民族民间传统体育的保护、传承与展示，公共文化体育设施的运营和管理，民办文化体育机构提供的免费或低收费服务等内容。"①

5. 行业协会商会承接政府购买服务

2015 年 9 月 6 日，财政部下发的《关于做好行业协会商会承接政府购买服务工作有关问题的通知（试行）》（财综〔2015〕73 号）规定："政府部门在购买服务过程中，要注重发挥行业协会商会的专业化优势，优先向符合条件的行业协会商会购买行业规范、行业评价、行业统计、行业标准、职业评价服务，技术推广、行业规划、行业调查等技术性服务，以及一些专业性较强的社会管理服务。"②

6. 交通运输服务

2016 年 2 月 22 日，财政部、交通运输部下发的《关于推进交通运输领域政府购买服务的指导意见》（财建〔2016〕34 号）规定："购买服务的内容主要包括：①公路服务事项。包括农村公路建设与养护、政府收费还贷（债）高速公路服务区经营管理、公路桥梁隧道定期检查和检测等服务事项；②水路服务事项。包括公共航道维护性疏浚、清障扫床、整治建筑物维护等服务事项；③运输服务事项。包括公路客运场站运营管理、农村客运渡口渡运服务、城市客运场站枢纽运营管理等服务事项；④事务管

---

① 国务院办公厅：《国务院办公厅转发文化部等部门关于做好政府向社会力量购买公共文化服务工作意见的通知》（国办发〔2015〕37 号），2015 年 5 月 5 日发布。

② 财政部：《关于做好行业协会商会承接政府购买服务工作有关问题的通知（试行）》（财综〔2015〕73 号），2015 年 9 月 6 日发布。

理事项。包括公路水路领域调查和统计分析、标准规范研究、战略和政策研究、课题研究、政策标准实施后评估、重大交通运输政策宣传和舆情监测、机关后勤服务等技术性、辅助性服务事项。”①

7. 帮教刑满释放人员工作

2016年10月，司法部、中央综治办、民政部、财政部下发的《关于社会组织参与帮教刑满释放人员工作的意见》（司发〔2016〕14号）规定：“财政部门要会同民政等相关部门，依据政府购买服务相关规定，将属于政府职责范围、适合市场化方式提供、社会力量能够承担的刑满释放人员帮教服务，纳入政府购买服务指导性目录。”② 该文件指出，在以下六个方面发挥社会组织参与帮教刑满释放人员工作的积极作用：做好帮教准备工作、开展思想道德教育、开展社会适应性帮扶、开展心理健康教育、参与困难救助、协助解决就业问题。

8. 基层社会救助经办服务

2017年9月15日，民政部、中央编办、财政部、人力资源和社会保障部下发的《关于积极推行政府购买服务，加强基层社会救助经办服务能力的意见》（民发〔2017〕153号）规定：“向社会力量购买的社会救助服务主要包括事务性工作和服务性工作两类。事务性工作主要是指基层经办最低生活保障、特困人员救助供养、医疗救助、临时救助等服务时的对象排查、家计调查、业务培训、政策宣传、绩效评价等工作；服务性工作主要是指对社会救助对象开展的照料护理、康复训练、送医陪护、社会融入、能力提升、心理疏导、资源链接等服务。”③

① 财政部、交通运输部：《关于推进交通运输领域政府购买服务的指导意见》（财建〔2016〕34号），2016年2月22日发布。

② 司法部、中央综治办、民政部、财政部：《关于社会组织参与帮教刑满释放人员工作的意见》（司发〔2016〕14号），2016年10月发布。

③ 民政部、中央编办、财政部、人力资源社会保障部：《关于积极推行政府购买服务，加强基层社会救助经办服务能力的意见》（民发〔2017〕153号），2017年9月15日发布。

四、政府购买服务的购买方式

政府购买服务应根据《预算法》《政府采购法》《合同法》等有关规定进行实施。《政府购买服务管理办法（暂行）》（财综〔2014〕96号）规定："购买主体应当按照政府采购法的有关规定，采用公开招标、邀请招标、竞争性谈判、单一来源采购等方式确定承接主体。与政府购买服务相关的采购限额标准、公开招标数额标准、采购方式审核、信息公开、质疑投诉等按照政府采购相关法律制度规定执行。"①

（一）公开招标

公开招标，是指招标人以招标公告的方式邀请不特定的法人或者其他组织投标。②

单项采购金额达到一定数额以上的政府购买服务项目，应当采用公开招标的采购方式。进行公开招标，首先是发布招标公告，邀请符合条件的社会力量参加投标，而受到投标邀请的潜在承接主体是不特定的。因此，公开招标模式在确定购买服务承接主体时引入了较强的竞争机制，能够充分发挥市场机制的作用。公开透明的招标程序能在最大程度上减少政府在购买过程中的腐败，从而让更多社会力量平等参与到公共服务提供中。

（二）邀请招标

邀请招标，是指招标人以投标邀请书的方式邀请特定的法人或者其他组织投标。③

采取邀请招标方式的公共服务项目往往具有一定的特殊性。《政府采购法》规定，"符合下列情形之一的货物或者服务，可以依照本法采用邀请招标方式采购：①具有特殊性，只能从有限范围的供应商处采购的；

① 财政部、民政部、工商总局：《关于印发〈政府购买服务管理办法（暂行）〉的通知》（财综〔2014〕96号）第四章第17条，2014年12月15日，2015年1月1日起施行。

② 《中华人民共和国招投标法》第二章第10条，1999年8月30日发布，2000年1月1日起施行。

③ 《中华人民共和国招投标法》第二章第10条，1999年8月30日发布，2000年1月1日起施行。

②采用公开招标方式的费用占政府采购项目总价值的比例过大的”。[①] 也就是说，如果对服务的技术要求比较高，或有特别的质量标准或要求，服务的承接主体选择范围有限，可以采取邀请招标方式；采用公开招标方式的成本过大，也可以采取邀请招标方式。

（三）竞争性谈判

竞争性谈判是指谈判小组与符合资格条件的供应商就采购货物、工程和服务事宜进行谈判，供应商按照谈判文件的要求提交响应文件和最后报价，采购人从谈判小组提出的成交候选人中确定成交供应商的采购方式。[②]

我国法律法规对实施竞争性谈判有一定的条件限制。《政府采购法》规定，“符合下列情形之一的货物或者服务，可以依照本法采用竞争性谈判方式采购：①招标后没有供应商投标或者没有合格标的或者重新招标未能成立的；②技术复杂或者性质特殊，不能确定详细规格或者具体要求的；③采用招标所需时间不能满足用户紧急需要的；④不能事先计算出价格总额的。”[③]

（四）单一来源采购

单一来源采购是指采购人从某一特定供应商处采购货物、工程和服务的采购方式。[④]

单一来源采购是购买方从某一特定供应商处采购服务，其使用有非常严格的规定。《政府采购法》规定：“符合下列情形之一的货物或者服务，可以依照本法采用单一来源方式采购：①只能从唯一供应商处采购的；②发生

---

① 《中华人民共和国政府采购法》第三章第29条，2002年6月29日发布，2014年8月31日修正并施行。

② 财政部：《政府采购非招标采购方式管理办法》（财政部令第74号）第一章第二条，2013年12月19日发布，2014年2月1日起施行。

③ 《中华人民共和国政府采购法》第三章第30条，2002年6月29日发布，2014年8月31日修正并施行。

④ 财政部：《政府采购非招标采购方式管理办法》（财政部令第74号）第一章第二条，2013年12月19日发布，2014年2月1日起施行。

了不可预见的紧急情况不能从其他供应商处采购的；③必须保证原有采购项目一致性或者服务配套的要求，需要继续从原供应商处添购，且添购资金总额不超过原合同采购金额百分之十的。”① 单一来源采购可以降低购买服务过程中的成本，但也因为缺乏竞争性和透明性导致存在暗箱操作的情况。

（五）竞争性磋商

根据《政府采购法》的规定，政府采购方式主要包括公开招标、邀请招标、竞争性谈判、单一来源采购、询价。竞争性磋商的产生源自《政府采购法》第26条第一款第六项“国务院政府采购监督管理部门认定的其他采购方式”。财政部在2014年12月31日印发了《政府和社会资本合作项目政府采购管理办法》和《政府采购竞争性磋商采购方式管理暂行办法》两个文件，同时提出了“竞争性磋商”的采购方式。

关于竞争性磋商方式的采用，《政府采购竞争性磋商采购方式管理暂行办法》（财库〔2014〕214号）规定：“符合下列情形的项目，可以采用竞争性磋商方式开展采购：①政府购买服务项目；②技术复杂或者性质特殊，不能确定详细规格或者具体要求的；③因艺术品采购、专利、专有技术或者服务的时间、数量事先不能确定等原因不能事先计算出价格总额的；④市场竞争不充分的科研项目，以及需要扶持的科技成果转化项目；⑤按照招标投标法及其实施条例必须进行招标的工程建设项目以外的工程建设项目。”②

五、政府购买服务的绩效评价和监督

（一）政府购买服务的绩效评价

政府通过购买公共服务，充分利用了社会力量，可以减轻财政负担，

---

① 《中华人民共和国政府采购法》第三章第31条，2002年6月29日发布，2014年8月31日修正并施行。

② 财政部：《关于印发〈政府采购竞争性磋商采购方式管理暂行办法〉的通知》（财库〔2014〕214号），2014年12月31日发布并施行。

通过财政资金引导使更多民间资本参与社会建设，有效提高了公共服务的质量和效率。

《政府购买服务管理办法（暂行）》（财综〔2014〕96号）规定：“财政部门应当按照建立全过程预算绩效管理机制的要求，加强成本效益分析，推进政府购买服务绩效评价工作。财政部门应当推动建立由购买主体、服务对象及专业机构组成的综合性评价机制，推进第三方评价，按照过程评价与结果评价、短期效果评价与长远效果评价、社会效益评价与经济效益评价相结合的原则，对购买服务项目数量、质量和资金使用绩效等进行考核评价。评价结果作为选择承接主体的重要参考依据。”①

在项目实施中，政府应建立科学的评估标准和评估方法，收集项目实施效果和受益群体反馈的信息，对服务供应商的合同实际履行情况进行考察。通过绩效评估，政府可以掌握财政资金使用的效果，推动服务提供商提供符合标准的服务。

（二）政府购买服务的监督

在政府购买服务过程中，应加强对政府购买服务合同履行情况的监督，保证合同按照预期标准落实到位。政府购买服务的监督机制应该确保客观、独立，这有利于政府购买服务朝着优化的方向发展。政府购买服务的监督包括内部监督和外部监督两部分。

1. 政府购买服务的内部监督

政府购买服务的内部监督主体包括财政部门、审计机关、民政、工商管理及行业主管部门和购买主体等。《政府购买服务管理办法（暂行）》（财综〔2014〕96号）规定：“财政、审计等有关部门应当加强对政府购买服务的监督、审计，确保政府购买服务资金规范管理和合理使用。对截

---

① 财政部、民政部、工商总局：《关于印发〈政府购买服务管理办法（暂行）〉的通知》（财综〔2014〕96号）第六章第31条，2014年12月15日发布，2015年1月1日起施行。

留、挪用和滞留资金以及其他违反本办法规定的行为，依照《中华人民共和国政府采购法》《财政违法行为处罚处分条例》等国家有关规定追究法律责任；涉嫌犯罪的，依法移交司法机关处理。”① “民政、工商管理及行业主管等部门应当按照职责分工将承接主体承接政府购买服务行为信用记录纳入年检（报）、评估、执法等监管体系，不断健全守信激励和失信惩戒机制。”② “购买主体应当建立监督检查机制，加强对政府购买服务的全过程监督，积极配合有关部门将承接主体的承接政府购买服务行为纳入年检（报）、评估、执法等监管体系。”③

2. 政府购买服务的外部监督

除了政府各相关部门对政府购买服务的监督以外，政府购买服务还需要引入多元化的外部监督机制。通过引入会计师事务所、律师事务所、专业调查机构等独立第三方机构，监督政府购买服务项目的合规性。新闻媒体可以对购买服务中的违法违规行为进行曝光，公众对政府购买中的违法、违规行为也可以进行举报，从而确保监督权的履行。

关键术语

政府购买服务　政府采购法　政府购买服务管理办法（暂行）　购买主体　承接主体　购买内容　购买方式　绩效评价　购买服务指导性目录　公开招标　邀请招标　竞争性谈判　单一来源采购　竞争性磋商　内部监督外部监督

① 财政部、民政部、工商总局：《关于印发〈政府购买服务管理办法（暂行）〉的通知》（财综〔2014〕96号）第六章第32条，2014年12月15日发布，2015年1月1日起施行。

② 财政部、民政部、工商总局：《关于印发〈政府购买服务管理办法（暂行）〉的通知》（财综〔2014〕96号）第六章第33条，2014年12月15日发布，2015年1月1日起施行。

③ 财政部、民政部、工商总局：《关于印发〈政府购买服务管理办法（暂行）〉的通知》（财综〔2014〕96号）第六章第35条，2014年12月15日发布，2015年1月1日起施行。

复习思考题

1. 政府购买服务的概念是什么?
2. 政府购买服务的相关法律有哪些?
3. 政府购买服务政策的发展分为哪几个阶段?
4. 政府购买服务的政策框架包括哪几个方面?
5. 政府购买服务的购买主体包括哪几类组织?
6. 政府购买服务的承接主体包括哪几类组织?
7. 纳入政府购买服务指导性目录的包括哪些服务?
8. 政府购买服务的重点领域包括哪些?
9. 政府购买服务的购买方式包括哪些?
10. 政府购买服务的监督包括哪两个方面?

第八章
社会组织监管的法律法规与政策

本章提要

本章是社会组织监管的法律法规与政策，共分为四节内容：第一节是社会组织监管的法律和政策，主要介绍社会组织监管的法律法规、社会组织监管的政策发展、社会组织监管的体制；第二节是社会组织年检的法律法规与政策，主要介绍社会组织年检的概念、社会组织年检的相关法规、社会组织年检的工作程序、社会组织年检的主要内容、社会组织年检的结论；第三节是社会组织评估的法律法规与政策，主要介绍社会组织评估的概念和作用、社会组织评估的相关政策、社会组织评估的原则、社会组织评估的机制、社会组织评估指标的具体内容；第四节是社会组织行政执法的法律法规与政策，主要介绍社会组织行政执法的概念、社会组织行政执法的法规、社会组织行政执法的机制、对社会组织违法行为的行政处罚、对非法社会组织的取缔。

社会组织的自治与发展应当在法律法规的框架下进行。我国的很多社会组织自身发展不成熟，存在不少问题，比如管理机制缺失、非法募捐、非法经营、私分挪用资金、违规设立分支机构、偏离使命，对此不能任由其发展，需要对其进行监管。监管是监督管理的意思，是为了保障组织正常运行、合法合规而进行监督和管理。

社会组织监管包括广义的监管和狭义的监管两种。广义的社会组织监管包括自律监管、互律监管和行政监管，它们是社会组织健康发展的保障。自律监管是在社会组织内部，建立结构合理、制度完善、运转协调的法人治理结构，明确理事会、监事会和执行机构的职责，完善内部制衡机制；互律监管是由社会组织的行业组织制定行为规范和活动准则，对社会组织的行为进行规范；行政监管是政府依据法律法规对社会组织的监管。狭义的社会组织监管就是指行政监管。本章内容针对的是狭义的社会组织监管。

第一节　社会组织监管的法律和政策

一、社会组织监管的法律法规

我国社会组织监管的法律体系由相关法律、行政法规和部门规章组成。

（一）社会组织监管的相关法律

我国没有社会组织监管的专门法律，是在有些法律中涉及了社会组织监督问题。涉及社会组织监管的法律主要是《中华人民共和国公益事业捐赠法》《中华人民共和国慈善法》《中华人民共和国境外非政府组织境内活动管理法》。

（二）社会组织监管的相关行政法规

我国没有社会组织监管的专门行政法规，是在有些行政法规中涉及了社会组织监督问题。我国涉及社会组织监管的行政法规主要包括：《社会团体登记管理条例》《民办非企业单位登记管理暂行条例》《基金会管理条例》《志愿服务条例》。

（三）社会组织监管的相关部门规章

我国目前主要通过民政部制定的部门规章来实施对社会组织的监管。

我国涉及社会组织监管的部门规章主要包括：《民政部关于开展全国性社会团体年度检查工作的通知》（民社函〔1994〕8 号）《民政部关于做好社会团体监督管理工作有关问题的通知》（民社函〔1994〕74 号）《民政部、国家工商行政管理局关于社会团体开展经营活动有关问题的通知》（民社发〔1995〕14 号）《民政部关于查处非法社团组织的通知》（民社函〔1997〕91 号）《民政部关于清理整顿社会团体审定和换发证书工作的通知》（民社发〔1998〕13 号）《取缔非法民间组织暂行办法》（民政部令第 21 号）《民办非企业单位年度检查办法》（民政部令第 27 号）《基金会年度检查办法》（民政部令第 30 号）《社会组织评估管理办法》（民政部令第 39 号）《社会组织登记管理机关行政处罚程序规定》（民政部令第 44 号）《民政部关于探索建立社会组织第三方评估机制的指导意见》（民发〔2015〕89 号）《社会组织登记管理机关受理投诉举报办法（试行）》（民发〔2016〕139 号）《行业协会商会综合监管办法（试行）》（发改经体〔2016〕2657 号）《关于印发〈社会组织抽查暂行办法〉的通知》（民发〔2017〕45 号）《社会组织信用信息管理办法》（民政部令第 60 号）。

二、社会组织监管的政策发展

改革开放以来，我国政府对社会组织监管的政策发展经历了以下两个发展阶段：

（一）20 世纪 90 年代的三次清理整顿

20 世纪 90 年代，我国政府对社会组织的监管以运动式的清理整顿为主，政治色彩较为浓厚。

1. 第一次清理整顿：1990 年 6 月至 1991 年 12 月

1989 年政治风波之后，政府要求在政治上严格管理社会组织。国务院在 1989 年下发了《清理整顿社团的决定》，1990 年 6 月 9 日，国务院办公厅转发了民政部《关于清理整顿社会团体的请示》（国办发〔1990〕32

号)，从1990年6月开始对社会团体进行清理整顿。此次清理整顿工作主要是针对资产阶级自由化和非法牟利组织，重点对象是社科和文艺类的社会团体。根据不同情况，对社会团体分别给予登记、暂缓登记、合并、不予登记、命令解散或依法取缔等处理。经过此次整顿，大部分社会团体被纳入统一的登记管理体制之中。社团的数量也大幅减少，根据民政部的统计数据，截至1991年底，我国的全国性社团数量为836个，地方性社团数量为11.6万个。

2. 第二次清理整顿：1996年至1997年

20世纪90年代中期，在企业所有制改革、单位体制松动的影响下，民间成立社团的愿望非常强烈，社会团体的数量在短期内爆发式增长。1996年，我国的全国性及跨省级活动区域的社团数量达到1 845个，县级以上社团数量有18.7万个。[①] 有些社会组织大量从事营利性经营活动，还有些社会组织受到了外部敌对势力的影响。在这种情况下，中共中央办公厅、国务院办公厅在1996年下发《关于加强社会团体和民办非企业单位管理工作的通知》(中办发〔1996〕22号)，提出对社会团体和民办非企业单位实行归口登记和双重管理，并且“严格把关，从严审批”。1997年4月，国务院办公厅转发民政部《关于清理整顿社会团体意见的通知》(国办发〔1997〕11号)，5月，民政部又下发了《关于查处非法社团组织的通知》(民社函〔1997〕91号)。此次清理整顿的对象主要是受西方敌对势力操纵并破坏政治和社会稳定的社会团体和民办非企业单位，要求全部社团重新登记换证，原则上停止或放缓新建社会团体的审批登记工作。

3. 第三次清理整顿：1999年至2000年

1999年4月25日，发生“法轮功”非法聚集事件。7月，民政部下发《关于取缔法轮大法研究会的决定》，取缔了非法社团“法轮大法研

① 谢海定. 中国民间组织的合法性困境［J］. 法学研究，2004 (2).

究会”。中共中央办公厅、国务院办公厅在同年11月下发《关于进一步加强民间组织管理工作的通知》（中办发〔1999〕34号），提出“各地民政部门要严格控制业务宽泛、不易界定的民间组织，禁止设立气功功法类、特定群体（退伍军人、下岗待业人员、打工者等）类、宗族类和不利于民族团结的民间组织以及与国家法律法规相悖的民间组织。”2000年开始，民政部开展了对气功类社团的专项清理整顿。2000年4月，民政部出台《取缔非法民间组织暂行办法》（民政部令第21号），界定了非法民间组织的范围。2001年我国的社会组织为12.9万家，比1997年减少了29%。

（二）进入新世纪以来的依法监管和综合监管

进入新世纪以来，随着市场经济体制的完善和依法治国方针的确立，国家出台了一系列有关社会组织的法律法规，社会组织监管的指导方针转变为“培育发展和管理监督并重”“依法监管”“综合监管”。

2006年党的十六届六中全会明确提出“坚持培育发展和管理监督并重”，这一原则在此后的中央文件中被多次确认。2011年发布的《中华人民共和国国民经济和社会发展第十二个五年规划纲要》提出，“完善法律监督、政府监督、社会监督、自我监督相结合的监管体系。健全法律法规，严格依法监管。建立社会组织监管机制和管理信息平台，制定社会组织行为规范和活动准则，提高政府监管效力。实行社会组织信息公开和评估制度，完善失信惩罚机制，强化社会监管。引导社会组织完善内部治理结构，提高自律性”①。2013年11月，党的十八届三中全会在通过的《关于全面深化改革若干重大问题的决定》提出，“加强对社会组织和在华境外非政府组织的管理，引导它们依法开展活动”。2016年3月发布的《中华人民共和国国民经济和社会发展第十三个五年规划纲要》提出，“加强综合监督和诚信建设，更好发挥自律、他律、互律作用”。2016年8月，

① 《中华人民共和国国民经济和社会发展第十二个五年规划纲要》，2011年3月16日发布。

中共中央办公厅、国务院办公厅印发的《关于改革社会组织管理制度促进社会组织健康有序发展的意见》（中办发〔2016〕46号）提出，“加强对社会组织负责人的管理；加强对社会组织资金的监管；加强对社会组织活动的管理；规范管理直接登记的社会组织；加强社会监督；健全社会组织退出机制”①。

三、社会组织监管的体制

我国社会组织管理工作的基本方针是培育发展与监督管理并重。监督管理，就是要依法查处社会组织的违法行为，打击非法社会组织，确保社会政治稳定。同时，通过监管也促进社会组织的健康发展。

（一）监管模式

根据我国国情，我国政府对社会组织采取双重管理模式，即登记管理机关和业务主管单位都对社会组织承担监督管理职责，二者在职能上的分工有所不同：①登记管理机关负责对社会组织违反《社会团体登记管理条例》、《民办非企业单位登记管理暂行条例》和《基金会管理条例》等法律法规的行为进行监督检查。②业务主管单位负责监督、指导社会组织遵守宪法、法律、法规和国家政策，依据其章程开展活动，并协助登记管理机关和其他有关部门查处社会组织的违法行为。②

（二）监管手段

各级登记管理机关对社会组织监管的手段主要包括年检、评估和执法监察等。社会组织年检是对社会组织的运作情况进行全面检查，确认社会组织履行职能的情况；社会组织评估是以一套完整的指标体系对社会组织

① 中共中央办公厅、国务院办公厅：《关于改革社会组织管理制度促进社会组织健康有序发展的意见》（中办发〔2016〕46号），2016年8月发布。

② 在实践中，业务主管单位对社会组织的监管投入不够，主要监管职责往往由民政部门承担。民政部门又缺乏财会专业人员，对社会组织年检和评估中涉及财务方面的内容只能概貌性了解，因为认知不到位导致监管工作流于形式。而且，民政部门缺乏必要的执法权力和执法机构，导致执法监管缺乏权威和力度。

的合法合规状况和绩效发挥情况进行等级评定；社会组织执法监察是指对违法违规的社会组织进行处罚。

第二节　社会组织年检的法律法规与政策

一、社会组织年检的概念

社会组织年检是登记管理机关对登记注册的社会组织开展业务活动和遵章守纪等情况进行检查的行政执法行为。在社会组织的监管中，实施年度检查是主要手段之一。社会组织年检是法律赋予登记管理机关的工作职责，也是社会组织应当承担的法律义务。在实际工作中，把对社会组织实行年度检查简称为“年检”。我国的社会组织年检始于 1996 年民政部制定的《社会团体年度检查暂行办法》（民社发〔1996〕10 号），1997 年各级民政部门依照该办法对社会团体进行了年检。

年检的目的是为进一步确认社会组织法人资格，考察社会组织开展社会活动、内部规范化建设和财务管理的情况，为绩效考评和等级评估等提供依据。

二、社会组织年检的相关法规

我国没有社会组织年检的专门统一法律规范，关于社会组织年检的规定分散在三大条例及办法中。

社会团体年检的主要依据是《社会团体登记管理条例》、《社会团体年度检查暂行办法》（民社发〔1996〕10 号）和登记管理机关下发的年度检查通知等。

民办非企业单位年检的主要依据是《民办非企业单位登记管理暂行条例》、《民办非企业单位年度检查办法》（民政部令第 27 号）和登记管理机关下发的年检通知等。

基金会年检的主要依据是《基金会管理条例》《基金会年度检查办法》（民政部令第30号）《关于加强和完善基金会注册会计师审计制度的通知》（财会〔2011〕23号）《关于规范基金会行为的若干规定（试行）》（民发〔2012〕124号）等。

三、社会组织年检的工作程序

根据《社会团体登记管理条例》、《民办非企业单位登记管理暂行条例》和《基金会管理条例》的规定，社会组织每年要主动到登记管理机关接受年度检查。

（一）年检工作的流程

社会团体、民办非企业单位应当于每年3月31日前向业务主管单位报送上一年度的工作报告，经业务主管单位初审同意后，于5月31日前报送登记管理机关，接受年度检查；基金会、境外基金会代表机构应当于每年3月31日前向登记管理机关报送经业务主管单位审查同意的上一年度的年度工作报告。无业务主管单位的社会组织直接向登记管理机关报送年度工作报告。社会组织应当分级、分别到注册登记的国家、省、市或区县的登记管理机关办理年检。

社会团体的年检结论分为“合格”和“不合格”两类；民办非企业单位、基金会的年检结论分为“年检合格”、“年检基本合格”和“年检不合格”三类。

年检结束后，登记管理机关应当在社会组织登记证书的副本上加盖年检结论戳记。

（二）年检工作的创新

当前，地方民政部门结合社会组织管理实际情况积极探索，改进年检方式，深化年检工作。各地民政部门的主要创新做法包括：

1. 开通社会组织网上年检

为了减少程序，让年检制度更加高效，一些地方民政部门开设了年检

“网上通道”，在网上递交材料、简化手续，降低了社会组织的成本。例如，2015 年开始，北京市市级社会组织和部分试点区县级社会组织的年检工作使用数字证书登陆，利用数字签章功能实现年检申报材料电子化、审核流程网络化、审核行为即时化、年检档案数字化。无纸化年检能有效节约资源，方便社会组织，提高办事效率。①

2. 将社会组织年检变为提交年度报告制度

从 2014 年开始，一些地方开始尝试改革年检制度，建立社会组织年度报告制度。例如，海南省民政厅在2014 年5 月8 日下发《关于社会组织年检实行年度报告制度的通知》（琼民通〔2014〕64 号），决定对社会组织年检实行年度报告制度。该通知明确规定：“行业协会商会类、科技类、公益慈善类、城乡社区服务类等四类社会组织可直接向登记管理机关报送年度报告。”②

3. 建立实施社会组织抽查制度

深圳市民间组织管理局于 2014 年 10 月 8 日颁布实施《深圳市社会组织抽查监督办法》（深民规〔2014〕3 号），在全国率先推进社会组织抽查工作，使工作方式从“事后被动式处理”转变为“全程动态式检查”。开展抽查工作时，民政部门可以到社会组织办公场所进行现场检查，开展现场检查时，无需提前通知被检查的社会组织。

四、社会组织年检的主要内容

由于业务活动的内容和特点不同，民政部门对社会团体、民办非企业单位和基金会年检的内容各有侧重。民政部制定的《社会团体年度检查暂行办法》《民办非企业单位年度检查办法》《基金会年度检查办法》规定了三类组织的年检内容。

---

① 林苗苗：北京推行社会组织年检无纸化，http：//www. bj. xinhuanet. com/bjyw/2015 -02/07/c_1114290033. htm。

② 顾磊．政府管理日渐规范 社会组织监管去芜存菁［N］. 人民政协报，2015 -01 -21.

（一）社会团体年检的内容

社会团体年检的内容包括：“①执行法律法规和有关政策情况；②开展业务活动情况；③开展经营活动情况；④财务管理和经费收支情况；⑤办事机构和分支机构设置情况；⑥负责人变化情况；⑦在编及聘用工作人员情况；⑧其它有关情况。”①

（二）民办非企业单位年检的内容

民办非企业单位年检的内容包括：“①遵守法律法规和国家政策情况；②登记事项变动及履行登记手续情况；③按照章程开展活动情况；④财务状况、资金来源和使用情况；⑤机构变动和人员聘用情况；⑥其他需要检查的情况。”②

（三）基金会年检的内容

基金会年检的内容包括：“财务会计报告、注册会计师审计报告，开展募捐、接受捐赠、提供资助等活动的情况以及人员和机构的变动情况等。”③ 其中，业务活动和财务状况是检查的重点。在业务活动方面，主要检查接受捐赠和开展募捐情况、公益支出情况、大额捐赠收入情况、全年业务活动情况、重大公益项目收支明细等。在财务状况方面，主要检查资产管理和处置的情况、保值增值的情况、关联方关系及其交易等。④

五、社会组织年检的结论

（一）年检不合格的情形

民政部制定的《社会团体年度检查暂行办法》《民办非企业单位年度

---

① 民政部：《社会团体年度检查暂行办法》（民社发〔1996〕10号）第五条，1996年5月4日发布并施行。

② 民政部：《民办非企业单位年度检查办法》（民政部令第27号）第六条，2005年3月29日发布，2005年6月1日起施行。

③ 民政部：《基金会年度检查办法》（民政部令第30号）第四条，2005年12月27日发布并施行。

④ 郑超．引导社会组织贡献正能量——就基金会年检问题访民政部民间组织管理局副局长刘忠祥［J］．中国社会组织，2013（11）．

检查办法》《基金会年度检查办法》分别规定了社会团体、民办非企业单位、基金会年检不合格的情形。

1. 社会团体年检不合格的情形

社会团体有下列情形之一的，为年检不合格："①一年中未开展任何业务活动的；②经费不足以维持正常业务活动的；③违反章程规定开展活动的；④违反财务规定的；⑤内部矛盾严重，重大决策缺乏民主程序的；⑥违反有关规定乱收会费的；⑦无固定办公地点一年以上的；⑧未办理有关变更登记或机构备案手续的；⑨无特殊情况，未在规定的时限内接受年检的；⑩年检中弄虚作假的；⑪违反其它有关规定的。"[①]

2. 民办非企业单位年检不合格的情形

民办非企业单位有下列情形之一，情节轻微的，确定为"年检基本合格"；情节严重的，确定为"年检不合格"："①违反国家法律、法规和有关政策规定的；②违反规定使用登记证书、印章或者财务凭证的；③本年度未开展业务活动，或者不按照章程的规定进行活动的；④无固定住所或必要的活动场所的；⑤内部管理混乱，不能正常开展活动的；⑥拒不接受或者不按照规定接受登记管理机关监督检查或年检的；⑦不按照规定办理变更登记，修改章程未按规定核准备案的；⑧设立分支机构的；⑨财务制度不健全，资金来源和使用违反有关规定的；⑩现有净资产低于国家有关行业主管部门规定的最低标准的；⑪侵占、私分、挪用民办非企业单位的资产或者所接受的捐赠、资助的；⑫违反国家有关规定收取费用、筹集资金或者接受使用捐赠、资助的；⑫年检中隐瞒真实情况，弄虚作假的。"[②]

---

① 民政部：《社会团体年度检查暂行办法》（民社发〔1996〕10号）第11条，1996年5月4日发布并施行。

② 民政部：《民办非企业单位年度检查办法》（民政部令第27号）第八条，2005年3月29日发布，2005年6月1日起施行。

3. 基金会年检不合格的情形

基金会、境外基金会代表机构有下列情形之一的，分别作出年检基本合格、年检不合格的结论：“①违反《基金会管理条例》第39条第二款规定，不按照捐赠协议使用捐赠财产的；②违反《基金会管理条例》第40条规定，擅自设立基金会分支机构、代表机构的；③具有《基金会管理条例》第42条规定的应当给予行政处罚的情形之一的；④违反《基金会管理条例》第43条第二款规定，基金会理事、监事及专职工作人员私分、侵占、挪用基金会财产的；⑤违反《基金会管理条例》关于基金会组织机构管理方面有关规定的。”①

（二）对年检不合格的处理

民政部制定的《社会团体年度检查暂行办法》《民办非企业单位年度检查办法》《基金会年度检查办法》分别规定了社会团体、民办非企业单位、基金会年检不合格以及不参加年检的处理办法。

1. 对社会团体年检不合格的处理

对于社会团体年检不合格的处理，《社会团体年度检查暂行办法》规定：“年检不合格社团由登记管理机关责令其限期整改。整改后仍不合格的社团，按照有关规定另作处理，并由登记管理机关在报刊上予以公告，公告费由社团承担。”② 对于不接受年检的社会团体，《社会团体年度检查暂行办法》只规定了“依照国家有关法律、法规以及社会团体处罚有关规定予以处理”③。

2. 对民办非企业单位年检不合格的处理

对于民办非企业单位年检不合格的处理，《民办非企业单位年度检查

① 民政部：《基金会年度检查办法》（民政部令第30号）第七条，2005年12月27日发布并施行。

② 民政部：《社会团体年度检查暂行办法》（民社发〔1996〕10号）第12条，1996年5月4日发布并施行。

③ 民政部：《社会团体年度检查暂行办法》（民社发〔1996〕10号）第13条，1996年5月4日发布并施行。

办法》规定：“‘年检基本合格’和‘年检不合格’的民办非企业单位，应当进行整改，整改期限为 3 个月。”① 同时规定：“登记管理机关对连续两年不参加年检，或连续两年年检不合格的民办非企业单位，予以撤销登记并公告。”②

3. 对基金会年检不合格的处理

对于基金会年检不合格的处理，《基金会年度检查办法》规定：“登记管理机关作出基本合格或者不合格年检结论后，应当责令该基金会或者境外基金会代表机构限期整改，并视情况依据《基金会管理条例》有关规定给予行政处罚。”③ 同时规定：“基金会、境外基金会代表机构无正当理由不参加年检的，由登记管理机关责令停止活动，并向社会公告。基金会、境外基金会代表机构连续两年不接受年检的，由登记管理机关依法撤销登记。”④

第三节　社会组织评估的法律法规与政策

一、社会组织评估的概念和作用

（一）社会组织评估的概念

社会组织评估，是指各级人民政府民政部门为依法实施社会组织监督管理职责，促进社会组织健康发展，依照规范的方法和程序，由评估机构根据评估标准，对社会组织进行客观、全面的评估，并作出评估等级

---

① 民政部：《民办非企业单位年度检查办法》（民政部令第 27 号）第九条，2005 年 3 月 29 日发布，2005 年 6 月 1 日起施行。

② 民政部：《民办非企业单位年度检查办法》（民政部令第 27 号）第十条，2005 年 3 月 29 日发布，2005 年 6 月 1 日起施行。

③ 民政部：《基金会年度检查办法》（民政部令第 30 号）第七条，2005 年 12 月 27 日发布并施行。

④ 民政部：《基金会年度检查办法》（民政部令第 30 号）第十条、第 11 条，2005 年 12 月 27 日发布并施行。

结论。①

（二）社会组织评估的作用

社会组织评估的作用主要体现在：

（1）社会组织评估可以使政府更好地监督管理和规范社会组织的发展，政府能全面了解社会组织的发展现状。

（2）社会组织评估可以促进社会组织的自身能力建设，即“以评促建”。社会组织在评估的准备和实施中找到机构定位，弥补自身不足，促进健康发展。

（3）社会组织评估可以促进社会组织的公信力建设。在评估结束后，由政府在公共媒体上对评估的结果进行集中公示，能使公众了解社会组织的运营管理情况，辨别社会组织的优劣。那些运营规范、评估等级高的社会组织，可以借此树立良好的公众形象，获得更多的社会捐赠支持；那些运营不规范、评估等级低的社会组织，则将很难获得公众的信任和支持。

（三）社会组织评估和社会组织年检的关系

社会组织评估和社会组织年检都是政府对社会组织加强监督管理的重要手段，二者既有相同点，也有不同点。

1. 评估和年检的共同点

评估和年检的共同点是：①年检是评估的先决条件，只有年检合格，才有资格参加评估，评估是在年检基础上进行的综合检验。②年检和评估都是为了规范社会组织行为，提升社会组织的服务和管理水平，都涉及对社会组织内部治理、财务管理和业务活动的检查。

2. 评估和年检的不同点

评估和年检的不同点是：①参与方式不同。年检是强制性的，如不按期参加年检，民政部门将采取措施做出处理；评估是政府部门倡导的，通

① 民政部：《社会组织评估管理办法》（民政部令第39号）第一章第三条，2010年12月20日发布，2011年3月1日起施行。

常不具有强制性。②侧重点不同。年检主要是审查社会组织是否违法违规；评估是综合性的全面审查，评估的内容比较宽泛、深入，涉及社会组织的组织建设、制度建设和能力建设等各方面。③方式不同。年检是通过提交材料或在网上进行审查；评估是评估人员到社会组织的办公场所现场，是面对面的评估形式。④主体不同。年检的主体是业务主管单位和民政部门联合执行；评估的主体是民政部门和第三方评估机构互相协作，聘请若干名专家参与评估。⑤周期不同。年检是每年一次的例行检查；评估是每五年有机会参加一次。

二、社会组织评估的相关政策

（一）社会组织评估的政策发展

我国社会组织评估机制的建立是一个循序渐进的过程。2004 年 12 月，时任民政部部长李学举在“全国先进民间组织表彰大会”上指出“建立起民间组织的评估体系，通过明确可比的评估指标和完善的评估体系以及与之配套的奖惩制度，加强对民间组织的激励和监督”。2005 年全国民政工作会议和《民政部 2005 年工作要点》都要求“探索建立民间组织评估机制”，明确提出开展社会组织评估的重要意义。2007 年 5 月 13 日，国务院办公厅在《关于加快推进行业协会商会改革和发展的若干意见》（国办发〔2007〕36 号）中明确提出要“加快建立评估机制”“建立行业协会综合评价体系，定期跟踪评估”。2007 年 8 月 16 日，民政部发布了《关于推进民间组织评估工作的指导意见》（民发〔2007〕127 号），对开展民间组织评估工作的意义、基本要求以及开展方式都做了规定，初步建立了对民间组织开展评估的体制框架。同时，民政部还公布了《全国性民间组织评估实施办法》（民函〔2007〕232 号）。2010 年 6 月，民政部发布了《关于在民政范围内推进管理标准化建设的方案（试行）》的通知，把社会组织等级评估工作纳入了民政范围管理标准化建设项目，并规定了启动的时间表。2010 年 12 月 20 日，民政部出台了《社会组织评估管理办法》（民政部令〔2010〕第39号），规范了我国的社会组织评估工作，包括评估的对象和内容、评估机构和职责、评估程序和方法等方面。2012年全国民政工作会议提出，探索社会组织分类评估和第三方评估制度，全国社会组织评估率达到30%，3年内将符合条件的社会组织全部纳入评估范围，并将社会组织评估工作列入对地方民政工作考核的重要内容之一。

（二）社会组织评估的发展历程

我国社会组织评估的实践是一个从点到面的发展过程。山东省和青岛市在我国较早开展社会组织评估工作。2004年，青岛市开始探索社会组织评估工作，在广泛调查、科学研究的基础上，制订了《青岛市民间组织评估暂行办法》。[①] 2005年，民政部组织部分登记管理机关和业务主管单位开展民间组织评估指标研究，完成了行业类、公益类、学术类、联合类社会团体评估指标研究，以及基金会评估指标和民办非企业单位诚信评估指标研究，并以山东省、湖北省、广东省、浙江省、青岛市和深圳市作为试点，开始了社会组织评估工作的实践探索。2007年，民政部启动首批基金会的评估工作，2008年启动全国性行业协会商会的评估工作，2009年启动民办非企业单位的评估工作，2011年启动学术类社团和涉外基金会的评估工作，2012年启动联合类、职业类和公益类社团的评估工作，2013年明确要求未参加过评估的全国性行业协会商会、全国性公益类社团、基金会和民办非企业单位，均须参加2013年度社会组织评估；未参加过评估的全国性学术类社团、全国性职业类社团和全国性联合类社团等社会组织，也被要求积极申请参加本年度社会组织评估。至此，全国性社会组织评估覆盖了所有类型的社会组织。

在2007年民政部开展全国性社会组织评估后，全国各省市继续开展社会组织评估的探索。2007年，上海市开展了社会组织规范化建设评估试点。2008年，四川省开展了基金会评估试点工作。2010年以后，各省市

---

① 廖鸿，王文，许昀．关于山东省民间组织评估的调研报告（摘要）[J]．学会，2007（5）．

纷纷出台社会组织评估办法，社会组织评估在全国范围内铺开。

三、社会组织评估的原则

我国的社会组织评估遵循分级评估、分类评估和第三方评估的原则。

（一）分级评估

分级评估是指社会组织按照登记的行政区域，由相应的民政部门统一评定。民政部负责评估全国性社会组织，省级民政部门负责评估省级社会组织，地市级民政部门负责评估地市级社会组织。

我国没有全国统一的社会组织评估指标，各省、市的民政部门一般是在民政部社会组织管理局制定的评估指标体系的基础上，根据各地实际情况，对指标体系进行适度的调整和补充。因此，各省的评估指标不同，同一省份的各市的评估指标往往也不同。

（二）分类评估

由于社会组织的类型复杂、涉及面广，对社会组织的评估不能采取统一的标准，必须遵循分类评定的原则。《社会组织评估管理办法》（民政部令〔2010〕第39号）规定："对社会组织评估，按照组织类型的不同，实行分类评估。"①

（三）第三方评估

第三方评估是社会组织评估的重要原则。《慈善法》第92条明确提出："民政部门应当建立慈善组织评估制度。鼓励和支持第三方机构对慈善组织进行评估，并向社会公布评估结果。"2015年5月13日，民政部发布了《民政部关于探索建立社会组织第三方评估机制的指导意见》（民发〔2015〕89号），提出建立社会组织第三方评估机制，是完善社会组织综合监管体系的重要内容，是社会组织评估的发展方向。在地方层面，北京

① 民政部：《社会组织评估管理办法》（民政部令第39号）第二章第八条，2010年12月20日发布，2011年3月1日起施行。

市在2016年9月26日出台了《北京市社会组织评估机构管理办法（试行）》（京民社发〔2016〕389号）。

四、社会组织评估的机制

社会组织评估工作是一项系统工程，从结构上看，评估主要包括参加资格、评估工作流程、评估材料准备、评估指标、评估结果运用等方面。

（一）参加资格

1. 参加评估应符合的条件

根据《社会组织评估管理办法》的规定，申请参加评估的社会组织应当符合下列条件之一：“①取得社会团体、基金会或者民办非企业单位登记证书满两个年度，未参加过社会组织评估的；②获得的评估等级满5年有效期的。”①

2. 不能参加评估的情形

社会组织有下列情形之一的，不能参加评估：“①未参加上年度年度检查；②上年度年度检查不合格或者连续2年基本合格；③上年度受到有关政府部门行政处罚或者行政处罚尚未执行完毕；④正在被有关政府部门或者司法机关立案调查；⑤其他不符合评估条件的。”②

（二）评估工作流程

从各地民政部门组织的评估实践来看，社会组织评估工作主要按照以下流程进行：

（1）发布评估通知或公告。民政部门下发关于开展社会组织评估工作的通知，安排部署本年度社会组织评估工作。

（2）审核社会组织参加评估资格。申请参加评估的社会组织填写《社

---

① 民政部：《社会组织评估管理办法》（民政部令〔2010〕第39号）第二章第六条，2010年12月27日发布，2011年3月1日起施行。

② 民政部：《社会组织评估管理办法》（民政部令〔2010〕第39号）第二章第七条，2010年12月27日发布，2011年3月1日起施行。

会组织评估申请表》，报送民政部门进行资格审核。

（3）参加评估的社会组织进行自评。符合参评条件的社会组织，对照相应的社会组织评估指标进行自评打分，填报自评表，写出自评报告，在规定时间提交评估材料。

（4）组织实地考察和提出初步评估意见。评估机构组建若干个专家小组，专家小组一般由社会组织管理专家、专业会计人员构成，有些还包括业务领域专家。在实地考察中，社会组织负责人和法人应有至少一人在场，行政负责人和财务负责人都必须在场。社会组织负责人先进行自评请况陈述，然后评估人员分组对社会组织负责人、理事会人员、财务人员等进行访谈，要求社会组织提供支撑材料进行举证；评估人员现场查看，判断材料信息的真实性，进行现场打分，由评估组长向社会组织口头反馈初步评估意见。

（5）审核初步评估意见并确定评估等级。现场评估结束后，评估组汇总查阅资料和打分分数，撰写书面评估报告，给出评估等级。

（6）评估专业委员会询问和审查。评估机构向评估专业委员会汇报评估工作总结和初评结果，接受评估专业委员会询问和审查。评估专业委员会对评估总结报告和评估结果进行审核，并确定评估等级结论。

（7）公示评估结果并向社会组织送达通知书。将社会组织评估结果在网站上进行公示，接受社会组织和社会广泛监督。

（8）受理复核申请和举报。对评估等级有异议的社会组织须在公示后七个工作日内提出复核申请，并提交书面举报材料或申诉材料，核实后重新开展评估。

（9）颁发证书和牌匾。民政部门根据评估委员会的评估结论和公示结果，确认评估等级、发布公告，向获得3A（含）级以上的社会组织颁发评估等级证书和牌匾。

（三）评估材料准备

社会组织按照评估指标体系做好准备，按照基础条件、内部治理、工作绩效和社会评价等方面进行资料的分类整理，并且按顺序摆放整齐。社会组织评估的资料可按照事前材料、事中材料、事后材料的逻辑顺序进行整理。以理事会会议为例，事前资料包括会议通知、会议回执等；事中资料包括签到表、现场照片等；事后资料包括会议纪要、新闻报道、活动总结等。

（四）评估指标

1. 评估指标的演变情况

我国的社会组织评估指标经历了多次修订。2007 年 8 月 16 日，民政部下发了《关于推进民间组织评估工作的指导意见》（民发〔2007〕127 号），公布了行业性社会团体、公益性社会团体、学术性社会团体、联合性社会团体、基金会的评估指标，以及民办非企业单位的诚信评估指标。2011 年 8 月 23 日，民政部下发了《关于印发各类社会组织评估指标的通知》（民发〔2011〕127 号），制定了全国性学术类社团和非内地居民担任法定代表人的基金会的评估指标，并对此前制定的全国性行业协会商会评估指标、基金会评估指标和民办非企业单位评估指标进行了修订。2012 年 11 月 1 日，民政部下发了《关于印发全国性公益类社团、联合类社团、职业类社团、学术类社团评估指标的通知》（民发〔2012〕192 号），制定了全国性公益类社团、联合类社团和职业类社团的评估指标，并对全国性学术类社团评估指标进行了修订。2017 年 10 月 16 日，民政部社会组织管理局在中国社会组织网公布了新版的联合类社团、职业类社团、学术类社团、行业协会商会、社会服务机构、基金会的评估指标。

2. 各类社会组织的评估指标

根据社会团体、民办非企业单位和基金会的不同类型，其评估指标也有所不同。《社会组织评估管理办法》（民政部令〔2010〕第 39 号）规定："社会团体、基金会实行综合评估，评估内容包括基础条件、内部治理、工作绩效和社会评价。民办非企业单位实行规范化建设评估，评估内容包括基础条件、内部治理、业务活动和诚信建设、社会评价。”① 各类指标的总分均为1000分，根据得分情况划定社会组织的评估等级。

根据民政部发布的各类社会组织的评估指标（公益类社团为2012年版，其它的为2017年版），绝大部分的评估指标都是基本相同的，如法人资格、章程、登记备案、年度检查、理事会、监事会、办事机构、党组织、人力资源、领导班子、档案和证章管理、发展规划、宣传推广和媒体报道、信息公开、特色工作、内部评价、外部评价。不同之处主要集中在工作绩效指标的部分。

从三大类型社会组织的评估指标来看，其不同之处在于：①社会团体的评估指标中有会员（代表）大会的相关指标，基金会的评估指标中有专项基金的相关指标，社会服务机构没有这些评估指标；②社会服务机构的评估指标中有业务规模效益、服务专业性的相关指标，社会团体和基金会没有这些评估指标；③基金会的评估指标中有关联方关系及交易的相关指标，社会团体和社会服务机构没有这个评估指标。

从民政部公布的全部七类社会组织的评估指标来看，其主要特点在于：

（1）公益类社团：特色指标是公益支出、公益项目、公益服务、公益推广等二级指标，侧重于考查公益支出规模、公益支出比例、公益支出增长水平、公益项目管理、公益项目绩效、促进参与和开展培训、建议咨询、国际交流与合作、公益理念、社会宣传等方面的情况。

（2）联合类社团：特色指标是交流活动、咨询研究、会员工作等二级指标，侧重于考查业务交流、国际交流、理论研究、建议咨询、维护权益、人才培养、互助合作、会员管理规范化等方面的情况。

（3）职业类社团：特色指标是业务活动、自律协调、队伍建设等二级

① 民政部：《社会组织评估管理办法》（民政部令第39号）第二章第八条，2010年12月20日发布，2011年3月1日起施行。

指标，侧重于考查专业活动、建言献策、国际交流、行业自律、调解维权、会员管理、考核认证、人才培养等方面的情况。

（4）学术类社团：特色指标是学术活动、建议咨询、科普公益、人才建设、国际交流与合作等二级指标，侧重于考查学术研究、学术会议、科普活动、国际学术交流等方面的情况。

（5）行业协会商会：特色指标是提供服务、反映诉求、行业自律、行业影响力等二级指标，侧重于考查行业信息统计、会展与培训、技术服务与咨询、自律规约、规范行为、行业覆盖率等方面的情况。

（6）社会服务机构：特色指标是业务管理、提供业务服务、信息公开和服务承诺等二级指标，侧重于考查业务计划、业务执行、业务监督、业务评估、业务规模效益、服务专业性、服务效果与影响等方面的情况。

（7）基金会：特色指标是社会捐赠、公益活动规模和效益、战略与规划、项目开发与运作等二级指标，侧重于考查年度捐赠收入、公益支出水平、工作人员工资福利和行政办公支出比例、战略规划、年度计划与实施、项目的公益性、项目的规范性、项目的专业性、项目的创新性和可积累性、项目的社会效益等方面的情况。

3. 评估指标的具体解释

以民政部在2017年公布的社会服务机构（民办非企业单位）评估指标为例，其具体指标的情况主要包括以下方面。

（1）法定代表人。本条考查法定代表人的产生程序。

评价标准为：①法定代表人为理事长的，理事长由全体理事的半数以上选举产生且符合担任法定代表人的条件；②法定代表人为院长（所长、主任等）的，聘任院长（所长、主任等）由全体理事的半数以上通过且符合担任法定代表人的条件。

评估中，评估专家查看理事会的会议纪要和法定代表人简历。

（2）活动资金。本条考查年末净资产、银行账户情况。

评价标准为：①上年末净资产不低于登记的开办资金数，且未发现存在抽逃开办资金行为；②开立独立银行账户，按照规定使用和管理所开立的银行账户。

评估中，评估专家查看审计报告（或资产负债表）、登记证书。

（3）名称使用。本条考查名称牌匾、名称使用。

评价标准为：①名称牌匾悬挂于办公场所外或办公场所内；②名称使用规范。

评估中，评估专家查看牌匾的悬挂位置。

（4）办公条件。本条考查办公用房、办公环境、办公设施。

评价标准为：①办公用房为自有产权、租赁或无偿使用；②场所规模能满足工作需要；③电脑、打印机、传真机、复印机等办公设备的数量和状况能满足工作需要。

评估中，评估专家查看办公用房的产权证明或租赁、无偿使用协议。

（5）章程制定程序。本条考查章程表决程序。

评价标准为：章程经全体理事的2/3以上表决通过。

评估中，评估专家查看理事会的会议纪要和证明材料。

（6）章程核准。本条考查章程核准（备案）。

评价标准为：修改章程经理事会表决后15日内，报业务主管单位审查同意，自业务主管单位审查同意之日起30日内报登记管理机关核准。

评估中，评估专家查看参评机构的申请审查同意文件、核准批复等相关材料。

（7）变更。本条考查名称、业务范围、住所、开办资金、法定代表人、业务主管单位等变更登记情况。

评价标准为：发生变更的，按照规定办理变更登记手续。各项变更应当自业务主管单位同意之日起30日内，直接登记的自变更事项发生之日起30日内，向登记管理机关申请变更登记。

评估中，评估专家查看参评机构办理变更登记的证明材料。

（8）备案。本条考查理事、监事、印章的备案情况。

评价标准为：负责人、内设机构、印章、银行账户按规定办理备案手续。

评估中，评估专家查看负责人、内设机构、印章、银行账户的备案证明材料。

（9）年度检查。本条考查年检时间、年检结论。

评价标准为：①连续两年按时参加年检。每年5月31日前向登记管理机关报送年检材料，参加年度检查。评估中，评估专家查看上两年度的年度工作报告；②连续两年年检合格。评估中，评估专家查看加盖了上两年度年检结论戳记的《民办非企业单位登记证书》副本。

（10）理事会。本条考查理事产生和罢免情况、理事会人数、按时换届情况、理事会召开次数、与本单位无经济利益关系人士担任理事情况。

评价标准为：①理事产生、增补、罢免符合章程规定，有1/2以上理事出席理事会，经全体理事过半数通过。评估中，评估专家查看产生或罢免理事的理事会会议纪要；②理事人数为3～25人且为单数。评估中，评估专家主要对理事会人数是否符合规定进行考察；③理事会能够定期换届。评估中，评估专家查看理事会会议纪要；④按照章程规定的次数召开理事会。评估中，评估专家查看理事会的会议记录；⑤有与本单位无利益关系的人士担任理事且出席会议和发挥作用。评估中，评估专家查看理事会的人员构成情况和理事会会议纪要。

（11）工会。本条考查工会建立情况、工会发挥作用情况。

评价标准为：①按要求建立了工会；②工会发挥了维护职能、建设职能、参与职能、教育职能。

评估中，评估专家查看工会活动情况的资料。

（12）监督机构。本条考查监事或监事会的设置、监事履行职责和发挥作用情况。

评价标准为：①设有监事或监事会，且不是理事、单位负责人、财务负责人兼任。评估中，评估专家查看监事会或监事的人员构成情况；②监事全部列席理事会，全体监事在年度工作报告上签字。评估中，评估专家查看监事履行职责情况的相关证明材料，监事对理事、院长（所长、主任等）违反法律、法规或章程的行为予以监督或损害本单位利益的行为要求纠正的证明材料。

（13）办事机构。本条考查办事机构的设置和运转情况、工作职责。

评价标准为：①办事机构设置合理、职责明确、运转协调；②有健全的规章制度，有与机构相适应的专职工作人员。

评估中，评估专家根据办事机构人员配备情况、业务开展情况、制度建设情况进行综合评判。

（14）党组织建立。本条考查党组织建立情况。

评价标准为：按照党章程规定要求，独立、联合建立党组织。

评估中，评估专家查看建立党组织情况的资料。

（15）党组织活动。本条考查组织生活制度落实情况、组织党员开展活动情况、党组织发挥作用情况。

评价标准为：①落实民主生活会和组织生活会、民主评议党员、请示报告制度；②党组织活动安排丰富，工作材料齐全；③充分发挥党组织贯彻执行作用、教育引领作用、组织凝聚作用、桥梁带头作用。

评估中，评估专家查看党组织活动情况的相关资料。

（16）人事管理。本条考查聘用情况、薪酬情况、人员培训、劳动合同、社会保险和住房公积金情况。

评价标准为：①制定的聘用制度科学合理，符合政策法规要求。评估中，评估专家查看岗位聘用制度及其落实情况；②制定的薪酬制度科学合理，符合政策法规要求。评估中，评估专家查看工作人员薪酬制度及执行情况；③建立员工培训制度和年度培训计划，按计划安排开展培训。评估中，评估专家查看工作人员参加有关社会组织培训或业务培训的证明材料，比如培训教案、人员考核、签到表等资料；④与全体工作人员签订劳动合同，且合同内容包括工作期限、工作内容、劳动保护和劳动条件、劳动报酬、劳动纪律、劳动合同终止的条件、违反劳动合同的责任等内容。评估中，评估专家查看工作人员的劳动合同及社会保险缴纳记录；⑤为全部专职工作人员缴纳社会保险金和住房公积金。评估中，评估专家查看工作人员花名册、社会保险及住房公积金缴纳记录。

（17）工作人员。本条考查工作人员数量、年龄结构、学历情况。

评价标准为：①专职工作人员达到5人以上。评估中，评估专家查看工作人员花名册、工资表、劳动合同、社会保险缴纳记录；②工作人员的年龄结构合理。评估中，评估专家查看工作人员身份证复印件；③专业人员本科以上学历高于50%。评估中，评估专家查看工作人员的学历证明。

（18）负责人。本条考查负责人的产生程序、履职情况、专兼职情况、产生方式、年度绩效考核情况。

评价标准为：①行政负责人产生有明确的章程规定。评估中，评估专家查看产生负责人的会议纪要；②负责人履职情况较好。评估中，评估专家主要是与参评机构的负责人现场交流进行判断；③行政负责人为专职。评估中，评估专家查看劳动合同；④行政负责人产生符合民主程序，通过召开理事会聘任或解聘院长（或所长），1/2以上理事出席理事会，经全体理事半数通过。评估中，评估专家查看理事会的会议纪要；⑤理事会对行政负责人进行年度绩效考核。评估中，评估专家查看理事会对行政负责人进行年度绩效考核的评价材料。

（19）合法运营。本条考查经费来源和资金使用、资金列入符合规定的单位账簿情况。

评价标准为：①未发现违反国家政策法规、章程规定的事项发生；②全部资金都列入符合规定的单位账簿。

评估中，评估专家查看账目等相关材料。

（20）会计人员管理。本条考查会计人员配备、会计人员岗位职责、会计机构负责人、会计人员变动情况。

评价标准为：①专职会计人员有2名以上；②会计人员分工明确；

③会计机构负责人有会计师（或审计师）及以上职称；④会计人员在近两年未出现变动。

评估中，评估专家查看专职财务人员资质证明材料。

（21）会计核算管理。本条考查核算流程、账务处理、会计电算化、会计档案管理情况。

评价标准为：①会计核算流程合规；②账务处理无问题；③会计核算实行电算化且使用民间组织财务管理软件；④会计档案有专人管理，存放有序、查阅方便，且建立会计档案保管清册（有立卷、归档、查阅、保管、销毁和移交等记录）。

评估中，评估专家查看账目、票据存根及相关证明材料。

（22）资金管理。本条考查货币资金管理制度、货币资金使用管理情况。

评价标准为：①建立了货币资金管理制度；②货币资金使用管理符合法律、法规要求。

评估中，评估专家主要查看账目是否存在侵占、挪用、私分参评单位资产等行为。

（23）项目收支管理。本条考查项目财务管理制度、合同和协议管理、项目支出审批程序、项目资金管理、项目支出情况。

评价标准为：①建立了项目财务收支管理制度；②建立了合同和协议管理制度；③项目支出审批手续齐全，符合制度要求；④资金管理符合国家法规、章程的规定；⑤项目支出合理。

评估中，评估专家查看项目收支管理制度及审批材料。

（24）实物和无形资产管理。本条考查资产管理制度、资产使用情况。

评价标准为：①建立了资产管理制度；②资产购进、领用、保管、处置审批手续完善，定期盘点且对出现的盘亏、盘盈、减值情况及时进行处理。

评估中，评估专家查看资产管理制度建立及执行情况。

（25）投资管理。本条考查投资管理制度、投资管理、投资收益情况。

评价标准为：①建立了投资管理制度；②履行决策程序，投资项目实施了可研、集体决策、后续监督等管理程序，且被投资项目资料完整；③投资收益率较高。

评估中，评估专家查看决策文件、投资管理制度及后续监管资料等。

（26）税收和票据管理。本条考查税务登记、捐赠票据管理情况。

评价标准为：①按规定办理税务登记及备案、变更手续；②有捐赠保管和使用登记记录，没有使用不合规票据作为报销凭证情况，没有违规开票据情况。

评估中，评估专家查看发票、财政票据的使用管理情况。

（27）财务报告。本条考查财务报告制度、财务报告情况。

评价标准为：①制定了财务报告制度；②年度财务报告内容完备。

评估中，评估专家查看财务报告。

（28）财务监督。本条考查监督制度、监事监督、财务报表审计、离任或换届财务审计、捐赠人监督。

评价标准为：①按规定向理事会报告单位整体财务状况；②按规定向监事会报告单位整体财务状况；③上两个年度均进行年度审计；④最近一次法人离任或换届按要求进行财务审计；⑤按规定向捐赠人报告单位整体财务状况。

评估中，评估专家查看年度财务报告接受监督的情况。

（29）档案管理。本条考查档案管理制度、档案保管情况。

评价标准为：①档案管理制度详细、规范；②档案资料齐全，档案资料整理有序，档案交接手续完备。

评估中，评估专家查看档案保管工作材料。

（30）证书管理。本条考查证书保管、登记证书正本悬挂情况。

评价标准为：①证书有专人管理，有证书使用管理规定，各种证书均在有效期内且证书均保存完好；②办公场所悬挂登记证书正本。

评估中，评估专家查看证书的保管和使用情况。

（31）印章管理。本条考查印章管理制度、印章保管和使用情况。

评价标准为：①有详细的印章保管和使用制度；②印章有专人妥善保管，印章交接手续完备，用印登记详细。

评估中，评估专家查看印章管理制度、用印登记、用印交接等情况。

（32）业务计划。本条考查业务发展规划、年度业务计划、业务活动（项目）符合单位宗旨和业务范围情况。

评价标准为：①有单独详细的自身中长期发展规划，落实规划情况良好；②有详细的年度工作计划，落实计划情况良好；③业务活动符合章程规定的宗旨和业务范围。

评估中，评估专家查看业务发展规划、年度业务计划。

（33）业务（项目）开展执行。本条考查业务（项目）管理制度、业务（项目）的流程化管理、业务（项目）工作计划完成情况。

评价标准为：①制定了业务（项目）管理制度；②对业务（项目）进行流程化管理；③业务（项目）工作计划完成情况良好。

评估中，评估专家查看业务管理制度及其执行情况。

（34）业务（项目）监督、总结与评估。本条考查业务（项目）监督检查、业务（项目）总结、业务（项目）评估情况。

评价标准为：①制定业务（项目）检查制度，制度落实情况良好；②制定业务（项目）总结制度，制度落实情况良好；③制定业务（项目）评估制度，制度落实情况良好。

评估中，评估专家查看业务（项目）的检查、总结和评估情况。

（35）业务规模效益。本条考查年度服务收入规模、年度服务支出规模、年度收支比例、年度收入增长率、资产增加情况。

评价标准为：①年度服务收入规模较大；②年度服务支出规模较大；③连续两年度收入高于活动支出；④上两个年度全部收入平均增长率达到10%；⑤上两个年度净资产平均增长率达到10%。

评估中，评估专家查看审计报告、资产负债表、业务活动表等资料，计算年度收支比例、年度收入增长率、资产增加情况。

（36）服务专业性。本条考查服务定位、服务技术能力、服务过程的资源保障情况。

评价标准为：①服务定位清晰、明确；②服务技术能力先进；③服务过程有充分的资源保障。

评估中，评估专家查看服务制度和服务过程资料。

（37）服务效果与影响。本条考查良性经营和服务行为、服务的独特性和创新性、服务的外部延伸社会效果、行业影响力、项目影响力。

评价标准为：①经营和服务行为规范，收费项目合理；②服务具有较强的独特性和创新性；③服务的外部延伸效果比较理想；④服务在行业中有较大影响；⑤项目在社会上的影响力较大。

评估中，评估专家查看服务效果与影响的相关材料。

（38）服务政府。本条考查参与制定相关法律法规和政策文件、向政府提出政策建议、接受政府委托项目和购买服务。

评价标准为：①参与制定相关法律法规的论证。评估中，评估专家查看参与法律、法规制定的证明材料；②某项政策建议对行业发展、国民经济发展做出重大贡献。评估中，评估专家查看参评机构提出建议的情况以及建议被采纳或建议效果的情况；③承接多个政府部门多次资助（购买）服务且工作富有成效。评估中，评估专家查看相关委托书或购买服务协议，了解委托项目或购买服务的数量、是否受到政府部门的表彰或奖励。

（39）服务社会。本条考查在重大突发事件中发挥作用情况、公益活动开展情况。

评价标准为：①在国家重大活动（事件）中发挥重要作用。评估中，评估专家查看参评机构在重大事件中发挥作用和效果情况；②多次提供免费的公益服务。评估中，评估专家查看参评机构服务公众的相关资料。

（40）信息公开建设。本条考查信息公开制度、信息公开平台、信息公开管理情况。

评价标准为：①有详细的信息公开制度。评估中，评估专家查看信息披露制度的制定情况；②有独立的信息公开平台。评估中，评估专家查看信息公开平台建设情况；③在相关媒体披露相关信息次数多，内容真实、准确、完整、及时。评估中，评估专家主要对参评机构的信息公开渠道、公开频次、公开效果进行评估。

（41）信息公开内容。本条考查公开单位基本信息、收费项目和标准、业务活动信息、财务审计报告、年度工作报告情况。

评价标准为：①在相关媒体披露单位基本信息次数多，内容真实、准确、完整、及时；②在相关媒体披露收费项目和标准次数多，内容真实、准确、完整、及时；③在相关媒体披露业务活动信息次数多，内容真实、准确、完整、及时；④在相关媒体披露财务审计报告次数多，内容真实、准确、完整、及时；⑤在相关媒体披露年度工作报告次数多，内容真实、准确、完整、及时。

评估中，评估专家查看单位基本信息、收费项目和标准、业务活动信息、财务审计报告、年度工作报告的公开情况，并对公开信息的真实性、完整性进行判断。

（42）服务承诺。本条考查服务承诺制度、承诺服务内容、承诺服务方式及结果情况。

评价标准为：①制定了服务承诺制度；②承诺服务内容细致、全面；③开展了承诺服务，效果显著。

评估中，评估专家查看承诺服务制度的制定及落实情况。承诺服务制度应包括服务内容、服务方式、服务责任和收费标准等公开承诺。

（43）国际合作与交流。本条考查国际合作、国际交流情况。

评价标准为：①多次或长期参与国际合作项目；②多次或经常参与国际会议。

评估中，评估专家查看参评机构与其他国家或国际组织签署合作协议、参与国际会议的相关证明材料。

（44）宣传推广。本条考查网站和新媒体、刊物资料情况。

评价标准为：①有独立网站，有独立微博、微信等新媒体宣传平台，及时更新且项目齐全、内容丰富；②有刊号、公开发行的报刊杂志。

评估中，评估专家查看网站、微博、微信情况，了解栏目设置、信息更新、信息披露的情况，查看参评机构主办的刊物。

（45）媒体报道。本条考查新闻媒体报道情况。

评价标准为：有国家级和省市级媒体报道。

评估中，评估专家查看媒体报道的级别和内容。

（46）特色贡献。本条考查业绩十分突出、代表某种发展方向的工作。

评价标准为：有业绩突出、具有创新性和推广性的工作。

评估中，评估专家查看具有特色贡献的相关证明材料。

（47）理事评价。本条考查理事对单位财务管理、创新能力、班子履职、重大事项民主决策和提供服务能力的评价。

评价标准为：理事对以上方面的评价结果良好。

评估中，由评估机构委托第三方或安排志愿者，通过电话调查、填写问卷的方式进行了解。参评机构提供理事名单和联系方式。

（48）监事评价。本条考查监事对单位非营利性、财务管理、班子履职、重大事项民主决策、能力建设和规范化管理的评价。

评价标准为：监事对以上方面的评价结果良好。

评估中，由评估机构委托第三方或安排志愿者，通过电话调查、填写问卷的方式进行了解。参评机构提供监事名单和联系方式。

（49）服务对象评价。本条考查服务对象对单位服务态度、服务质量、信息公开、社会影响力和诚信度的评价。

评价标准为：服务对象对以上方面的评价结果良好。

评估中，由评估机构委托第三方或安排志愿者，通过电话调查、填写问卷的方式进行了解。参评机构提供服务对象名单和联系方式。

（50）登记管理机关评价。本条考查登记管理机关对单位非营利性、财务管理、信息公开、服务政府、服务社会、规范化建设、自律与诚信建设的评价。

评价标准为：登记管理机关对以上方面的评价结果良好。

评估中，由评估机构委托第三方或安排志愿者，通过电话调查、填写问卷的方式进行了解。

（51）业务主管单位评价。本条考查业务主管单位对单位领导班子、财务管理、信息公开、服务政府、服务社会、规范化建设、自律与诚信建设的评价。

评价标准为：业务主管单位对以上方面的评价结果良好。

评估中，参评机构将调查问卷交给业务主管单位填写、盖章，然后交给评估机构。

（52）获得表彰奖励情况。本条考查获得政府部门表彰奖励情况。

评价标准为：每获得一项奖励加 2 分，直到加满为止。

评估中，评估专家主要是查看参评机构获得表彰奖励的相关证明，如证书、牌匾等，根据获得奖励的数量和授予机关级别计算分值。

（五）评估结果运用

1. 评估等级

《社会组织评估管理办法》（民政部令〔2010〕第 39 号）明确规定了“社会组织评估结果分为 5 个等级，由高至低依次为 5A 级（AAAAA）、4A 级（AAAA）、3A 级（AAA）、2A 级（AA）、1A 级（A）。”[①] 民政部门确认社会组织评估等级，并向获得 3A 以上评估等级的社会组织颁发证书和牌匾。

---

① 民政部：《社会组织评估管理办法》（民政部令〔2010〕第 39 号）第六章第 26 条，2010 年 12 月 27 日发布，2011 年 3 月 1 日起施行。

5A 级社会组织表明组织本身具有较强的标杆性、示范性作用，因此5A 级组织的评估要求相对较高。评估等级牌匾应当悬挂在社会组织服务场所或者办公场所的明显位置，自觉接受社会监督。

2. 有效期和获益

《社会组织评估管理办法》规定："社会组织评估等级有效期为 5 年。获得 3A 以上评估等级的社会组织，可以优先接受政府职能转移，可以优先获得政府购买服务，可以优先获得政府奖励。获得 3A 以上评估等级的基金会、慈善组织等公益性社会团体可以按照规定申请公益性捐赠税前扣除资格。获得 4A 以上评估等级的社会组织在年度检查时，可以简化年度检查程序。"① "评估等级有效期满前 2 年，社会组织可以申请重新评估。符合参加评估条件未申请参加评估或者评估等级有效期满后未再申请参加评估的社会组织，视为无评估等级。"②

3. 降低或取消评估等级

《社会组织评估管理办法》规定："获得评估等级的社会组织有下列情形之一的，由民政部门作出降低评估等级的处理，情节严重的，作出取消评估等级的处理：①评估中提供虚假情况和资料，或者与评估人员串通作弊，致使评估情况失实的；②涂改、伪造、出租、出借评估等级证书，或者伪造、出租、出借评估等级牌匾的；③连续 2 年年度检查基本合格的；④上年度年度检查不合格或者上年度未参加年度检查的；⑤受相关政府部门警告、罚款、没收非法所得、限期停止活动等行政处罚的；⑥其他违反法律法规规定情形的。"③

---

① 民政部：《社会组织评估管理办法》（民政部令〔2010〕第 39 号）第六章第 28 条，2010 年 12 月 27 日发布，2011 年 3 月 1 日起施行。

② 民政部：《社会组织评估管理办法》（民政部令〔2010〕第 39 号）第六章第 29 条，2010 年 12 月 27 日发布，2011 年 3 月 1 日起施行。

③ 民政部：《社会组织评估管理办法》（民政部令〔2010〕第 39 号）第六章第 30 条，2010 年 12 月 27 日发布，2011 年 3 月 1 日起施行。

第四节 社会组织行政执法的法律法规与政策

一、社会组织行政执法的概念

行政执法是行政主体为实现一定的行政管理目标或维护一定的行政管理秩序，按照法律、法规的规定，以特定行政机关的名义，针对具体的事实或事件，对特定的公民、法人或其他组织采取的能够直接产生法律效果的执法行为。

社会组织行政执法工作分为两类：一是对社会组织违法行为的行政处罚，二是对非法社会组织的取缔。

二、社会组织行政执法的法规

社会组织行政执法的相关法规主要包括：《行政处罚法》（中华人民共和国主席令第 76 号）、《行政强制法》（中华人民共和国主席令第 49 号）、《社会团体登记管理条例》（国务院令第 250 号）、《民办非企业单位登记管理暂行条例》（国务院令第 251 号）、《基金会管理条例》（国务院令第 400 号）、《取缔非法民间组织暂行办法》（民政部令第 21 号）、《民政部关于增加社会组织行政处罚统计指标的通知》（民函〔2010〕235 号）、《社会组织登记管理机关行政处罚程序规定》（民政部令第 44 号）。

三、社会组织行政执法的机制

《关于改革社会组织管理制度促进社会组织健康有序发展的意见》（中办发〔2016〕46 号）规定："民政部门要会同有关部门建立联合执法制度，严厉查处违法违规行为，依法取缔未经登记的各类非法社会组织"。

各级民政部门在依法查处社会组织的违法行为时，要会同公安、审计、税务、工商、人民银行等职能部门建立联合执法机制，相互通报违法案情、积极配合调查取证、严格执行处罚决定，确保执法监察的权威性和震慑力。

四、对社会组织违法行为的行政处罚

行政处罚是登记管理机关对社会组织进行的事后监督。社会组织在活动和运作过程中出现违法行为的，登记管理机关可以根据法律规定对社会组织进行行政处罚。《社会团体登记管理条例》《民办非企业单位登记管理暂行条例》《基金会管理条例》分别规定了对社会团体、民办非企业单位和基金会的处罚制度。

（一）社会组织违法行为的情形

根据《社会团体登记管理条例》《民办非企业单位登记管理暂行条例》《基金会管理条例》的规定，社会组织有下列情形之一的，登记管理机关可以根据情节轻重予以相应的行政处罚：①在申请登记时弄虚作假，骗取登记的；②自取得《法人登记证书》之日起一年未开展活动的；③涂改、出租、出借登记证书，或者出租、出借社会组织印章的；④超出章程规定的宗旨和业务范围进行活动的；⑤拒不接受或者不按照规定接受监督检查的；⑥不按照规定办理变更登记的；⑦违反规定设立分支机构、代表机构，或者对分支机构、代表机构疏于管理，造成严重后果的；⑧从事营利性的经营活动的；⑨侵占、私分、挪用社会组织资产或者所接受的捐赠、资助的；⑩违反国家有关规定收取费用、筹集资金或者接受、使用捐赠、资助的；⑪民办非企业单位设立分支机构的；⑫基金会在填制会计凭证、登记会计账簿、编制财务会计报告中弄虚作假的；⑬基金会未按照规定完成公益事业支出额度的；⑭基金会不履行信息公布义务或者公布虚假信息的。

（二）社会组织行政处罚的措施

根据《社会团体登记管理条例》《民办非企业单位登记管理暂行条例》《基金会管理条例》的规定，登记管理机关根据社会组织违法行为的情节轻重做出不同措施的行政处罚，其措施主要包括：

1. 警告

警告是指登记管理机关对违反法律法规、不履行法定义务的社会组织的谴责和警戒，是一种既有教育性质又有处罚性质的较轻的处罚形式，如针对擅自改变名称、宗旨、活动范围等行为。

2. 责令改正

责令改正是指登记管理机关责令违法者停止和纠正违法行为，以恢复原状，维持法定的秩序或者状态。

3. 限期停止活动

限期停止活动是指登记管理机关对社会组织的权利能力和行为能力进行暂时限制，使社会组织在一定时期内不能作为法律主体从事其章程规定的业务活动。为此，登记管理机关要将标志社会组织资格和身份的登记证书、印章和财务凭证予以封存，使该社会组织在限期停止活动期间无法从事对外交往，无法参与各种民事法律关系。①

4. 责令撤换直接负责的主管人员

责令撤换直接负责的主管人员是指社会组织内某些主管人员引起或从事违法行为后，登记管理机关对社会组织法人自由给予一定的干预和限制。

5. 撤销登记

撤销登记是指社会组织因从事某种违法行为，而被登记管理机关撤销其资格的行政行为。撤销登记是对社会组织违法行为的一种较严重的制裁措施，一般适用于情节严重的违法行为。如社会组织超出或违反核准登记的章程进行活动，拒不接受登记管理机关依法监督检查或违反《社会团体登记管理条例》、《民办非企业单位登记管理暂行条例》和《基金会管理

---

① 对被责令限期停止活动的社会组织怎样落实处罚措施？http：//www.gov.cn/fuwu/2014 -02/11/content_ 2588444.htm，2014 年 2 月 11 日。

条例》及有关规定，情节严重的予以撤销登记处罚。

撤销登记和注销是不同的概念。注销是社会组织因为发起或成立时的宗旨已完成，或因自行解散、分立、合并或其他原因，主动向登记管理机关提出申请，主动提出注销机构。

6. 没收违法经营额或违法所得和罚款

没收是一种较为严厉的财产罚，其执行领域具有一定程度的限定性，只有对那些为牟取非法收入而违反法律法规的社会组织才可以实行这种财产罚。没收的内容是违法经营额和违法所得。①

罚款是目前最为普遍的一种行政处罚。《社会团体登记管理条例》《民办非企业单位登记管理暂行条例》规定，社会团体、民办非企业单位有违法经营额或者违法所得的，予以没收，可以并处违法经营额 1 倍以上 3 倍以下或者违法所得 3 倍以上 5 倍以下的罚款。《基金会管理条例》规定，基金会有违法行为的，登记管理机关应当提请税务机关责令补交违法行为存续期间所享受的税收减免。作出罚款的机关应当与收缴罚款的机关相分离，罚款、没收非法所得，必须全部上缴国库。

7. 依法追究刑事责任

社会团体和民办非企业单位作为依法登记的社会组织，从事危害社会的活动，构成犯罪的要负刑事责任。

（三）社会组织行政处罚的程序

行政处罚程序是行政机关实施行政处罚必须遵循的步骤、方式、顺序和时限等方面的制度规定。《行政处罚法》明确规定，不遵守法定程序，行政处罚无效。社会组织行政处罚的程序是：确定管辖、审查立案、调查取证、听取陈述和申辩、听证、作出处罚决定、送达、执行、结案归档。

1. 确定管辖

在确定管辖环节，《社会组织登记管理机关行政处罚程序规定》规定：

---

① 登记管理机关实施行政处罚的种类有哪些？http：//www. gov. cn/fuwu/2014 - 02/11/content_2588220. htm，2014 年 2 月 11 日。

"①各级登记管理机关负责管辖在本机关登记的社会组织的行政处罚案件。②登记管理机关发现不属于本机关管辖的社会组织在本行政区域内有违法行为的，应当及时通报有管辖权的登记管理机关。有管辖权的登记管理机关可以书面委托违法行为发生地的登记管理机关对社会组织违法案件进行调查。有管辖权的登记管理机关跨行政区域调查社会组织违法案件的，有关登记管理机关应当积极配合，协助调查。③登记管理机关发现所调查的案件不属于本机关管辖的，应当将案件移送有管辖权的行政机关处理。"[①]

2. 审查立案

在审查立案环节，《社会组织登记管理机关行政处罚程序规定》规定，"登记管理机关对同时符合以下条件的社会组织的违法行为，应当立案：①有违反社会组织登记管理规定的违法事实；②属于登记管理机关行政处罚的范围；③属于本机关管辖"[②]。

3. 调查取证

在调查取证环节，《社会组织登记管理机关行政处罚程序规定》规定，"办案人员调查和收集证据应当遵循全面、客观、公正原则。办案人员对案件进行调查，应当收集以下证据：①书证；②物证；③证人证言；④视听资料、电子数据；⑤当事人陈述；⑥鉴定意见；⑦勘验笔录和现场笔录"[③]。

4. 听取陈述和申辩

在听取陈述和申辩环节，《社会组织登记管理机关行政处罚程序规定》规定，"先行登记保存有关证据，办案人员应当通知当事人到场，送达先行登记保存通知书，当场告知当事人采取行政强制措施的理由、依据以及当事人依法享有的权利、救济途径，听取当事人的陈述和申辩，并制作现

① 民政部：《社会组织登记管理机关行政处罚程序规定》（民政部令第 44 号）第一章第三条、第四条、第五条，2012 年 8 月 3 日发布，2012 年 10 月 1 日起施行。

② 民政部：《社会组织登记管理机关行政处罚程序规定》（民政部令第 44 号）第二章第六条，2012 年 8 月 3 日发布，2012 年 10 月 1 日起施行。

③ 民政部：《社会组织登记管理机关行政处罚程序规定》（民政部令第 44 号）第二章第九条，2012 年 8 月 3 日发布，2012 年 10 月 1 日起施行。

场笔录”①。

5. 听证

在听证环节，《社会组织登记管理机关行政处罚程序规定》规定，“登记管理机关作出限期停止活动、撤销登记以及较大数额罚款处罚的决定前，应当告知当事人有要求举行听证的权利。当事人要求听证的，应当在登记管理机关告知后3个工作日内提出。登记管理机关应当在听证的7日前，通知当事人举行听证的时间、地点。当事人逾期未提出陈述、申辩或者要求组织听证的，视为放弃上述权利”②。

6. 作出处罚决定

在作出处罚决定环节，《社会组织登记管理机关行政处罚程序规定》规定，“登记管理机关负责人应当对案件调查结果进行审查，根据不同情况分别作出如下决定：①确有应受行政处罚的违法行为的，根据情节轻重及具体情况，作出行政处罚决定；②违法行为轻微，依法可以不予行政处罚的，不予行政处罚；③违法事实不能成立的，不得给予行政处罚；④违法行为涉嫌构成犯罪的，移送司法机关”③。

7. 送达

在送达环节，《社会组织登记管理机关行政处罚程序规定》规定：“送达法律文书，应当直接送达受送达人，由社会组织的法定代表人、主要负责人或者负责收件的人签收；受送达人有委托代理人的，可以送交其代理人签收；受送达人已向登记管理机关指定代收人的，送交代收人签收。”④“直接送达法律文书有困难的，有管辖权的登记管理机关可以委托其他登

① 民政部：《社会组织登记管理机关行政处罚程序规定》（民政部令第44号）第二章第16条，2012年8月3日发布，2012年10月1日起施行。

② 民政部：《社会组织登记管理机关行政处罚程序规定》（民政部令第44号）第三章第22条、第23条，2012年8月3日发布，2012年10月1日起施行。

③ 民政部：《社会组织登记管理机关行政处罚程序规定》（民政部令第44号）第三章第24条，2012年8月3日发布，2012年10月1日起施行。

④ 民政部：《社会组织登记管理机关行政处罚程序规定》（民政部令第44号）第五章第35条，2012年8月3日发布，2012年10月1日起施行。

记管理机关代为送达，或者邮寄送达。邮寄送达的，以回执上注明的收件日期为送达日期。”① “本章规定的其他方式无法送达的，公告送达。自发出公告之日起，经过60日，即视为送达。”②

8. 执行

在执行环节，《社会组织登记管理机关行政处罚程序规定》规定：“当事人对登记管理机关的行政处罚决定不服，申请行政复议或者提起行政诉讼的，行政处罚不停止执行，法律另有规定的除外。”③ “当事人逾期不履行行政处罚决定的，登记管理机关可以采取下列措施：①到期不缴纳罚款的，每日按罚款数额的3%加处罚款，加处罚款的标准应当告知当事人，加处罚款的数额不得超出原罚款数额；②申请人民法院强制执行；③法律规定的其他措施。”④

9. 结案归档

在结案归档环节，《社会组织登记管理机关行政处罚程序规定》规定，“有下列情形之一的，应予结案：①行政处罚案件执行完毕的；②作出不予行政处罚决定的；③作出不得给予行政处罚决定的；④作出移送司法机关决定的”⑤。

五、对非法社会组织的取缔

（一）对非法社会组织的界定

根据《取缔非法民间组织暂行办法》（民政部令第21号）的规定，

---

① 民政部：《社会组织登记管理机关行政处罚程序规定》（民政部令第44号）第五章第37条，2012年8月3日发布，2012年10月1日起施行。

② 民政部：《社会组织登记管理机关行政处罚程序规定》（民政部令第44号）第五章第38条，2012年8月3日发布，2012年10月1日起施行。

③ 民政部：《社会组织登记管理机关行政处罚程序规定》（民政部令第44号）第四章第27条，2012年8月3日发布，2012年10月1日起施行。

④ 民政部：《社会组织登记管理机关行政处罚程序规定》（民政部令第44号）第四章第33条，2012年8月3日发布，2012年10月1日起施行。

⑤ 民政部：《社会组织登记管理机关行政处罚程序规定》（民政部令第44号）第六章第39条，2012年8月3日发布，2012年10月1日起施行。

“具有下列情形之一的属于非法民间组织：①未经批准，擅自开展社会团体筹备活动的；②未经登记，擅自以社会团体或者民办非企业单位名义进行活动的；③被撤销登记后继续以社会团体或者民办非企业单位名义进行活动的”①。但是在2014年，民政部取消了社会团体筹备成立的审批。这意味着，社会团体成立前的筹备，不再需要获得民政部门的同意。因此，仅有第二种和第三种情况属于非法社会组织。

（二）对非法社会组织的处罚措施

对非法社会组织的处罚，《取缔非法民间组织暂行办法》规定：“登记管理机关负责对非法民间组织进行调查，收集有关证据，依法作出取缔决定，没收其非法财产。”② 在依法取缔之后，登记管理机关还应将案件移交公安机关处理。

针对非法社会组织，《社会团体登记管理条例》和《民办非企业单位登记管理暂行条例》都规定：“由登记管理机关予以取缔，没收非法财产；构成犯罪的，依法追究刑事责任；尚不构成犯罪的，依法给予治安管理处罚。”《基金会管理条例》规定：“由登记管理机关予以取缔，没收非法财产并向社会公告。”③

《治安管理处罚法》规定，“有下列行为之一的，处十日以上15日以下拘留，并处500元以上1000元以下罚款；情节较轻的，处五日以下拘留或者500元以下罚款：①违反国家规定，未经注册登记，以社会团体名义进行活动，被取缔后，仍进行活动的；②被依法撤销登记的社会团体，仍以社会团体名义进行活动的；③未经许可，擅自经营按照国家规定需要由公安机关许可的行业的”。

---

① 民政部：《取缔非法民间组织暂行办法》（民政部令第21号）第二条，2000年4月10日发布并施行。

② 民政部：《取缔非法民间组织暂行办法》（民政部令第21号）第三条，2000年4月10日发布并施行。

③ 国务院：《基金会管理条例》第六章第40条，2004年2月11日发布，2004年6月1日起施行。

关键术语

自律监管　互律监管　行政监管　双重管理模式　年检　评估　行政执法　以评促建　管理办法　分级评估　分类评估　第三方评估　评估指标　取缔　行政处罚　撤销登记

复习思考题

1. 社会组织年检的概念是什么？
2. 社会组织年检的相关法规包括哪些？
3. 社会组织年检的主要内容包括哪些？
4. 对年检不合格的社会组织如何处理？
5. 社会组织评估的概念是什么？
6. 社会组织评估和社会组织年检的共同点和不同点有哪些？
7. 社会组织评估的原则包括哪些？
8. 社会组织评估工作的流程是什么？
9. 在哪些情况下，将对非法社会组织进行取缔？

第九章
社会组织税收优惠的法律法规与政策

本章提要

本章是社会组织税收优惠的法律法规与政策，共分为三节内容：第一节是非营利组织税收优惠的制度与立法，主要介绍我国的税收征管制度、非营利组织税收优惠立法；第二节是非营利组织自身的税收优惠政策，主要介绍非营利组织自身的所得税优惠政策、非营利组织自身的流转税优惠政策、非营利组织自身的财产行为税优惠政策；第三节是公益性捐赠的税收优惠政策，主要介绍公益性捐赠的所得税优惠政策、公益性捐赠的流转税优惠政策、公益性捐赠的财产行为税优惠政策。

税收是国家财政收入的主要来源和经济宏观调控的重要杠杆，对国家经济发展起到非常重要的作用。税收政策是国际上调控非营利组织发展的重要手段之一，合理的税收制度对非营利组织的生存与发展至关重要。在概念使用上，无论在国际上还是在我国的语境下，税收优惠都是适用于“非营利组织”。我国财税部门出台的相关规定所使用的概念均为“非营利组织”。基于这个原因，本章主要使用“非营利组织”概念。

第一节 非营利组织税收优惠的制度与立法

一、我国的税收征管制度

税收是国家经济收入的主要来源，纳税是企业事业单位、社会团体、公民个人和其他组织应尽的义务。

（一）办理税务登记的主体

国家税务总局制定的《税务登记管理办法》（国家税务总局令第 7 号）第二条规定："企业，企业在外地设立的分支机构和从事生产、经营的场所，个体工商户和从事生产、经营的事业单位，均应当按照《税收征管法》及《实施细则》和本办法的规定办理税务登记。前款规定以外的纳税人，除国家机关、个人和无固定生产、经营场所的流动性农村小商贩外，也应当按照《税收征管法》及《实施细则》和本办法的规定办理税务登记。"[①] 因此，非营利组织必须按照《税收征收管理法》及其《实施细则》的规定，办理税务登记，按期进行纳税申报。

（二）我国政府征收的税种

目前，我国政府征收的税种有 17 个，主要包括：

1. 增值税

单位和个人销售或进口货物，销售服务、无形资产或不动产应缴纳增值税。分为一般纳税人和小规模纳税人。

2. 消费税

消费税是以特定消费品为课税对象所征收的一种税，属于流转税的范畴。在对货物普遍征收增值税的基础上，选择少数消费品再征收一道消

① 国家税务总局：《税务登记管理办法》（总局令〔2003〕7 号），2003 年 11 月 20 日发布，2014 年 12 月 27 日修正，2015 年 3 月 1 日起施行。

费税。

3. 企业所得税

企业所得税是对我国内资企业和经营单位的生产经营所得和其他所得征收的一种税。

4. 个人所得税

个人所得税是国家对本国公民、居住在本国境内的个人的所得和境外个人来源于本国的所得征收的一种所得税。

5. 资源税

开采原油、天然气、煤炭、盐、金属和非金属原矿等自然资源，应就销售额或销售数量为依据缴纳资源税，具体税率由国务院规定。

6. 城镇土地使用税

城镇土地使用税是以开征范围的土地为征税对象，以实际占用的土地面积为计税标准，按规定税额对拥有土地使用权的单位和个人征收的一种资源税。

7. 房产税

房产税是以房屋为征税对象，按房屋的计税余值或租金收入为计税依据，向产权所有人征收的一种财产税。

8. 城市维护建设税

城市维护建设税是我国为了加强城市的维护建设，扩大和稳定城市维护建设资金的来源，对有经营收入的单位和个人征收的一个税种。

9. 耕地占用税

耕地占用税是国家对占用耕地建房或者从事其他非农业建设的单位和个人，依据实际占用耕地面积、按照规定税额一次性征收的一种税。

10. 土地增值税

土地增值税是指转让国有土地使用权、地上的建筑物及其附着物并取得收入的单位和个人，以转让所取得的收入包括货币收入、实物收入和其他收入减除法定扣除项目金额后的增值额为计税依据向国家缴纳的一种税赋，不包括以继承、赠与方式无偿转让房地产的行为。

11. 车辆购置税

车辆购置税是对在境内购置规定车辆的单位和个人征收的一种税，它由车辆购置附加费演变而来。

12. 车船税

车船税是指对在我国境内应依法到公安、交通、农业、渔业、军事等管理部门办理登记的车辆、船舶，根据其种类，按照规定的计税依据和年税额标准计算征收的一种财产税。

13. 印花税

所有书立、领受“应税凭证”的单位和个人都应缴纳印花税。印花税税率从借款合同金额的 0.005% 到财产租赁合同、财产保险合同金额的 0.1% 不等。

14. 契税

契税是以所有权发生转移变动的不动产为征税对象，向产权承受人征收的一种财产税。应缴税范围包括：土地使用权出售、赠与和交换，房屋买卖，房屋赠与，房屋交换等。

15. 烟叶税

烟叶税是以纳税人收购烟叶的收购金额为计税依据征收的一种税。

16. 关税

关税是指进出口商品在经过一国关境时，由政府设置的海关向进出口商所征收的税收。

17. 船舶吨税

船舶吨税是海关代表国家交通管理部门在设关口岸对进出中国国境的船舶征收的用于航道设施建设的一种使用税。

另外，营业税曾经是我国的一个主体税种，2017 年 10 月 30 日，国务院常务会议通过《国务院关于废止〈中华人民共和国营业税暂行条例〉和修改〈中华人民共和国增值税暂行条例〉的决定（草案)》，正式废止实施60多年的营业税，调整完善增值税征税范围，将销售服务、无形资产、不动产的单位和个人规定为增值税纳税人，并明确相应税率。

二、非营利组织税收优惠立法

（一）我国非营利组织税收优惠制度框架

在我国，非营利组织的税收制度包括两个层面：①关于非营利组织的税收规定，即非营利组织应该如何纳税。②关于非营利组织的税收优惠，即非营利组织享有哪些税收优惠。由于非营利组织不以营利为目的，它们向社会提供的服务往往是无偿的，因此非营利组织在许多国家虽然被列为纳税主体，但也享有许多减税甚至免税的优惠。

我国关于非营利组织的税收优惠也可以分为两个层次：①对非营利组织本身的税收优惠。②对向非营利组织捐赠的企业和个人的税收优惠。

我国没有关于非营利组织税收及其优惠的专门法律，而是在各个独立的税法中涉及了关于非营利组织的税收政策规定。根据《立法法》的规定，我国关于税收优惠的具体问题只能由税收专门法律规定。

总体来说，我国关于非营利组织的税收优惠政策涉及较广、税种较多，基本涵盖了与其相关的各类税种，每类税种都规定了优惠措施，非营利组织本身、公益捐赠者都可以享受到一定的税收优惠。这有利于增强非营利组织自身的实力，也有助于推动社会捐赠的发展。

我国关于非营利组织的税收优惠主要包括以下税种：企业所得税、个人所得税、增值税、关税、房产税、车船使用税、城镇土地使用税、耕地占用税、土地增值税、契税、车辆购置税等。在相关税法中，都明确了针对非营利组织税收优惠的条款，符合条件的非营利组织的收入可以享受税收优惠。

（二）我国非营利组织税收优惠立法的历程

随着改革开放的逐步推进，我国的公益事业快速发展，国家对非营利组织的税收优惠政策逐步完善，政府给予非营利组织越来越多的税收优惠。

在20世纪90年代，我国对税法进行了一定的调整。在1993年修订了《个人所得税法》，在1994年修订了《企业所得税暂行条例》。通过两部法律的修订，增加了企业和个人向公益事业的捐赠给予税前扣除的规定。依据法律规定，国家税务总局对符合条件的非营利组织授予公益性捐赠税前扣除资格。1997年，财政部和国家税务总局下发了《关于事业单位、社会团体征收企业所得税有关问题的通知》（财税字〔1997〕75号）（已失效），明确了社会团体免征企业所得税的项目。此后，又相继出台了《国家税务总局关于基金会应税收入问题的通知》（国税发〔1999〕24号）（已失效）《事业单位、社会团体、民办非企业单位企业所得税征收管理办法》（国税发〔1999〕65号）。

2000年以来，我国的非营利组织税收优惠立法得到进一步完善。新的《企业所得税法》和《企业所得税法实施条例》在2008年1月1日同时生效实施；新的《个人所得税法》和《个人所得税法实施条例》在同年3月1日生效实施。

（1）在非营利组织自身税收优惠方面，国家财税部门、民政部门等相继下发了一系列通知，包括《财政部、国家税务总局关于非营利组织企业所得税免税收入问题的通知》（财税〔2009〕122号）、《财政部、国家税务总局关于非营利组织免税资格认定管理有关问题的通知》（财税〔2009〕123号）（已废止）、《国家税务总局关于2008年度企业所得税纳税申报有关问题的通知》（国税函〔2009〕286号）、《财政部、国家税务总局关于非营利组织免税资格认定管理有关问题的通知》（财税〔2014〕13号）（已废止）、《民政部、海关总署关于社会团体和基金会办理进口慈善捐赠物资减免税手续有关问题的通知》（民发〔2016〕64号）、《财政部、国家税务总局关于非营利组织免税资格认定管理有关问题的通知》（财税〔2018〕13号），等等。

（2）在公益性捐赠税前扣除方面，国家财税部门、民政部门等也下发了一系列通知，包括《财政部关于加强企业对外捐赠财务管理的通知》（财企〔2003〕95号）、《财政部、国家税务总局、民政部关于公益性捐赠税前扣除有关问题的通知》（财税〔2008〕160号）、《民政部办公厅关于印发基金会公益性捐赠税前扣除资格审核工作实施方案的通知》（民办发〔2009〕10号）、《民政部关于印发〈社会团体公益性捐赠税前扣除资格认定工作指引〉的通知》（民发〔2009〕100号）、《财政部、国家税务总局关于通过公益性群众团体的公益性捐赠税前扣除有关问题的通知》（财税〔2009〕124号）、《财政部关于企业公益性捐赠股权有关财务问题的通知》（财企〔2009〕213号）、《财政部、国家税务总局、民政部关于公益性捐赠税前扣除有关问题的补充通知》（财税〔2010〕45号）、《财政部关于印发〈公益事业捐赠票据使用管理暂行办法〉的通知》（财综〔2010〕112号）、《民政部关于印发〈全国性社会团体公益性捐赠税前扣除资格初审暂行办法〉的通知》（民发〔2011〕81号）、《财政部、国家税务总局、民政部关于公益性捐赠税前扣除资格确认审批有关调整事项的通知》（财税〔2015〕141号）、《财政部、民政部关于进一步明确公益性社会组织申领公益事业捐赠票据有关问题的通知》（财综〔2016〕7号），等等。

对于慈善捐赠的税收优惠，2016年出台的《慈善法》明确规定："自然人、法人和其他组织捐赠财产用于慈善活动的，依法享受税收优惠。企业慈善捐赠支出超过法律规定的准予在计算企业所得税应纳税所得额时当年扣除的部分，允许结转以后三年内在计算应纳税所得额时扣除。国家对开展扶贫济困的慈善活动，实行特殊的优惠政策。"①

---

①《中华人民共和国慈善法》第九章第80条，2016年3月16日发布，2016年9月1日起施行。

第二节 非营利组织自身的税收优惠政策

为了鼓励非营利组织参与公益慈善事业，我国对非营利组织自身收入给予一定的优惠待遇。按税种划分，我国非营利组织自身的税收优惠主要包括所得税的优惠政策、流转税的优惠政策和财产行为税的优惠政策。

一、非营利组织自身的所得税优惠政策

相对于其他税种，企业所得税对非营利组织的影响最大。根据法律规定，企业和有生产经营所得的组织应缴纳企业所得税，非营利组织虽然不是企业但也要缴纳企业所得税，税率是会计利润的25%。关于非营利组织企业所得税优惠的法律及行政法规，主要有《企业所得税法》和《企业所得税法实施条例》，这两部法律也是各类税收优惠中对非营利组织支持力度最充分的。

《企业所得税法》及其实施条例对非营利组织的税收优惠政策体现在以下三个方面：一是免税收入；二是不征税收入；三是小型微利企业低税率优惠。其中，免税收入、不征税收入是不需要缴税，小型微利企业低税率优惠是税收减征。

（一）免税收入

免税收入是指属于企业的应税所得但按照税法规定免予征收企业所得税的收入。《企业所得税法》第26条第四项规定："符合条件的非营利组织的收入为免税收入。"《企业所得税法实施条例》第85条规定："《企业所得税法》第26条第四项所称符合条件的非营利组织的收入，不包括非营利组织从事营利性活动取得的收入，但国务院财政、税务主管部门另有规定的除外。"

1. "符合条件的非营利组织"的界定

根据《财政部、国家税务总局关于非营利组织免税资格认定管理有关

问题的通知》（财税〔2018〕13 号）的规定，各类非营利组织要享受免税优惠，需要先经认定机构认定，并取得非营利组织免税资格，然后才可办理减免税手续，享受优惠政策。

该通知规定："符合条件的非营利组织"应符合以下八项规定："①依照国家有关法律法规设立或登记的事业单位、社会团体、基金会、社会服务机构、宗教活动场所、宗教院校以及财政部、税务总局认定的其他非营利组织。②从事公益性或者非营利性活动。③取得的收入除用于与该组织有关的、合理的支出外，全部用于登记核定或者章程规定的公益性或者非营利性事业。④财产及其孳息不用于分配，但不包括合理的工资薪金支出。⑤按照登记核定或者章程规定，该组织注销后的剩余财产用于公益性或者非营利性目的，或者由登记管理机关采取转赠给与该组织性质、宗旨相同的组织等处置方式，并向社会公告。⑥投入人对投入该组织的财产不保留或者享有任何财产权利，本款所称投入人是指除各级人民政府及其部门外的法人、自然人和其他组织。⑦工作人员工资福利开支控制在规定的比例内，不变相分配该组织的财产，其中：工作人员平均工资薪金水平不得超过税务登记所在地的地市级（含地市级）以上地区的同行业同类组织平均工资水平的两倍，工作人员福利按照国家有关规定执行。⑧对取得的应纳税收入及其有关的成本、费用、损失应与免税收入及其有关的成本、费用、损失分别核算。"①

2. "免税收入"的界定

根据《财政部、国家税务总局关于非营利组织企业所得税免税收入问题的通知》（财税〔2009〕122 号）的规定，符合条件的非营利组织的下列"收入"是企业所得税的免税收入："①接受其他单位或者个人捐赠的收入。②除《企业所得税法》第七条规定的财政拨款以外的其他政府补助

① 财政部、国家税务总局：《财政部、国家税务总局关于非营利组织免税资格认定管理有关问题的通知》（财税〔2018〕13 号），2018 年 2 月 7 日发布，2018 年 1 月 1 日起施行。

收入，但不包括因政府购买服务取得的收入。③按照省级以上民政、财政部门规定收取的会费。④不征税收入和免税收入孳生的银行存款利息收入。⑤财政部、国家税务总局规定的其他收入。”① 因此，符合条件并被认定为非营利组织的机构，其取得的上述五类收入是免税收入，但要按规定向税务机关办理减免税备案手续。

3. 免税资格确认及办理程序

（1）报送的材料。非营利组织免税资格依申请获得，应根据《财政部、国家税务总局关于非营利组织免税资格认定管理有关问题的通知》（财税〔2018〕13 号）第三条的规定，提交以下材料：“①申请报告；②事业单位、社会团体、基金会、社会服务机构的组织章程或宗教活动场所、宗教院校的管理制度；③非营利组织注册登记证件的复印件；④上一年度的资金来源及使用情况、公益活动和非营利活动的明细情况；⑤上一年度的工资薪金情况专项报告，包括薪酬制度、工作人员整体平均工资薪金水平、工资福利占总支出比例、重要人员工资薪金信息（至少包括工资薪金水平排名前 10 的人员）；⑥具有资质的中介机构鉴证的上一年度财务报表和审计报告；⑦登记管理机关出具的事业单位、社会团体、基金会、社会服务机构、宗教活动场所、宗教院校上一年度符合相关法律法规和国家政策的事业发展情况或非营利活动的材料；⑧财政、税务部门要求提供的其他材料。”②

（2）免税资格的办理程序。非营利组织免税资格的办理程序是：“经省级（含省级）以上登记管理机关批准设立或登记的非营利组织，凡符合规定条件的，应向其所在地省级税务主管机关提出免税资格申请，并提供本通知规定的相关材料；经地市级或县级登记管理机关批准设立或登记的

---

① 财政部、国家税务总局：《财政部、国家税务总局关于非营利组织企业所得税免税收入问题的通知》（财税〔2009〕122 号），2009 年 11 月 11 日发布，2008 年 1 月 1 日起施行。

② 财政部、国家税务总局：《财政部、国家税务总局关于非营利组织免税资格认定管理有关问题的通知》（财税〔2018〕13 号），2018 年 2 月 7 日发布，2018 年 1 月 1 日起施行。

非营利组织，凡符合规定条件的，分别向其所在地的地市级或县级税务主管机关提出免税资格申请，并提供本通知规定的相关材料。财政、税务部门按照上述管理权限，对非营利组织享受免税的资格联合进行审核确认，并定期予以公布。”①

（3）免税资格的有效期。关于免税资格有效期的规定是：“非营利组织免税优惠资格的有效期为五年，但每年都需要提交资料备案。非营利组织应在期满前三个月内提出复审申请，不提出复审申请或复审不合格的，其享受免税优惠的资格到期自动失效。”②

（4）取消免税资格的情况。已认定的享受免税优惠政策的非营利组织有下述情况之一的，应取消其资格：“①登记管理机关在后续管理中发现非营利组织不符合相关法律法规和国家政策的；②在申请认定过程中提供虚假信息的；③纳税信用等级为税务部门评定的 C 级或 D 级的；④通过关联交易或非关联交易和服务活动，变相转移、隐匿、分配该组织财产的；⑤被登记管理机关列入严重违法失信名单的；⑥从事非法政治活动的。”③“因上述第①项规定的情形被取消免税优惠资格的非营利组织，财政、税务部门在一年内不再受理该组织的认定申请；因上述规定的除第①项以外的其他情形被取消免税优惠资格的非营利组织，财政、税务部门在五年内不再受理该组织的认定申请。”④

（二）不证税收入

“不征税收入”是指从性质和根源上不属于企业营利活动带来的经济利益，不负有纳税义务且不作为应纳税所得额组成部分的收入。

---

① 财政部、国家税务总局：《财政部、国家税务总局关于非营利组织免税资格认定管理有关问题的通知》（财税〔2018〕13 号），2018 年 2 月 7 日发布，2018 年 1 月 1 日起施行。

② 财政部、国家税务总局：《财政部、国家税务总局关于非营利组织免税资格认定管理有关问题的通知》（财税〔2018〕13 号），2018 年 2 月 7 日发布，2018 年 1 月 1 日起施行。

③ 财政部、国家税务总局：《财政部、国家税务总局关于非营利组织免税资格认定管理有关问题的通知》（财税〔2018〕13 号），2018 年 2 月 7 日发布，2018 年 1 月 1 日起施行。

④ 财政部、国家税务总局：《财政部、国家税务总局关于非营利组织免税资格认定管理有关问题的通知》（财税〔2018〕13 号），2018 年 2 月 7 日发布，2018 年 1 月 1 日起施行。

考虑到事业单位、社会团体、基金会、民办非企业单位等组织承担行政性或公共事务职能，有一部分收入是财政拨款、行政事业性收费等，并纳入预算管理，对这些收入征税没有实际意义。基于这个原因，我国在2007年颁布的《企业所得税法》引入了“不征税收入”的概念。《企业所得税法》第七条规定，“收入总额中的下列收入为不征税收入：①财政拨款；②依法收取并纳入财政管理的行政事业性收费、政府性基金；③国务院规定的其他不征税收入”①。

对于以上三种收入的具体界定，《企业所得税法实施条例》第26条规定：“企业所得税法第七条第（1）项所称财政拨款，是指各级人民政府对纳入预算管理的事业单位、社会团体等组织拨付的财政资金，但国务院和国务院财政、税务主管部门另有规定的除外。企业所得税法第七条第（2）项所称行政事业性收费，是指依照法律法规等有关规定，按照国务院规定程序批准，在实施社会公共管理，以及在向公民、法人或者其他组织提供特定公共服务过程中，向特定对象收取并纳入财政管理的费用。企业所得税法第七条第（3）项所称政府性基金，是指企业依照法律、行政法规等有关规定，代政府收取的具有专项用途的财政资金。企业所得税法第七条第（三）项所称国务院规定的其他不征税收入，是指企业取得的，由国务院财政、税务主管部门规定专项用途并经国务院批准的财政性资金。”②

（三）小型微利企业20%的低税率优惠

我国通过税收政策鼓励小型微利企业发展，近年来，国家出台了一系列法律法规扶持小型微利企业。根据《企业所得税法》第28条第一款和《企业所得税法实施条例》第92条的规定，符合条件的小型微利企业减按

① 《中华人民共和国企业所得税法》第二章第七条，1993年12月13日发布，2007年3月16日修正，2008年1月1日起施行。

② 国务院：《企业所得税法实施条例》（国务院令第512号）第二章第26条，2007年12月6日发布，2011年9月1日起施行。

20%的税率征收企业所得税，具体范围是："①工业企业，年度应纳税所得额不超过30万元，从业人数不超过100人，资产总额不超过3 000万元；②其他企业，年度应纳税所得额不超过30万元，从业人数不超过80人，资产总额不超过1 000万元。"[①] 因此，非营利组织如果符合"其他企业"的条件，可以减按20%的税率缴纳企业所得税。

除了税法规定的企业所得税税率由25%降为20%以外，根据《财政部、国家税务总局关于进一步扩大小型微利企业所得税优惠政策范围的通知》（财税〔2015〕99号）的规定，2010年起我国对部分小型微利企业实行减半征收企业所得税的优惠政策。到2015年，国家已经先后五次扩大小型微利企业减半征收企业所得税优惠政策的实施范围，加大对小型微利企业的税收扶持力度。

二、非营利组织自身的流转税优惠政策

我国的流转税包括增值税、消费税和关税三个税种，其中的增值税和关税有关于非营利组织自身的税收优惠规定。

（一）增值税的优惠

（1）根据《财政部、国家税务总局关于全面推开营业税改征增值税试点的通知》（财税〔2016〕36号）附件三《营业税改征增值税试点过渡政策的规定》的规定，免征增值税的涉及非营利组织的项目主要包括："①托儿所、幼儿园提供的保育和教育服务；②养老机构提供的养老服务；③残疾人福利机构提供的养育服务；④婚姻介绍服务；⑤殡葬服务；⑥残疾人员本人为社会提供的服务；⑦医疗机构提供的医疗服务；⑧从事学历教育的学校提供的教育服务；⑨纪念馆、博物馆、文化馆、文物保护单位管理机构、美术馆、展览馆、书画院、图书馆在自己的场所提供文化体育

---

① 国务院：《企业所得税法实施条例》（国务院令第512号）第四章第92条，2007年12月6日发布，2008年1月1日起施行。

服务取得的第一道门票收入；⑩寺院、宫观、清真寺和教堂举办文化、宗教活动的门票收入。”①

（2）根据《关于租入固定资产进项税额抵扣等增值税政策的通知》（财税〔2017〕90号）的规定：“自2016年5月1日起，社会团体收取的会费，免征增值税。本通知下发前已征的增值税，可抵减以后月份应缴纳的增值税，或办理退税。”②

（二）关税的优惠

针对非营利组织关税的免税政策，财政部、海关总署、国家税务总局下发的《科学研究和教学用品免征进口税收规定》（财政部、海关总署、国家税务总局令第45号）第二条规定：“科学研究机构和学校，以科学研究和教学为目的，在合理数量范围内进口国内不能生产或者性能不能满足需要的科学研究和教学用品，免征进口关税和进口环节增值税、消费税。”③

三、非营利组织自身的财产行为税优惠政策

在财产行为税类法律中，房产税、城镇土地使用税、耕地占用税、契税、车船税和土地增值税的有关法律对非营利组织自身的税收优惠做了明确规定。

（一）房产税和城镇土地使用税的优惠

企业使用自有房屋进行生产经营，或者无租使用免税单位的房屋，以及对外出租房屋，需要缴纳房产税。企业使用城镇的土地，需要缴纳城镇

① 财政部、国家税务总局：《关于全面推开营业税改征增值税试点的通知》（财税〔2016〕36号），2016年3月23日发布。

② 财政部、国家税务总局：《关于租入固定资产进项税额抵扣等增值税政策的通知》（财税〔2017〕90号），2017年12月25日发布。

③ 财政部、海关总署、国家税务总局：《科学研究和教学用品免征进口税收规定》（财政部、海关总署、国家税务总局令第45号），2007年2月15日发布，2011年6月14日修正，2011年1月1日起施行。

土地使用税。

（1）根据《房产税暂行条例》第五条和《城镇土地使用税暂行条例》第六条的规定，免征房产税和城镇土地使用税的项目包括：①国家机关、人民团体、军队自用的房产和土地；②由国家财政部门拨付事业经费的单位自用的房产和土地；③宗教寺庙、公园、名胜古迹自用的房产和土地。

（2）根据《财政部、国家税务总局关于教育税收政策的通知》（财税〔2004〕39号）的规定，企业办的各类学校、托儿所、幼儿园自用的房产、土地，免征房产税、城镇土地使用税。

（3）根据《财政部、国家税务总局关于继续执行高校学生公寓和食堂有关税收政策的通知》（财税〔2016〕82号）的规定，高校学生公寓免征房产税。

（4）根据《财政部、国家税务总局关于非营利性科研机构税收政策的通知》（财税〔2001〕5号）的规定，非营利性科研机构自用的房产和土地，免征房产税和城镇土地使用税。

（5）根据《财政部、国家税务总局关于对老年服务机构有关税收政策问题的通知》（财税〔2000〕97号）的规定，老年服务机构自用的房产和土地，免征房产税和城镇土地使用税。老年服务机构是指专门为老年人提供生活照料、文化、护理、健身等多方面服务的福利性、非营利性的机构，主要包括：老年社会福利院、敬老院（养老院）、老年服务中心、老年公寓（含老年护理院、康复中心、托老所）等。

（二）耕地占用税的优惠

企业等组织因非农原因使用了农村的耕地，需要缴纳耕地占用税。

根据《耕地占用税暂行条例》的规定："学校、幼儿园、养老院、医院占用耕地，可以免征耕地占用税。"[①] 税法同时规定，上述免税用地，凡

① 国务院：《耕地占用税暂行条例》（国务院令第511号）第八条，2007年12月1日发布，2008年1月1日起施行。

改变用途不属于免税范围的，应从改变时起补交耕地占用税。

（三）契税的优惠

企业等组织购买房产土地，需要缴纳契税。

根据《契税暂行条例》的规定："国家机关、事业单位、社会团体、军事单位承受土地、房屋用于办公、教学、医疗、科研和军事设施的，免征契税。"① 根据财政部、国家税务总局下发的《关于社会力量办学契税政策问题的通知》（财税〔2001〕156号）规定，企业事业组织、社会团体、其他社会组织和公民个人经过有关主管部门批准，利用非国家财政性教育经费面向社会举办教育机构，承受土地、房屋用于教学的，也可以免征契税。

财政部《契税暂行条例细则》（财法字〔1997〕52号）规定："条例所称用于教学的，是指教室（教学楼）以及其他直接用于教学的土地、房屋。条例所称用于医疗的，是指门诊部以及其他直接用于医疗的土地、房屋。条例所称用于科研的，是指科学试验的场所以及其他直接用于科研的土地、房屋。本条所称其他直接用于办公、教学、医疗、科研的以及其他直接用于军事设施的土地、房屋的具体范围，由省、自治区、直辖市人民政府确定。"②

税法同时规定，享受免征契税的纳税人改变有关土地、房屋的用途，不再符合减免契税规定的，应当补缴税款。

（四）车船税的优惠

根据《财政部、国家税务总局关于对老年服务机构有关税收政策问题的通知》（财税〔2000〕97号）的规定，对老年服务机构自用的车船，免征车船使用税。

---

① 国务院：《契税暂行条例》（国务院令第224号）第六条，1997年4月23日发布，1997年10月1日起施行。

② 财政部：《契税暂行条例细则》（财法字〔1997〕52号），1997年10月28日发布，1997年10月1日起施行。

（五）土地增值税的优惠

（1）根据《财政部、国家税务总局关于公共租赁住房税收优惠政策的通知》（财税〔2015〕139号）的规定："对企事业单位、社会团体以及其他组织转让旧房作为公共租赁住房房源，且增值额未超过扣除项目金额20%的，免征土地增值税。"①

（2）根据《财政部、国家税务总局关于棚户区改造有关税收政策的通知》（财税〔2013〕101号）的规定："企事业单位、社会团体以及其他组织转让旧房作为改造安置住房房源且增值额未超过扣除项目金额20%的，免征土地增值税。"②

第三节　公益性捐赠的税收优惠政策

公益性捐赠是指按照《公益事业捐赠法》的规定向非营利公益事业的捐赠支出。实行公益性捐赠减免税政策，是国际上的通行做法。我国政府为鼓励企业及个人的公益性捐赠行为，在税收上对捐赠人给予优惠照顾，有利于推动和动员社会力量参与公益慈善捐赠活动，促进我国慈善事业的持续健康发展。

按税种划分，公益性捐赠的税收优惠政策包括所得税优惠政策、流转税优惠政策、财产行为税优惠政策。

一、公益性捐赠的所得税优惠政策

我国没有专门针对公益性捐赠税收优惠的法律法规，更多是散见于各类法规中。关于公益性捐赠税收优惠的法律和行政法规，主要有《公益事

① 财政部、国家税务总局：《关于公共租赁住房税收优惠政策的通知》（财税〔2015〕139号），2015年12月30日发布，执行期限为2016年1月1日至2018年12月31日。

② 财政部、国家税务总局：《关于棚户区改造有关税收政策的通知》（财税〔2013〕101号），2013年12月2日发布，2013年7月4日起施行。

业捐赠法》、《企业所得税法》、《企业所得税法实施条例》和《个人所得税法》。

在相关法律文件中，企业和个人的公益性捐赠税收优惠以部分扣除的规定为主，个别情况为可以全额扣除。税前扣除的前提是，捐赠对象和捐赠途径需要符合政策的规定。捐赠对象必须是教育和公益事业以及遭受严重自然灾害地区、贫困地区等。捐赠途径是必须通过经政府认定的社会团体或国家机关。企业和个人直接向受赠人捐赠，以及向境外团体捐赠的，即使这种行为具有公益性，但不符合税法规定的公益性捐赠要件，都不允许从所得税应纳税所得额中扣除。

（一）一般规定：公益性捐赠税前部分扣除政策

一般规定，是指企业和个人的公益性捐赠是享受部分扣除，即规定扣除的最高上限。如果实际捐赠额大于捐赠扣除限额的，只能按捐赠扣除限额扣除；如果实际捐赠额小于捐赠扣除限额的，按实际捐赠额扣除。

1. 企业公益性捐赠的税前部分扣除政策

1993 年颁布的《企业所得税暂行条例》规定，纳税人用于公益、救济性的捐赠在年度应纳税所得额 3% 以内的部分，准予扣除。2007 年通过的《企业所得税法》规定："企业通过公益性社会团体或者县级以上人民政府及其部门，用于公益事业的捐赠支出，在年度利润总额 12% 以内的部分，准予在计算应纳税所得额时扣除，并允许结转以后三年内在计算应纳税所得额时扣除。"① 以利润为基数计算应纳税所得额的扣除，而不是此前的应纳税所得额，这加大了对企业公益性捐赠的税收优惠力度。超过利润 12% 比例的部分，要与应纳税所得额一并计税。而且，企业应保存捐赠票据或其他能证明捐赠支出的凭据，才可作为公益性捐赠支出税前扣除的证明材料。

---

① "企业"指"公司制企业"即"公司"，而不包括个人独资企业和合伙企业。"年度利润总额"是指企业依照国家统一会计制度的规定计算的年度会计利润，它是一个大于零的数额。

（1）公益性捐赠税前扣除资格认定条件。企业公益性捐赠要享受税前扣除的首要前提是，接收方必须是经过政府认定的具有税前扣除资格的公益性社会团体。公益性社会团体是由国家、省财政和税务部门联合认定，通过审核符合认定条件的公益性群众团体。按照各级管理权限，由财政部、国家税务总局和各省市每年联合公布名单。企业在所属年度内，向公示名单内的社会团体进行捐赠，其开具的捐赠专用票据经税收部门认定后方能在税前年度应纳税所得额中按比例扣除。接受捐赠的公益性社会团体不在名单内的，不得扣除。

根据财政部、国家税务总局、民政部下发的《关于公益性捐赠税前扣除有关问题的通知》（财税〔2008〕160号）规定，公益性社会团体公益性捐赠税前扣除资格的认定，必须符合以下四项条件："①符合《企业所得税法实施条例》第52条第（1）项到第（8）项规定的条件。②申请前三年内未受到行政处罚。③基金会在民政部门依法登记三年以上（含三年）的，应当在申请前连续两年年度检查合格，或最近一年年度检查合格且社会组织评估等级在3A以上（含3A），登记三年以下一年以上（含一年）的，应当在申请前一年年度检查合格或社会组织评估等级在3A以上（含3A），登记一年以下的基金会具备本款第一项、第二项规定的条件。④公益性社会团体（不含基金会）在民政部门依法登记三年以上，净资产不低于登记的活动资金数额，申请前连续两年年度检查合格，或最近一年年度检查合格且社会组织评估等级在3A以上（含3A），申请前连续三年每年用于公益活动的支出不低于上年总收入的70%（含70%），同时需达到当年总支出的50%以上（含50%）。"[①]

《企业所得税法实施条例》第52条第（1）项到第（8）项规定的条件是："①依法登记，具有法人资格；②以发展公益事业为宗旨，且不以

① 财政部、国家税务总局、民政部：《关于公益性捐赠税前扣除有关问题的通知》（财税〔2008〕160号），2008年12月31日发布，2008年1月1日起施行。

营利为目的；③全部资产及其增值为该法人所有；④收益和营运结余主要用于符合该法人设立目的的事业；⑤终止后的剩余财产不归属任何个人或者营利组织；⑥不经营与其设立目的无关的业务；⑦有健全的财务会计制度；⑧捐赠者不以任何形式参与社会团体财产的分配。”[①]

（2）公益性捐赠税前扣除资格的确认程序。2016 年以前，非营利组织是向政府申请公益性捐赠税前扣除资格。2016 年起，非营利组织获得公益捐赠税前扣除资格不再是行政许可，改为行政确认。根据《财政部、国家税务总局、民政部关于公益性捐赠税前扣除资格确认审批有关调整事项的通知》（财税〔2015〕141 号）的规定：“合理调整公益性社会团体捐赠税前扣除资格确认程序，对社会组织报送捐赠税前扣除资格申请报告和相关材料的环节予以取消，即《财政部、国家税务总局、民政部关于公益性捐赠税前扣除有关问题的通知》（财税〔2008〕160 号）第六条、第七条停止执行，改由财政、税务、民政等部门结合社会组织登记注册、公益活动情况联合确认公益性捐赠税前扣除资格，并以公告形式发布名单。”[②]

公益性社会团体捐赠税前扣除资格确认程序按以下规定执行：“①对在民政部登记设立的社会组织，由民政部在登记注册环节会同财政部、国家税务总局对其公益性进行联合确认，对符合公益性社会团体条件的社会组织，财政部、国家税务总局、民政部联合发布公告，明确其公益性捐赠税前扣除资格。②对在民政部登记注册且已经运行的社会组织，由财政部、国家税务总局和民政部结合社会组织公益活动情况和年度检查、评估等情况，对符合公益性社会团体条件的社会组织联合发布公告，明确其公益性捐赠税前扣除资格。③在省级和省级以下民政部门登记注册的社会组

① 国务院：《企业所得税法实施条例》（国务院令第 512 号）第二章第 52 条，2007 年 12 月 6 日发布，2008 年 1 月 1 日起施行。

② 财政部、国家税务总局、民政部：《关于公益性捐赠税前扣除资格确认审批有关调整事项的通知》（财税〔2015〕141 号），2016 年 1 月 25 日发布。

织，由省级相关部门参照本条第一项、第二项执行。”①

（3）取消公益性捐赠税前扣除资格的情况。存在以下情形之一的公益性社会团体，应取消公益性捐赠税前扣除资格：“①年度检查不合格或最近一次社会组织评估等级低于3A的；②在申请公益性捐赠税前扣除资格时有弄虚作假行为的；③存在偷税行为或为他人偷税提供便利的；④存在违反该组织章程的活动，或者接受的捐赠款项用于组织章程规定用途之外的支出等情况的；⑤受到行政处罚的。”② “被取消公益性捐赠税前扣除资格的公益性社会团体，存在本条第一款第①项情形的，1年内不得重新申请公益性捐赠税前扣除资格，存在第②项、第③项、第④项、第⑤项情形的，3年内不得重新申请公益性捐赠税前扣除资格。”③

2. 个人公益性捐赠的税前部分扣除政策

根据《个人所得税法》的规定，各类组织给员工发工资，给股东发分红、股息，给临时工发报酬，都应代扣代缴个人所得税。

为鼓励个人对公益事业做贡献，《个人所得税法》第六条规定：“个人将其所得对教育事业和其他公益事业捐赠的部分，按照国务院有关规定从应纳税所得中扣除。”④《个人所得税法实施条例》第24条规定：“第六条第二款所说的个人将其所得对教育事业和其他公益事业的捐赠，是指个人将其所得通过中国境内的社会团体、国家机关向教育和其他社会公益事业以及遭受严重自然灾害地区、贫困地区的捐赠。捐赠额未超过纳税义务人申报的应纳税所得额30%的部分，可以从其应纳税所得额中扣除。”⑤ 由

---

① 财政部、国家税务总局、民政部：《关于公益性捐赠税前扣除资格确认审批有关调整事项的通知》（财税〔2015〕141号），2016年1月25日发布。

② 财政部、国家税务总局、民政部：《关于公益性捐赠税前扣除资格确认审批有关调整事项的通知》（财税〔2015〕141号），2016年1月25日发布。

③ 财政部、国家税务总局、民政部：《关于公益性捐赠税前扣除有关问题的通知》（财税〔2008〕160号），2008年12月31日发布，2008年1月1日起施行。

④《中华人民共和国个人所得税法》第六条，1980年9月10日发布，2011年6月30日第六次修正，2011年9月1日起施行。

⑤ 国务院：《个人所得税法实施条例》（国务院令第142号）第24条，1994年1月28日发布，2011年7月19日第三次修正，2011年9月1日起施行。

纳税人所在单位代扣代缴，只能在发生捐赠的当月扣除，不能顺延或提前。

（二）特殊规定：公益性捐赠税前全额扣除政策

特殊规定，是指企业和个人的公益性捐赠可以享受税前全额扣除。公益性捐赠的全额扣除政策是由财政部、国家税务总局下发的一系列通知规定的，通常将企业和个人的全额扣除放在一起加以规定。总体来看，享受全额免除企业所得税和个人所得税优惠政策的有以下几种情形。

1. 向红十字事业的捐赠

根据《财政部、国家税务总局关于企业等社会力量向红十字事业捐赠有关所得税政策问题的通知》（财税〔2000〕30 号)、《财政部、国家税务总局关于企业等社会力量向红十字事业捐赠有关问题的通知》（财税〔2001〕28 号）的规定，企业、事业单位、社会团体和个人等社会力量，通过非营利性的社会团体和国家机关（包括中国红十字会）向红十字事业的捐赠，在计算缴纳企业所得税和个人所得税时准予全额扣除。

2. 向老年服务机构的捐赠

根据《财政部、国家税务总局关于对老年服务机构有关税收政策问题的通知》（财税〔2000〕97 号）的规定："对企事业单位、社会团体和个人等社会力量，通过非营利性的社会团体和政府部门向福利性、非营利性的老年服务机构的捐赠，在缴纳企业所得税和个人所得税前准予全额扣除。"①

3. 向中华健康快车基金会等单位的捐赠

根据《财政部、国家税务总局关于向中华健康快车基金会等 5 家单位的捐赠所得税税前扣除问题的通知》（财税〔2003〕204 号)、《财政部、国家税务总局关于向宋庆龄基金会等 6 家单位捐赠所得税政策问题的通

① 财政部、国家税务总局：《关于对老年服务机构有关税收政策问题的通知》（财税〔2000〕97 号)，2000 年 11 月 24 日发布，2000 年 10 月 1 日起施行。

知》（财税〔2004〕172 号）、《财政部、国家税务总局关于中国老龄事业发展基金会等 8 家单位捐赠所得税政策问题的通知》（财税〔2006〕66 号）、《财政部、国家税务总局关于中国医药卫生事业发展基金会捐赠所得税政策问题的通知》（财税〔2006〕67 号）、《财政部、国家税务总局关于中国教育发展基金会捐赠所得税政策问题的通知》（财税〔2006〕68 号）的规定，对向中华健康快车基金会和孙冶方经济科学基金会、中华慈善总会、中国法律援助基金会和中华见义勇为基金会、宋庆龄基金会、中国福利会、中国残疾人福利基金会、中国扶贫基金会、中国煤矿尘肺病治疗基金会、中华环境保护基金会、中国老龄事业发展基金会、中国华文教育基金会、中国绿化基金会、中国妇女发展基金会、中国关心下一代健康体育基金会、中国生物多样性保护基金会、中国儿童少年基金会和中国光彩事业基金会、中国医药卫生事业发展基金会、中国教育发展基金会等单位的公益性捐赠，准予在所得税税前全额扣除。

4. 向地震灾区、北京奥运会、上海世博会等特定事项的捐赠

根据《国家税务总局关于个人向地震灾区捐赠有关个人所得税征管问题的通知》（国税发〔2008〕55 号）、《财政部、海关总署、国家税务总局关于支持玉树地震灾后恢复重建有关税收政策问题的通知》（财税〔2010〕59 号）、《财政部、海关总署、国家税务总局关于支持舟曲灾后恢复重建有关税收政策问题的通知》（财税〔2010〕107 号）、《财政部、海关总署、国家税务总局关于支持芦山地震灾后恢复重建有关税收政策问题的通知》（财税〔2013〕58 号）的规定，企业或个人向汶川灾区、玉树灾区、舟曲灾区、芦山灾区等的捐赠允许 100% 全额扣除。根据《财税部、国家税务总局、海关总署关于第 29 届奥运会税收政策问题的通知》（财税〔2003〕10 号）、《财税部、国家税务总局关于 2010 年上海世博会有关税收政策问题的通知》（财税〔2005〕180 号）的规定，对企业向第 29 届奥运会或上海世博会的捐赠允许全额扣除。向特定事项的公益性捐赠税收优惠政策通常都有截止时间，支持汶川地震灾后重建捐赠的税收优惠执行至 2008 年

12 月 31 日，支持玉树灾区、舟曲灾区捐赠的税收优惠执行至 2012 年 12 月 31 日。

此外，目前我国实行税前全额扣除政策的捐赠还包括：向农村义务教育的捐赠、向农村寄宿制学校建设工程的捐赠等。

二、公益性捐赠的流转税优惠政策

在流转税类法律中，增值税、消费税和关税的有关法律对公益性捐赠的税收优惠做了明确规定。

（1）接受捐赠进口的科研、教学用品和残疾人专用品，免征进口增值税、消费税、关税。

（2）境外捐赠人向全国性扶贫、慈善社会团体、国务院有关部门和各省级政府捐赠直接用于扶贫、慈善事业的生活必需品，食品类及饮用水，医疗、教学用品和环保专用仪器等物资，免征进口增值税和进口关税。

（3）符合规定由国务院文物管理部门和国有文物收藏单位以接受境外机构、个人捐赠方式获得的中国文物进口，免征关税、进口环节增值税、消费税。

（4）对外国政府、国际组织无偿赠送的物资，免征关税。适用此条规定减免关税的货物，在国务院另有规定前，进口环节海关代征税仍可同时减免。

（5）对外国政府和 38 个国际组织无偿援助项目在国内采购的货物免征增值税，同时允许销售免税货物的单位，将免税货物的进项税额在其他内销货物的销项税额中抵扣。

（6）为鼓励社会各界支持汶川、玉树、舟曲灾后恢复重建，对单位和个体经营者将自产、委托加工或购买的货物通过公益性社会团体、县级以上人民政府及其部门捐赠给上述受灾地区的，免征增值税、城市维护建设税及教育费附加。

三、公益性捐赠的财产行为税优惠政策

在财产行为税类法律中，契税、土地增值税和印花税的有关法律对公益性捐赠的税收优惠做了明确规定。

（一）契税的优惠

《契税暂行条例》规定：土地使用权赠与、房屋赠与，承受的单位和个人均为契税的纳税义务人。但对《继承法》规定的法定继承人（包括配偶、子女、父母、兄弟姐妹、祖父母、外祖父母）继承土地、房屋权属的，不征契税。

（二）土地增值税的优惠

根据《财政部、国家税务总局关于土地增值税一些具体问题规定的通知》（财税字〔1995〕48号）第四条的规定，土地增值税除下列两种房地产赠与行为外，其他赠与行为都应按规定缴纳土地增值税。

（1）房产所有人、土地使用权所有人将房屋产权、土地使用权赠与直系亲属或承担直接赡养义务人的。

（2）房产所有人、土地使用权所有人通过中国境内非营利的社会团体、国家机关将房屋产权、土地使用权赠与教育、民政和其他社会福利、公益事业的。

（三）印花税的优惠

企业书立凭证和合同要缴纳印花税，数额相对较少。印花税的优惠政策主要包括：

（1）根据《印花税暂行条例》的规定，“财产所有人将财产赠给政府、社会福利单位、学校所立的书据免征印花税”①。

（2）根据《财政部、国家税务总局关于继续执行高校学生公寓和食堂

① 国务院：《印花税暂行条例》（国务院令第11号），1988年8月6日发布，2011年1月8日修正。

有关税收政策的通知》（财税〔2016〕82 号）的规定，“对与高校学生签订的高校学生公寓租赁合同，免征印花税”①。

（3）在汶川、芦山地震等特殊灾害时，国家单独发布附期限的免税文件，对财产所有人将财产（物品）直接捐赠或通过公益性社会团体、县级以上人民政府及其部门捐赠给受灾地区或受灾居民所书立的产权转移书据，免征印花税。

关键术语

税收征管制度　税收优惠制度　企业所得税法　免税资格认定　公益性捐赠税前扣除　免税收入　不征税收入　小型微利企业　税前部分扣除　税前全额扣除

复习思考题

1. 非营利组织的税收制度包括哪两个层面？
2. 非营利组织的所得税优惠政策包括哪三个方面？
3. 非营利组织企业所得税的免税收入包括哪些？
4. 非营利组织被取消免税资格的情况包括哪些？
5. 《企业所得税法》规定的不征税收入包括哪些？
6. 公益性捐赠税前扣除资格的认定条件是什么？
7. 非营利组织被取消公益性捐赠税前扣除资格的情况包括哪些？
8. 享受全额免除企业所得税和个人所得税优惠政策的情形包括哪些？

① 财政部、国家税务总局：《关于继续执行高校学生公寓和食堂有关税收政策的通知》（财税〔2016〕82 号），2016 年 7 月 25 日发布。

附录
社会组织法律法规与政策文件一览

[1]《中国人民政治协商会议共同纲领》，1949 年 9 月 29 日通过。

[2] 政务院：《社会团体登记暂行办法》，1950 年 9 月 29 日发布，已废止。

[3] 内务部：《社会团体登记暂行办法实施细则》，1951 年 3 月 23 日发布，已废止。

[4]《中华人民共和国刑法》，1979 年 7 月 1 日发布，2015 年 8 月 29 日第九次修正，2015 年 11 月 1 日起施行。

[5]《中华人民共和国个人所得税法》，1980 年 9 月 10 日发布，2011 年 6 月 30 日第 6 次修正，2011 年 9 月 1 日起施行。

[6]《中华人民共和国宪法》，1982 年 12 月 4 日发布，2004 年 3 月 14 日第四次修正。

[7] 中共中央、国务院：《关于严格控制成立全国性组织的通知》（中发〔1984〕25 号），1984 年 11 月 17 日发布并施行。

[8]《中华人民共和国民法通则》，1986 年 4 月 12 日发布，2017 年 3 月 15 日修正，2017 年 10 月 1 日起施行。

[9] 国务院：《房产税暂行条例》（国发〔1986〕90 号），1986 年 9 月 15 日发布，2011 年 1 月 8 日修正并施行。

[10] 最高人民法院：《关于贯彻执行〈中华人民共和国民法通则〉若干问题的意见（试行）》，1988 年 4 月 2 日发布并施行。

[11] 国务院：《城镇土地使用税暂行条例》（国务院令第17号），1988年9月27日发布，2006年12月31日修正，2007年1月1日起施行。

[12] 国务院：《外国商会管理暂行规定》（国务院令第36号），1989年6月14日发布，2013年12月7日修正并施行。

[13] 国务院：《清理整顿社团的决定》，1989年发布。

[14]《中华人民共和国环境保护法》，1989年12月16日发布，2014年4月24日修正，2015年1月1日起施行。

[15] 国务院宗教事务局、民政部：《宗教社会团体登记管理实施办法》（国宗发〔1991〕110号），1991年5月6日发布并施行。

[16]《中华人民共和国工会法》，1992年4月3日发布，2001年10月27日修正，2001年10月27日起施行。

[17]《中华人民共和国税收征收管理法》，1992年9月4日发布，2015年4月24日修正并施行。

[18] 国家技术监督局、中编委等：《企业事业单位和社会团体代码管理办法》（技监局发〔1993〕14号），1993年7月13日发布并施行。

[19] 民政部、公安部：《社会团体印章管理规定》（1993年民政部、公安部令第1号），1993年10月18日发布，2010年12月27日修正并施行。

[20]《中华人民共和国红十字会法》，1993年10月31日发布，2017年2月24日修正，2017年5月8日起施行。

[21] 中共中央：《关于建立社会主义市场经济体制若干问题的决定》，1993年11月发布。

[22]《中华人民共和国企业所得税法》，1993年12月13日发布，2007年3月16日修正，2008年1月1日起施行。

[23] 国务院：《增值税暂行条例》（国务院令第134号），1993年12月13日发布，2008年11月5日修正，2009年1月1日起施行。

[24] 民政部：《关于开展全国性社会团体年度检查工作的通知》（民

社函〔1994〕8 号)，1994 年 1 月 5 日发布并施行。

[25] 国务院：《个人所得税法实施条例》(国务院令第 142 号)，1994 年 1 月 28 日发布，2011 年 7 月 19 日第三次修正，2011 年 9 月 1 日起施行。

[26] 国务院：《企业所得税暂行条例》(国务院令第 512 号)，1994 年 2 月 4 日发布，2008 年 1 月 1 日废止。

[27] 民政部：《关于做好社会团体监督管理工作有关问题的通知》(民社函〔1994〕74 号)，1994 年 3 月 29 日发布并施行。

[28] 国务院办公厅：《关于部门领导同志不兼任社会团体领导职务问题的通知》(国办发〔1994〕59 号)，1994 年 4 月 13 日发布并施行。

[29] 民政部：《关于对〈国务院办公厅关于部门领导同志不兼任社会团体领导职务问题的通知〉有关内容解释的通知》(民社函〔1994〕127 号)，1994 年 5 月 27 日发布并施行。

[30]《中华人民共和国劳动法》，1994 年 7 月 5 日发布，1995 年 1 月 1 日起施行。

[31]《中华人民共和国审计法》，1994 年 8 月 31 日发布，2006 年 2 月 28 日修正并施行。

[32] 民政部：《社会福利性募捐义演管理暂行办法》(民政部令第 2 号)，1994 年 11 月 30 日发布并施行。

[33] 民政部、国家工商行政管理局：《关于社会团体开展经营活动有关问题的通知》(民社发〔1995〕14 号)，1995 年 7 月 10 日发布并施行。

[34]《中华人民共和国国民经济和社会发展“九五”计划和 2010 年远景目标纲要》，1996 年 3 月发布。

[35] 民政部：《社会团体年度检查暂行办法》(民社发〔1996〕10 号)，1996 年 5 月 14 日发布并施行。

[36] 中共中央办公厅、国务院办公厅：《关于加强社会团体和民办非企业单位管理工作的通知》(中办发〔1996〕22 号)，1996 年 8 月发布。

[37] 中共中央：《关于加强社会主义精神文明建设若干重要问题的决议》，1996年10月10日发布。

[38] 最高人民法院：《关于审理诈骗案件具体应用法律的若干问题的解释》（法发〔1996〕32号），1996年12月24日发布并施行。

[39] 国务院办公厅：《转发民政部门关于清理整顿社会团体意见的通知》（国办发〔1997〕11号），1997年4月8日发布并施行。

[40] 国务院：《契税暂行条例》（国务院令第224号），1997年4月23日发布，1997年10月1日起施行。

[41] 民政部：《关于查处非法社团组织的通知》（民社函〔1997〕91号），1997年5月14日发布。

[42] 中共中央组织部、民政部：《关于在社会团体中建立党组织有关问题的通知》（组通字〔1998〕6号），1998年2月16日发布并施行。

[43] 民政部：《民政部主管的社会团体管理暂行办法》（民社发〔1998〕6号），1998年6月12日发布。

[44] 中共中央办公厅、国务院办公厅：《关于党政机关领导干部不兼任社会团体领导职务的通知》（中办发〔1998〕17号），1998年7月2日发布。

[45] 国务院：《社会团体登记管理条例》（国务院令第250号），1998年10月25日发布，2016年2月6日修订并施行。

[46] 国务院：《民办非企业单位登记管理暂行条例》（国务院令第251号），1998年10月25日发布并施行。

[47] 财政部：《契税暂行条例细则》（财法字〔1997〕52号），1997年10月28日发布，1997年10月1日起施行。

[48] 民政部：《关于清理整顿社会团体审定和换发证书工作的通知》（民社发〔1998〕13号），1998年11月3日发布并施行。

[49] 民政部：《关于对中共中央办公厅、国务院办公厅〈关于党政机关领导干部不兼任社会团体领导职务的通知〉有关问题的解释》（民社

函〔1998〕224号），1998年11月3日发布。

［50］民政部：《民办非企业单位登记管理暂行办法》（民政部令第18号），1998年12月28日发布并施行。

［51］《中华人民共和国合同法》，1999年3月15日发布，1999年10月1日起施行。

［52］国家税务总局：《关于印发〈事业单位、社会团体、民办非企业单位企业所得税征收管理办法〉的通知》（国税发〔1999〕65号），1999年4月16日发布，1999年1月1日起施行，已失效。

［53］财政部：《政府采购管理暂行办法》（财预字〔1999〕139号），1999年4月17日发布并施行。

［54］民政部：《对机构改革后有关社会团体业务主管单位问题的意见》（民社函〔1999〕95号），1999年5月27日发布。

［55］民政部：《关于社会团体清理整顿审定工作有关问题的通知》（民社函〔1999〕97号），1999年6月1日发布并施行。

［56］财政部：《政府采购合同监督暂行办法》（财预字〔1999〕363号），1999年6月24日发布并施行。

［57］财政部：《政府采购招标投标管理暂行办法》（财预字〔1999〕363号），1999年6月24日发布并施行。

［58］《中华人民共和国公益事业捐赠法》，1999年6月28日发布，1999年9月1日起施行。

［59］民政部：《关于取缔法轮大法研究会的决定》，1999年7月22日发布并施行。

［60］《中华人民共和国招标投标法》，1999年8月30日发布，2000年1月1日起施行。

［61］中共中央组织部：《关于审批中央管理的干部兼任社会团体领导职务有关问题的通知》（组通字〔1999〕55号），1999年10月8日发布并施行。

［62］民政部、中国人民银行：《关于民办非企业单位开立银行账户有关问题的通知》（民发〔1999〕65号），1999年10月9日发布并施行。

［63］国务院：《关于国家行政机关和企业事业单位社会团体印章管理的规定》（国发〔1999〕25号），1999年10月31日发布。

［64］中央办公厅、国务院办公厅：《关于进一步加强民间组织管理工作的通知》（中办发〔1999〕34号），1999年11月1日发布。

［65］民政部：《民办非企业单位登记暂行办法》（民政部令第18号），1999年12月28日发布并施行。

［66］民政部：《民办非企业单位名称管理暂行规定》（民发〔1999〕129号），1999年12月28日发布并施行。

［67］民政部办公厅：《转发〈国家计委、财政部关于核定民办非企业单位登记收费标准有关问题的通知〉的通知》（民办函〔1999〕130号），1999年12月29日发布并施行。

［68］民政部：《社会福利机构管理暂行办法》（民政部令第19号），1999年12月30日发布并施行。

［69］民政部：《关于印发〈关于开展民办非企业单位复查登记工作意见〉的通知》（民发〔1999〕133号），1999年12月30日发布并施行。

［70］民政部、公安部：《民办非企业单位印章管理规定》（民政部令、公安部令第20号），2000年1月19日发布并施行。

［71］民政部：《取缔非法民间组织暂行办法》（民政部令第21号），2000年4月10日发布并施行。

［72］民政部：《关于做好民办非企业单位登记管理试点工作的通知》（民发〔2000〕91号），2000年4月13日发布。

［73］科技部、民政部：《关于印发〈科技类民办非企业单位登记审查与管理暂行办法〉的通知》（国科发政字〔2000〕209号），2000年5月24日发布并施行。

［74］财政部、国家税务总局：《关于企业等社会力量向红十字事业捐

赠有关所得税政策问题的通知》（财税〔2000〕30 号），2000 年 7 月 12 日发布并施行。

［75］中共中央组织部：《关于印发〈关于加强社会团体党的建设工作的意见〉的通知》（中组发〔2000〕10 号），2000 年 7 月 21 日发布并施行。

［76］民政部：《关于成立以人名命名的社会团体问题的通知》（民发〔2000〕168 号），2000 年 7 月 21 日发布。

［77］民政部办公厅：《关于民主党派能否作为社会团体业务主管单位问题的复函》（民办函〔2000〕150 号），2000 年 8 月 24 日发布。

［78］国家体育总局、民政部：《体育类民办非企业单位登记审查与管理暂行办法》（国家体育总局 民政部令第 5 号），2000 年 11 月 10 日发布并施行。

［79］财政部、国家税务总局：《关于对老年服务机构有关税收政策问题的通知》（财税〔2000〕97 号），2000 年 11 月 24 日发布，2000 年 10 月 1 日起施行。

［80］民政部：《关于对部分团体免予社团登记有关问题的通知》（民发〔2000〕256 号），2000 年 12 月 1 日发布并施行。

［81］文化部、民政部：《关于印发〈文化类民办非企业单位登记审查管理暂行办法〉的通知》（文人发〔2000〕60 号），2000 年 12 月 4 日发布并施行。

［82］民政部：《关于对部分社团免予社团登记的通知》（民发〔2000〕257 号），2000 年 12 月 5 日发布并施行。

［83］民政部、卫生部：《关于城镇非营利性医疗机构进行民办非企业单位登记有关问题的通知》（民发〔2000〕253 号），2000 年 12 月 5 日发布并施行。

［84］民政部、人事部：《关于全国性社会团体专职工作人员人事管理问题的通知》（民发〔2000〕263 号），2000 年 12 月 17 日发布。

［85］民政部：《关于重新确认社会团体业务主管单位的通知》（民发〔2001〕41号），2001年2月23日发布。

［86］财政部、国家税务总局：《关于企业等社会力量向红十字事业捐赠有关问题的通知》（财税〔2001〕28号），2001年3月8日发布并施行。

［87］《中华人民共和国信托法》，2001年4月28日发布，2001年10月1日起施行。

［88］民政部：《社会团体分支机构、代表机构登记办法》（民政部令第23号），2001年7月30日发布并施行。

［89］中共中央办公厅、国务院办公厅：《关于转发〈民政部关于进一步开展经常性社会捐助活动的意见〉的通知》（厅字〔2001〕33号），2001年8月31日发布并施行。

［90］中共中央宣传部办公厅、民政部办公厅：《关于加强对民间组织宣传报道管理的通知》（民办函〔2001〕170号），2001年9月25日发布。

［91］民政部、劳动和社会保障部：《关于印发〈职业培训类民办非企业单位登记办法〉（试行）的通知》（民发〔2001〕297号），2001年9月29日发布并施行。

［92］民政部、教育部：《关于印发〈教育类民办非企业单位登记办法（试行）〉的通知》（民发〔2001〕306号），2001年10月19日发布并施行。

［93］民政部：《关于全国性社会团体异地设立分支（代表）机构问题的通知》（民发〔2002〕52号），2002年3月20日发布。

［94］民政部：《关于进一步做好"老乡会""校友会""战友会"等社团组织管理工作的通知》（民发〔2002〕59号），2002年3月27日发布。

［95］《中华人民共和国政府采购法》，2002年6月29日发布，2014年8月31日修正并施行。

［96］民政部：《关于授权中国红十字会总会作为中国红十字基金会业

务主管单位的通知》(民函〔2002〕138号),2002年8月12日发布。

[97] 国务院:《税收征收管理法实施细则》(国务院令第362号),2002年9月7日发布,2016年1月13日修正并施行。

[98]《中华人民共和国民办教育事业促进法》,2002年12月28日发布,2016年11月7日第二次修正并实施。

[99] 财税部、国家税务总局、海关总署:《关于第29届奥运会税收政策问题的通知》(财税〔2003〕10号),2003年1月22日发布并施行。

[100] 民政部办公厅:《关于异地商会登记有关问题的意见》(民办函〔2003〕16号),2003年1月27日发布。

[101] 财政部:《关于加强企业对外捐赠财务管理的通知》(财企〔2003〕95号),2003年3月14日发布,2003年5月1日起施行。

[102] 国务院台湾事务办公室、民政部:《台湾同胞投资企业协会管理暂行办法》(国台发〔2003〕第1号),2003年3月20日发布,2003年4月20日起施行。

[103] 国家发展改革委、财政部:《关于社会团体分支(代表)机构登记费标准等有关问题的通知》(发改价格〔2003〕851号),2003年7月30日发布并施行。

[104] 民政部、财政部:《关于调整社会团体会费政策等有关问题的通知》(民发〔2003〕95号),2003年8月1日发布并施行。

[105] 民政部:《关于印发〈关于加强农村专业经济协会培育发展和登记管理工作的指导意见〉的通知》(民发〔2003〕148号),2003年10月29日发布。

[106] 民政部:《关于对中外合作办学机构登记有关问题的通知》(民发〔2003〕263号),2003年12月12日发布。

[107] 国家税务总局:《税务登记管理办法》(国家税务总局令第7号),2003年12月17日发布,2014年12月27日修订,2015年3月1日起施行。

[108] 国务院:《基金会管理条例》(国务院令第400号),2004年2月11日发布,2004年6月1日起施行。

[109] 民政部:《基金会名称管理规定》(民政部令第26号),2004年6月21日发布并施行。

[110] 财政部:《财政部关于印发〈民间非营利组织会计制度〉的通知》(财会〔2004〕7号),2004年8月18日发布,2005年1月1日起施行。

[111] 财政部、民政部:《关于认真贯彻实施〈民间非营利组织会计制度〉的通知》(财会〔2004〕17号),2004年10月28日发布。

[112] 民政部:《关于现职国家工作人员不得兼任基金会负责人有关问题的通知》(民函〔2004〕270号),2004年10月28日发布。

[113] 民政部:《关于开展民办非企业单位自律与诚信建设活动的通知》(民函〔2005〕27号),2005年2月4日发布。

[114] 民政部:《民办非企业单位年度检查办法》(民政部令第27号),2005年4月7日发布,2005年6月1日起施行。

[115]《中华人民共和国治安管理处罚法》,2005年8月28日公布,2012年10月26日修正,2013年1月1日起施行。

[116] 民政部:《关于民办学校民事主体资格变更有关问题的通知》(民函〔2005〕237号),2005年9月12日发布。

[117] 民政部:《关于基金会业务主管单位职能委托有关问题的通知》(民函〔2005〕638号),2005年11月4日发布。

[118] 民政部:《关于促进慈善类民间组织发展的通知》(民函〔2005〕679号),2005年12月8日发布。

[119] 劳动和社会保障部、人事部、民政部:《关于事业单位、民间非营利组织工作人员工伤有关问题的通知》(劳社部发〔2005〕36号),2005年12月29日发布。

[120] 民政部:《基金会年度检查办法》(民政部令第30号),2006

年 1 月 12 日发布并施行。

［121］民政部：《基金会信息公布办法》（民政部令第 31 号），2006 年 1 月 12 日发布并施行。

［122］民政部：《关于进一步深入开展民办非企业单位自律与诚信建设活动的通知》（民函〔2006〕1 号），2006 年 1 月 4 日发布。

［123］《国民经济和社会发展第十一个五年规划纲要》，2006 年 3 月发布。

［124］民政部：《关于在农村基层广泛开展志愿服务活动的意见》（民发〔2006〕31 号），2006 年 2 月 20 日发布并施行。

［125］民政部：《关于对“教育集团”登记有关问题的答复》（民管函〔2006〕25 号），2006 年 4 月 25 日发布。

［126］财政部、国家发展改革委、卫生部：《关于城市社区卫生服务补助政策的意见》（财社〔2006〕61 号），2006 年 7 月 13 日发布。

［127］民政部、财政部：《关于进一步明确社会团体会费政策的通知》（民发〔2006〕123 号），2006 年 7 月 25 日发布。

［128］中共中央：《关于构建社会主义和谐社会若干重大问题的决定》，2006 年 10 月 11 日发布。

［129］共青团中央：《中国注册志愿者管理办法》（中青发〔2006〕55 号），2006 年 11 月 7 日发布，2013 年 11 月修正并施行。

［130］财政部、国家税务总局：《关于公益救济性捐赠税前扣除政策及相关管理问题的通知》（财税〔2007〕6 号），2007 年 1 月 8 日发布并实施。

［131］民政部：《关于做好社团组织评比达标表彰活动清理工作的通知》（民函〔2007〕1 号），2007 年 1 月 9 日发布。

［132］财政部、海关总署、国家税务总局：《科学研究和教学用品免征进口税收规定》（财政部、海关总署、国家税务总局令第 45 号），2007 年 2 月 15 日发布，2011 年 6 月 14 日修正，2011 年 1 月 1 日起施行。

[133] 民政部：《关于国务院授权中国法学会作为社会团体业务主管单位的通知》（民发〔2007〕43号），2007年3月22日发布。

[134] 国务院办公厅：《关于加快推进行业协会商会改革和发展的若干意见》（国办发〔2007〕36号），2007年5月13日发布。

[135] 民政部、中国科协：《关于推进科技类学术团体创新发展试点工作的通知》（民发〔2007〕68号），2007年5月16日发布。

[136]《中华人民共和国劳动合同法》，2007年6月29日发布，2012年12月28日修正，2013年7月1日起施行。

[137] 民政部：《关于印发〈全国性民间组织评估实施办法〉的通知》（民函〔2007〕232号），2007年8月16日发布。

[138] 民政部：《关于推进民间组织评估工作的指导意见》（民发〔2007〕127号），2007年8月16日发布。

[139] 民政部办公厅：《关于修改民政事业统计台账民间组织分类的通知》（民办函〔2007〕210号），2007年8月28日发布。

[140] 民政部：《关于社会团体登记管理有关问题的通知》（民函〔2007〕263号），2007年9月12日发布。

[141] 民政部：《关于深入开展民办非企业单位信息公开和承诺服务活动工作的意见》（民发〔2007〕145号），2007年9月30日发布。

[142] 民政部：《关于在全国城市推行社区志愿者注册制度的通知》（民函〔2007〕319号），2007年11月16日发布。

[143] 民政部、国家发展改革委、监察部、财政部、国家税务总局、国务院纠风办：《关于规范社会团体收费行为有关问题的通知》（民发〔2007〕167号），2007年11月21日发布。

[144] 民政部、外交部、公安部、劳动和社会保障部：《关于基金会、境外基金会代表机构办理外国人就业和居留有关问题的通知》（民发〔2007〕169号），2007年11月24日发布。

[145] 民政部：《关于进一步做好民办高校登记管理工作的通知》

（民函〔2007〕328号），2007年11月26日发布。

［146］国务院：《耕地占用税暂行条例》（国务院令第511号），2007年12月1日发布，2008年1月1日起施行。

［147］国务院：《企业所得税法实施条例》（国务院令第512号），2007年12月6日发布，2008年1月1日起施行。

［148］财政部：《关于开展政府购买社区公共卫生服务试点工作的指导意见》（财社〔2007〕267号），2007年12月24日发布。

［149］劳动和社会保障部、民政部：《关于社会组织专职工作人员参加养老保险有关问题的通知》（劳社部发〔2008〕11号），2008年3月18日发布。

［150］民政部：《救灾捐赠管理办法》（民政部令第35号），2008年4月28日发布并施行。

［151］国家发展改革委等九部门：《关于印发规范行业协会、市场中介组织服务和收费行为专项治理工作的实施意见的通知》（发改产业〔2008〕2351号），2008年8月29日发布。

［152］中央精神文明建设指导委员会：《关于深入开展志愿服务活动的意见》（中央文明委〔2008〕6号），2008年10月6日发布。

［153］民政部办公厅：《关于社会组织撤销登记有关问题的复函》（民办函〔2008〕225号），2008年11月6日发布。

［154］财政部、国家税务总局、民政部：《关于公益性捐赠税前扣除有关问题的通知》（财税〔2008〕160号），2008年12月31日发布，2008年1月1日起施行。

［155］财政部、国家税务总局：《关于通过公益性群众团体的公益性捐赠税前扣除有关问题的通知》（财税〔2009〕124号），2009年1月8日发布，2008年1月1日起施行。

［156］民政部：《关于全国性社会团体应用网上办公平台办理登记、备案工作有关问题的通知》（民函〔2009〕103号），2009年4月17日

发布。

［157］民政部：《关于基金会等社会组织不得提供公益捐赠回扣有关问题的通知》（民发〔2009〕54号），2009年4月21日发布。

［158］民政部民间组织管理局：《关于工商联作为社会团体业务主管单位有关问题的函》（民管函〔2009〕51号），2009年5月27日发布。

［159］民政部：《关于辽宁财贸学院等三所教育类民办非企业单位登记管理机关的复函》（民函〔2009〕147号），2009年6月5日发布。

［160］民政部：《关于国务院授权全国工商联作为全国性社会团体业务主管单位有关问题的通知》（民发〔2009〕78号），2009年6月10日发布。

［161］财政部、国家发展改革委、科技部等：《关于鼓励政府和企业发包促进我国服务外包产业发展的指导意见》（财企〔2009〕200号），2009年9月23日发布。

［162］民政部：《关于促进民办社会工作机构发展的通知》（民发〔2009〕145号），2009年10月12日发布。

［163］中央深入学习实践科学发展观活动领导小组：《关于在深入学习实践科学发展观活动中建立健全新社会组织党组织的意见》（学组发〔2009〕51号），2009年11月8日发布。

［164］财政部、国家税务总局：《关于非营利组织企业所得税免税收入问题的通知》（财税〔2009〕122号），2009年11月11日发布，2008年1月1日起施行。

［165］民政部：《关于国务院授权中国红十字总会作为全国性社会团体业务主管单位有关问题的通知》（民发〔2009〕160号），2009年11月13日发布。

［166］民政部：《关于进一步加强社会捐助信息公示工作的指导意见》（民函〔2009〕307号），2009年12月1日发布。

［167］民政部：《关于进一步推进志愿者注册工作的通知》（民函

〔2010〕151 号)，2010 年 6 月 22 日发布。

[168] 民政部、国家档案局:《关于印发〈社会组织登记档案管理办法〉的通知》(民发〔2010〕101 号)，2010 年 7 月 15 日发布并施行。

[169] 财政部、国家税务总局、民政部:《关于公益性捐赠税前扣除有关问题的补充通知》(财税〔2010〕45 号)，2010 年 7 月 21 日发布并施行。

[170] 民政部:《关于增加社会组织行政处罚统计指标的通知》(民函〔2010〕235 号)，2010 年 9 月 26 日发布。

[171] 财政部:《关于印发〈公益事业捐赠票据使用管理暂行办法〉的通知》(财综〔2010〕112 号)，2010 年 11 月 28 日发布，2011 年 7 月 1 日起施行。

[172] 民政部:《社会组织评估管理办法》(民政部令第 39 号)，2010 年 12 月 20 日发布，2011 年 3 月 1 日起施行。

[173]《中华人民共和国国民经济和社会发展第十二个五年规划纲要》，2011 年 3 月 16 日发布。

[174] 中共中央、国务院:《关于分类推进事业单位改革的指导意见》，2011 年 3 月 23 日发布。

[175] 民政部办公厅:《关于地方工商联作为社会团体业务主管单位有关问题的补充通知》(民办函〔2011〕143 号)，2011 年 5 月 5 日发布。

[176] 民政部:《关于印发〈全国性社会团体公益性捐赠税前扣除资格初审暂行办法〉的通知》(民发〔2011〕81 号)，2011 年 5 月 18 日发布并施行。

[177] 民政部:《中国慈善事业发展指导纲要 (2011－2015)》，2011 年 7 月 15 日发布。

[178] 民政部:《关于印发各类社会组织评估指标的通知》(民发〔2011〕127 号)，2011 年 8 月 29 日发布。

[179] 民政部办公厅:《关于正式启用社会工作者登记信息系统的通

知》(民办函〔2011〕317号),2011年9月21日发布。

[180] 民政部:《关于贯彻落实〈关于加强社会工作专业人才队伍建设的意见〉的通知》(民发〔2011〕147号),2011年11月28日发布。

[181] 财政部、民政部:《关于加强和完善基金会注册会计师审计制度的通知》(财会〔2011〕23号),2011年12月26日发布,2012年1月1日起施行。

[182] 国家宗教事务局、中共中央统战部、国家发展和改革委员会、民政部、财政部、国家税务总局:《关于鼓励和规范宗教界从事公益慈善活动的意见》(国宗发〔2012〕6号),2012年2月16日发布。

[183] 全国评比达标表彰工作协调小组:《关于印发〈社会组织评比达标表彰活动管理暂行规定〉的通知》(国评组发〔2012〕2号),2012年3月12日发布。

[184] 民政部:《关于贯彻落实〈社会组织评比达标表彰活动管理暂行规定〉的通知》(民函〔2012〕125号),2012年4月18日发布。

[185] 民政部:《关于贯彻落实〈社会工作专业人才队伍建设中长期规划(2011—2020年)〉的通知》(民发〔2012〕73号),2012年5月3日发布。

[186] 民政部:《关于印发〈关于规范基金会行为的若干规定(试行)〉的通知》(民发〔2012〕124号),2012年7月10日发布。

[187] 民政部:《社会组织登记管理机关行政处罚程序规定》(民政部令第44号),2012年8月3日发布,2012年10月1日起施行。

[188] 财政部、民政部:《关于印发〈中央财政支持社会组织参与社会服务项目资金使用管理办法〉的通知》(财社〔2012〕138号),2012年9月7日发布并施行。

[189] 民政部:《关于印发〈关于规范社会团体开展合作活动若干问题的规定〉的通知》(民发〔2012〕166号),2012年9月27日发布。

[190] 民政部:《关于印发〈志愿服务记录办法〉的通知》(民函

〔2012〕340号），2012年10月23日发布并施行。

［191］民政部：《关于印发全国性公益类社团、联合类社团、职业类社团、学术类社团评估指标的通知》（民发〔2012〕192号），2012年11月13日发布。

［192］民政部、财政部：《关于政府购买社会工作服务的指导意见》（民发〔2012〕196号），2012年11月14日发布。

［193］国务院办公厅：《关于实施〈国务院机构改革和职能转变方案〉任务分工的通知》（国办发〔2013〕22号），2013年3月26日发布。

［194］民政部：《关于开展行业协会行业自律与诚信创建活动的通知》（民函〔2013〕111号），2013年3月28日发布。

［195］民政部：《关于开展民办非企业单位塑造品牌与服务社会活动的通知》（民函〔2013〕107号），2013年4月2日。

［196］人力资源社会保障部、民政部：《关于鼓励社会团体、基金会和民办非企业单位建立企业年金有关问题的通知》（人社部发〔2013〕51号），2013年7月15日发布。

［197］国务院办公厅：《关于政府向社会力量购买服务的指导意见》（国办发〔2013〕96号），2013年9月26日发布。

［198］财政部、海关总署、国家税务总局：《关于支持芦山地震灾后恢复重建有关税收政策问题的通知》（财税〔2013〕58号），2013年9月30日发布。

［199］财政部：《关于印发〈政府采购品目分类目录〉的通知》（财库〔2013〕189号），2013年10月29日发布并施行。

［200］中共中央：《关于全面深化改革若干重大问题的决定》，2013年11月12日发布。

［201］民政部、共青团中央：《关于在全国推广“菜单式”志愿服务的通知》（民发〔2013〕177号），2013年11月14日发布。

［202］财政部：《关于做好政府购买服务工作有关问题的通知》（财

综〔2013〕111 号)，2013 年 12 月 4 日发布。

［203］财政部：《政府采购非招标采购方式管理办法》（财政部令第 74 号)，2013 年 12 月 19 日发布，2014 年 2 月 1 日起施行。

［204］民政部：《关于印发〈中国社会服务志愿者队伍建设指导纲要(2013—2020 年)〉的通知》（民发〔2013〕216 号)，2013 年 12 月 27 日发布。

［205］财政部：《关于政府购买服务有关预算管理问题的通知》（财预〔2014〕13 号)，2014 年 1 月 24 日发布。

［206］财政部、国家税务总局：《关于非营利组织免税资格认定管理有关问题的通知》（财税〔2014〕13 号)，2014 年 1 月 29 日发布，2013 年 1 月 1 日起施行。

［207］国务院：《国务院关于修改部分行政法规的决定》（国务院令第 666 号)，2016 年 3 月 1 日发布并施行。

［208］中央精神文明建设指导委员会：《关于推进志愿服务制度化的意见》(文明委〔2014〕3 号)，2014 年 2 月 19 日发布。

［209］民政部：《关于贯彻落实国务院取消全国性社会团体分支机构、代表机构登记行政审批项目的决定有关问题的通知》（民发〔2014〕38 号)，2014 年 2 月 26 日发布。

［210］财政部：《关于推进和完善服务项目政府采购有关问题的通知》(财库〔2014〕37 号)，2014 年 4 月 14 日发布。

［211］财政部、民政部、住房城乡建设部、人力资源社会保障部、卫生计生委、中国残联：《关于做好政府购买残疾人服务试点工作的意见》(财社〔2014〕13 号)，2014 年 4 月 23 日发布。

［212］中共中央组织部：《关于规范退（离）休领导干部在社会团体兼职问题的通知》（中组发〔2014〕11 号)，2014 年 6 月 25 日发布并施行。

［213］民政部、财政部：《关于取消社会团体会费标准备案规范会费

管理的通知》(民发〔2014〕166号),2014年7月25日发布。

[214] 财政部、发展改革委、民政部、全国老龄办:《关于做好政府购买养老服务工作的通知》(财社〔2014〕105号),2014年8月26日发布。

[215] 教育部、财政部、民政部:《关于加强中央部门所属高校教育基金会财务管理的若干意见》(教财〔2014〕3号),2014年9月18日发布。

[216] 民政部:《关于民政部门利用福利彩票公益金向社会力量购买服务的指导意见》(民发〔2014〕219号),2014年10月19日。

[217] 民政部、中央编办、发展改革委、工业和信息化部、商务部、人民银行、工商总局、全国工商联:《关于推进行业协会商会诚信自律建设工作的意见》(民发〔2014〕225号),2014年10月31日发布。

[218] 民政部、财政部:《关于加强社会组织反腐倡廉工作的意见》(民发〔2014〕227号),2014年11月6日发布。

[219] 国务院:《关于创新重点领域投融资机制鼓励社会投资的指导意见》(国发〔2014〕60号),2014年11月16日发布。

[220] 中国残疾人联合会、民政部:《关于促进助残社会组织发展的指导意见》(残联发〔2014〕66号),2014年11月20日发布。

[221] 国务院:《关于促进慈善事业健康发展的指导意见》(国发〔2014〕61号),2014年11月24日发布。

[222] 财政部、民政部:《关于支持和规范社会组织承接政府购买服务的通知》(财综〔2014〕87号),2014年11月25日发布。

[223] 财政部、民政部、工商总局:《关于印发〈政府购买服务管理办法(暂行)〉的通知》(财综〔2014〕96号),2014年12月15日发布,2015年1月1日起施行。

[224] 民政部:《关于贯彻落实〈国务院关于促进慈善事业健康发展的指导意见〉的通知》(民函〔2014〕374号),2014年12月15日。

［225］民政部、财政部、人民银行：《关于加强社会团体分支（代表）机构财务管理的通知》（民发〔2014〕259号），2014年12月16日发布。

［226］最高人民法院、民政部、环境保护部：《关于贯彻实施环境民事公益诉讼制度的通知》（法〔2014〕352号），2014年12月26日发布。

［227］财政部：《关于印发〈政府采购竞争性磋商采购方式管理暂行办法〉的通知》（财库〔2014〕214号），2014年12月31日发布并施行。

［228］最高人民法院：《最高人民法院关于审理环境民事公益诉讼案件适用法律若干问题的解释》，2015年1月6日发布，2015年1月7日起施行。

［229］民政部、财政部：《关于规范全国性社会组织年度财务审计工作的通知》（民发〔2015〕47号），2015年2月25日发布并施行。

［230］国务院：《政府采购法实施条例》（国务院令第658号），2015年2月27日发布，2015年3月1日起施行。

［231］教育部：《关于印发〈学生志愿服务管理暂行办法〉的通知》（教思政〔2015〕1号），2015年3月16日发布并施行。

［232］国务院办公厅：《转发文化部等部门关于做好政府向社会力量购买公共文化服务工作意见的通知》（国办发〔2015〕37号），2015年5月5日发布。

［233］民政部：《关于探索建立社会组织第三方评估机制的指导意见》（民发〔2015〕89号），2015年5月13日发布。

［234］《中国共产党党组工作条例（试行）》，2015年6月16日发布。

［235］中共中央办公厅、国务院办公厅：《关于印发〈行业协会商会与行政机关脱钩总体方案〉的通知》（中办发〔2015〕39号），2015年7月发布。

［236］国家卫生计生委、财政部、民政部：《关于建立社会组织参与艾滋病防治基金的通知》（国卫疾控发〔2015〕74号），2015年7月12日

发布并施行。

[237] 民政部:《关于发布〈志愿服务信息系统基本规范〉行业标准的公告》(公告第356号),2015年7月22日发布。

[238] 民政部、国家发展改革委:《关于做好全国性行业协会商会与行政机关脱钩试点工作的通知》(民发〔2015〕150号),2015年7月31日发布。

[239] 中央文明办、民政部、教育部、共青团中央:《关于规范志愿服务记录证明工作的指导意见》(民发〔2015〕149号),2015年8月3日发布。

[240] 中共中央办公厅:《印发〈关于加强社会组织党的建设工作的意见(试行)〉的通知》,2015年9月发布。

[241] 民政部办公厅:《关于成立行业协会商会与行政机关脱钩试点工作领导小组的通知》(民办函〔2015〕337号),2015年9月1日发布。

[242] 财政部、国家税务总局:《关于进一步扩大小型微利企业所得税优惠政策范围的通知》(财税〔2015〕99号),2015年9月2日发布。

[243] 财政部:《关于做好行业协会商会承接政府购买服务工作有关问题的通知(试行)》(财综〔2015〕73号),2015年9月6日发布。

[244] 民政部:《关于印发〈全国性行业协会商会负责人任职管理办法(试行)〉的通知》(民发〔2015〕166号),2015年9月7日发布。

[245] 财政部:《关于行业协会商会脱钩有关经费支持方式改革的通知(试行)》(财建〔2015〕788号),2015年9月7日。

[246] 财政部:《关于加强行业协会商会与行政机关脱钩有关国有资产管理的意见(试行)》(财建〔2015〕44号),2015年9月10日发布。

[247] 中共中央组织部:《中共中央组织部印发〈关于全国性行业协会商会与行政机关脱钩后党建工作管理体制调整的办法(试行)〉的通知》(中组发〔2015〕16号),2015年9月14日发布。

[248] 国家发展改革委:《关于印发〈全国性行业协会商会行业公共

信息平台建设指导意见（试行）〉的通知》（发改经体〔2015〕2053 号），2015 年 9 月 14 日发布。

[249] 国管局、中直管局：《关于印发〈全国性行业协会商会脱钩改革有关行政办公用房管理办法（试行）的通知〉》（国管房地〔2015〕398 号），2015 年 9 月 29 日发布并施行。

[250] 民政部：《关于鼓励实施慈善款物募用分离充分发挥不同类型慈善组织积极作用的指导意见》（民发〔2015〕193 号），2015 年 10 月 14 日发布。

[251] 民政部：《关于加强和改进社会组织教育培训工作的指导意见》（民发〔2015〕206 号），2015 年 11 月 3 日发布。

[252] 民政部：《关于进一步加强基金会专项基金管理工作的通知》（民发〔2015〕241 号），2015 年 12 月 24 日发布。

[253] 民政部办公厅：《关于印发〈社会组织统一社会信用代码实施方案（试行）〉的通知》（民办函〔2015〕468 号），2015 年 12 月 30 日发布。

[254] 财政部、国家税务总局、民政部：《关于公益性捐赠税前扣除资格确认审批有关调整事项的通知》（财税〔2015〕141 号），2015 年 12 月 31 日发布。

[255] 国家工商行政管理总局等：《公益广告促进和管理暂行办法》（国家工商行政管理总局、国家互联网信息办公室、工业和信息化部、住房城乡建设部、交通运输部、国家新闻出版广电总局令第 84 号），2016 年 1 月 15 日发布，2016 年 3 月 1 日起施行。

[256] 民政部办公厅、国家质检总局办公厅：《关于已登记管理的社会组织统一社会信用代码处理方式的通知》（民办函〔2016〕52 号），2016 年 2 月 2 日。

[257] 财政部、民政部：《关于进一步明确公益性社会组织申领公益事业捐赠票据有关问题的通知》（财综〔2016〕7 号），2016 年 2 月 14 日

发布。

［258］财政部、交通运输部：《关于推进交通运输领域政府购买服务的指导意见》（财建〔2016〕34号），2016年2月22日发布。

［259］《中华人民共和国慈善法》，2016年3月16日发布，2016年9月1日起施行。

［260］民政部：《关于印发〈社会组织登记管理机关行政执法约谈工作规定（试行）〉的通知》（民发〔2016〕39号），2016年3月16日发布。

［261］财政部：《关于做好政府购买服务指导性目录编制管理工作的通知》（财综〔2016〕10号），2016年3月23日发布。

［262］财政部、国家税务总局：《关于全面推开营业税改征增值税试点的通知》（财税〔2016〕36号），2016年3月23日发布。

［263］中国人民银行、民政部：《关于规范全国性社会组织开立临时存款账户有关事项的通知》（银发〔2016〕99号），2016年3月29日发布。

［264］民政部、海关总署：《关于社会团体和基金会办理进口慈善捐赠物资减免税手续有关问题的通知》（民发〔2016〕64号），2016年4月14日发布。

［265］财政部、国家税务总局：《关于公益股权捐赠企业所得税政策问题的通知》（财税〔2016〕45号），2016年4月20日发布，2016年1月1日起施行。

［266］《中华人民共和国境外非政府组织境内活动管理法》，2016年4月28日发布，2017年1月1日起施行。

［267］民政部、海关总署：《关于社会团体和基金会办理进口慈善捐赠物资减免税手续有关问题的通知》（民发〔2016〕64号），2016年5月6日发布。

［268］中共中央宣传部、中央文明办、民政部、教育部、财政部、全

国总工会、共青团中央、全国妇联：《关于支持和发展志愿服务组织的意见》（文明办〔2016〕10号），2016年5月20日发布。

［269］民政部：《关于推动在全国性和省级社会组织中建立新闻发言人制度的通知》（民发〔2016〕80号），2016年5月24日发布。

［270］民政部：《关于加强和改进社会组织薪酬管理的指导意见》（民发〔2016〕101号），2016年6月14日发布。

［271］民政部办公厅：《关于遴选慈善组织互联网公开募捐信息平台的通知》（民办函〔2016〕275号），2016年7月20日。

［272］中共中央办公厅、国务院办公厅：《关于改革社会组织管理制度促进社会组织健康有序发展的意见》（中办发〔2016〕46号），2016年8月发布。

［273］民政部：《关于印发〈社会组织登记管理机关受理投诉举报办法（试行）〉的通知》（民发〔2016〕139号），2016年8月15日发布，2016年9月1日起施行。

［274］民政部、中国银行业监督管理委员会：《关于做好慈善信托备案有关工作的通知》（民发〔2016〕151号），2016年8月25日发布。

［275］民政部：《关于慈善组织登记等有关问题的通知》（民函〔2016〕240号），2016年8月29日发布。

［276］民政部、工业和信息化部、国家新闻出版广电总局、国家互联网信息办公室：《关于印发〈公开募捐平台服务管理办法〉的通知》（民发〔2016〕157号），2016年8月30日发布，2016年9月1日起施行。

［277］民政部：《慈善组织认定办法》（民政部令第58号），2016年8月31日发布，2016年9月1日起施行。

［278］民政部：《慈善组织公开募捐管理办法》（民政部令第59号），2016年8月31日发布，2016年9月1日起施行。

［279］民政部：《关于社会组织成立登记时同步开展党建工作有关问题的通知》（民函〔2016〕257号），2016年9月18日发布并施行。

［280］中央网信办、民政部《关于加强网信领域社会组织建设的通知》（中网办发文〔2016〕9号），2016年9月18日发布。

［281］司法部、中央综治办、民政部、财政部：《关于社会组织参与帮教刑满释放人员工作的意见》（司发〔2016〕14号），2016年10月发布。

［282］民政部、财政部、国家税务总局：《关于印发〈关于慈善组织开展慈善活动年度支出和管理费用的规定〉的通知》（民发〔2016〕189号），2016年10月11日发布。

［283］中央宣传部、中央文明办等：《关于印发〈关于公共文化设施开展学雷锋志愿服务的实施意见〉的通知》（文明办〔2016〕22号），2016年10月18日发布。

［284］财政部、中央编办：《关于做好事业单位政府购买服务改革工作的意见》（财综〔2016〕53号），2016年11月30日。

［285］财政部、民政部：《关于通过政府购买服务支持社会组织培育发展的指导意见》（财综〔2016〕54号），2016年12月1日发布。

［286］中华全国总工会：《关于推进工会联系引导劳动关系领域社会组织工作的意见》（总工发〔2016〕32号），2016年12月9日发布。

［287］国家发展改革委等：《关于印发〈行业协会商会综合监管办法〉的通知》（发改经体〔2016〕2657号），2016年12月19日发布。

［288］教育部、人力资源社会保障部、民政部、中央编办、工商总局：《关于印发〈民办学校分类登记实施细则〉的通知》（教发〔2016〕19号），2016年12月30日发布。

［289］中央编办、民政部：《关于加强事业单位和民办非企业单位登记管理工作中信息共享与业务协同的通知》（中央编办发〔2017〕13号），2017年1月20日发布。

［290］环境保护部、民政部：《关于加强对环保社会组织引导发展和规范管理的指导意见》（环宣教〔2017〕35号），2017年1月26日发布。

［291］民政部：《关于印发〈社会组织抽查暂行办法〉的通知》（民发〔2017〕45号），2017年3月13日发布并施行。

［292］《中华人民共和国民法总则》，2017年3月15日发布，2017年10月1日施行。

［293］民政部办公厅：《关于全面推进社会组织统一社会信用代码制度建设有关事项的通知》（民办函〔2017〕84号），2017年3月23日发布。

［294］民政部等九部委：《关于社会智库健康发展的若干意见》（民发〔2017〕77号），2017年4月17日发布。

［295］民政部：《关于清理规范已脱钩全国性行业协会商会涉企收费的通知》（民函〔2017〕119号），2017年5月16日发布。

［296］财政部：《关于坚决制止地方以政府购买服务名义违法违规融资的通知》（财预〔2017〕87号），2017年5月28日发布。

［297］民政部：《关于发布〈慈善组织互联网公开募捐信息平台基本技术规范〉等2项行业标准的公告》（第406号），2017年7月20日发布。

［298］国家发展和改革委员会：《行业协会价格行为指南》（2017年第6号），2017年7月20日发布。

［299］中国银行业监督管理委员会、民政部：《慈善信托管理办法》（银监发〔2017〕37号），2017年7月26日发布并施行。

［300］民政部：《关于进一步规范社会团体涉企收费等行为切实减轻企业负担的通知》（民发〔2017〕139号），2017年8月3日发布。

［301］民政部办公厅：《关于全国慈善信息公开平台上线运行的通知》（民办函〔2017〕246号），2017年8月17日发布。

［302］国务院：《志愿服务条例》（国务院令第685号），2017年8月22日发布，2017年12月1日起施行。

［303］民政部办公厅：《关于推广使用全国志愿服务信息系统的通知》（民办函〔2017〕252号），2017年8月22日发布。

［304］民政部、中央编办、财政部、人力资源社会保障部：《关于积极推行政府购买服务 加强基层社会救助经办服务能力的意见》（民发〔2017〕153号），2017年9月15日发布。

［305］民政部、中国红十字会总会：《关于红十字会开展公开募捐有关问题的通知》（民电〔2017〕145号），2017年9月8日发布。

［306］民政部办公厅：《关于推广使用全国社会组织信息查询平台的通知》民办函〔2017〕309号，2017年11月9日发布。

［307］国家发展改革委等：《关于进一步规范行业协会商会收费管理的意见》（发改经体〔2017〕1999号），2017年11月21日发布。

［308］国务院扶贫开发领导小组：《关于广泛引导和动员社会组织参与脱贫攻坚的通知》（国开发〔2017〕12号），2017年11月22日发布。

［309］民政部：《关于推进社会组织统一社会信用代码制度建设和信息共建共享有关事项的通知》（民办函〔2017〕324号），2017年11月24日发布。

［310］民政部办公厅：《关于全国性社会组织办理法定代表人离任审计、注销清算审计有关问题的通知》（民办函〔2017〕336号），2017年12月21日发布。

［311］财政部、国家税务总局：《关于租入固定资产进项税额抵扣等增值税政策的通知》（财税〔2017〕90号），2017年12月25日发布。

［312］民政部：《关于大力培育发展社区社会组织的意见》（民发〔2017〕191号），2017年12月27日发布。

［313］民政部办公厅：《关于遴选第二批慈善组织互联网公开募捐信息平台的通知》（民办函〔2018〕2号），2018年1月4日发布。

［314］民政部：《社会组织信用信息管理办法》（民政部令第60号），2018年1月24日发布并施行。

［315］财政部、国家税务总局：《关于非营利组织免税资格认定管理有关问题的通知》（财税〔2018〕13号），2018年2月7日发布，2018年

1月1日起施行。

[316] 国务院办公厅：《关于推进社会公益事业建设领域政府信息公开的意见》（国办发〔2018〕10号），2018年2月9日发布。

[317] 财政部、国家税务总局：《关于公益性捐赠支出企业所得税税前结转扣除有关政策的通知》（财税〔2018〕15号），2018年2月11日发布，2017年1月1日起施行。

[318] 国务院办公厅：《关于推进社会公益事业建设领域政府信息公开的意见》（国办发〔2018〕10号），2018年2月9日发布。

[319] 国家发展改革委、民政部等：《印发〈关于对慈善捐赠领域相关主体实施守信联合激励和失信联合惩戒的合作备忘录〉的通知》（发改财金〔2018〕331号），2018年2月11日发布。

[320] 民政部办公厅：《关于做好志愿服务组织身份标识工作的通知》（民办函〔2018〕50号），2018年3月20日发布。

[321] 民政部：《关于在社会组织章程增加党的建设和社会主义核心价值观有关内容的通知》，2018年4月28日发布。

[322] 民政部：《关于在社会组织登记管理工作中加强名称管理有关问题的通知》（民办发〔2018〕11号），2018年6月12日发布。

[323] 民政部：《关于中华志愿者协会等8家社会组织标识为志愿服务组织的公告》（民政部公告第435号），2018年6月19日发布。

[324] 民政部、中央军委政治工作部：《关于加强非军队主管的社会团体涉军事项管理的通知》（民发〔2018〕78号），2018年6月19日发布。

[325] 民政部：《关于印发〈民政部受理境外非政府组织设立代表机构业务主管单位申请工作办法（试行）〉的通知》（民发〔2018〕79号），2018年6月21日发布。

[326] 民政部：《慈善组织信息公开办法》（民政部令61号），2018年8月6日发布，2018年9月1日起施行。

［327］财政部：《关于推进政府购买服务第三方绩效评价工作的指导意见》（财综〔2018〕42号），2018年7月31日发布。

［328］民政部：《社会团体章程示范文本》。

［329］民政部：《民办非企业单位（法人）章程示范文本》。

［330］民政部：《基金会章程示范文本》。

参考文献

[1] 白景坤，等．社会组织管理体制改革研究［R］．国家民政部“社会组织能力与建设”部级课题的研究成果，2008.

[2] 陈金罗，金锦萍，刘培峰，等．中国非营利组织专家建议稿［M］．北京：社会科学文献出版社，2013.

[3] 程昔武．非营利组织治理机制研究［M］．北京：中国人民大学出版社，2008.

[4] 董梁．我国非营利组织税收政策现状及问题研究［D］．呼和浩特：内蒙古大学，2012.

[5] 何建堂．有关公益性捐赠的税务处理［J］．注册税务师，2012（8）.

[6] 靳建新．民间组织运作及管理文集［C］．昆明：云南大学出版社，2006.

[7] 康晓光．NGO 扶贫行为研究［M］．北京：中国经济出版社，2001.

[8] 李勇．非营利组织管理的基本法律框架［J］．志愿服务论坛，2004（3）.

[9] 刘太刚．非营利组织及其法律规制［M］．北京：中国法制出版社，2009.

[10] 刘培峰，等．社会组织基本法的立法思路［J］．中国非营利评论，2013（2）.

［11］刘春湘．非营利组织治理结构研究［M］．长沙：中南大学出版社，2007.

［12］陆璇，林文漪．中国社会组织法律实务指南［M］．北京：中国法律出版社，2016.

［13］马庆钰．中国非营利组织发展与管理［M］．北京：国家行政学院出版社，2007.

［14］孙雪梅，任珊．政府购买社会公益服务将成趋势［N］．京华时报，2015－01－19.

［15］陶善才．政府购买服务：从政府配餐到百姓点菜［J］．决策，2014（10）.

［16］王名．关于加快出台三大条例 改革社会组织管理体制的建议［J］．学会，2013（9）.

［17］王名．社会组织概论［M］．北京：中国社会出版社，2010.

［18］王名，等．中国社团改革——从政府选择到社会选择［M］．北京：社会科学文献出版社，2001.

［19］王亦君．社会组织直接登记如何落地［N］．中国青年报，2016－08－30.

［20］王婉妍．论我国志愿服务法律制度的完善［D］．北京：首都经济贸易大学，2012.

［21］王勇．《中华人民共和国慈善法》审议通过并发布［N］．公益时报，2016－03－22.

［22］温彩霞．现行公益性捐赠税收政策汇总解析［J］．中国税务，2011（6）.

［23］吴宗泽．我国民间组织的发展现状及其管理［J］．红旗文稿，2000（9）.

［24］谢海定．中国民间组织的合法性困境［J］．法学研究，2004（2）.

［25］《中国民间组织年志》编辑委员会．中国民间组织年志：上

[M]. 北京：中国社会出版社，2005.

[26] 周志忍，陈庆云．自律与他律——第三部门监督机制个案研究[M]. 杭州：浙江人民出版社，1999.

[27] 钟伟．以《慈善法》为指引积极推进志愿服务发展[N]. 慈善公益报，2016-09-13.